21世纪国际商务教材教辅系列

编写委员会

总　主　编：余世明

副总主编：袁绍岐　张彬祥　何　静

编写成员：（按姓氏笔画排列）

王雪芬	邓宇松	邓棣嫦	邓雷彦	朱艳君	刘生峰
刘晓凌	刘德海	许　燕	李　涛	杨子电	杨宇晖
杨　青	杨　遐	肖剑锋	吴宪华	何　静	余世明
余　媛	宋朝生	张小彤	张少辉	张彬祥	陈夏鹏
陈　梅	余德逸	林丽清	罗楚民	冼燕华	赵江红
胡丽媚	袁以美	袁绍岐	顾锦芬	黄　丽	黄清文
黄森才	彭月嫦	彭伟力	曾　馥	谢蓉莉	赖瑾瑜
詹益生	廖慧琳	谭　莉	潘子助		

"十四五"职业教育国家规划教材

21世纪国际商务教材教辅系列

总 主 编　余世明
副总主编　袁绍岐　张彬祥　何　静

Documents & Credit for
International Business　　（第八版）

国际商务单证实务

余世明　编著

暨南大学出版社
JINAN UNIVERSITY PRESS

中国·广州

图书在版编目（CIP）数据

国际商务单证实务/余世明编著. —8 版. —广州：暨南大学出版社，2020.12（2024.1 重印）
（21 世纪国际商务教材教辅系列）
ISBN 978 – 7 – 5668 – 3044 – 9

I. ①国… II. ①余… III. ①国际贸易—票据—教材 IV. ①F740.44

中国版本图书馆 CIP 数据核字（2020）第 216949 号

国际商务单证实务（第八版）
GUOJI SHANGWU DANZHENG SHIWU（DI-BA BAN）
编著者：余世明

出 版 人：阳 翼
策划编辑：张仲玲
责任编辑：武艳飞 陈俞潼
责任校对：刘舜怡 陈皓琳 林玉翠
责任印制：周一丹 郑玉婷

出版发行：暨南大学出版社（511443）
电　　话：总编室（8620）37332601
　　　　　营销部（8620）37332680　37332681　37332682　37332683
传　　真：（8620）37332660（办公室）　37332684（营销部）
网　　址：http://www.jnupress.com
排　　版：广州市新晨文化发展有限公司
印　　刷：佛山市浩文彩色印刷有限公司
开　　本：787mm×1092mm　1/16
印　　张：17.875
字　　数：443 千
版　　次：2005 年 12 月第 1 版　2020 年 12 月第 8 版
印　　次：2024 年 1 月第 38 次
印　　数：270501—273500 册
定　　价：39.80 元

目　录

再版说明

对外贸易是我国开放型经济的重要组成部分，是经济增长的"三驾马车"之一，是畅通国内国际双循环的关键枢纽。党的二十大报告明确提出，"推动货物贸易优化升级，创新服务贸易发展机制，发展数字贸易，加快建设贸易强国"。当前，中国经济已经与世界经济深度融合，相互依存、相互促进。要贯彻落实"发展数字贸易，加快建设贸易强国"，必须加快培养适应新时代发展要求的国际贸易专业人才。

"国际商务单证实务"是国际经济与贸易、国际商务、商务英语等相关专业的核心课程。开设该课程，其目的在于培养懂得外贸单证基本知识、熟悉外贸单证工作的操作与管理、熟练掌握外贸制单技能技巧的专门人才。

由于较常使用的贸易术语如 FOB、CFR、CIF 以及 FCA、CPT、CIP 都属于象征性交货，即交单就算交货，较常使用的支付方式——信用证具有单据买卖的特点，决定了国际商务单证在国际贸易中的重要性。随着我国进出口贸易权的放开，各种类型的企业都可从事外贸业务，对国际商务单证员的需求量更大，而国际市场竞争的加剧对国际商务单证员的要求更高。

本书是编者在担任"国际商务操作员资格认证"指定用书——《国际商务操作理论与实务》主编工作的基础上，依据国际商务操作员的业务规格，结合最新的国际惯例《国际贸易术语解释通则® 2020》（Incoterms® 2020）、《跟单信用证统一惯例（2007 年修订本）国际商会第 600 号出版物》（简称《UCP600》）、《关于审核跟单信用证项下单据的国际标准银行实务》（简称《ISBP》）以及我国最新的有关政策规定编写而成。

本书详细阐述了外贸业务中各项外贸单证的种类、内容、缮制方法和常见的信用证条款，并着重介绍了使用这些外贸单证时的实践经验，注重实用性。书中还收集了大量常见的信用证范例和外贸单证式样，考虑到商业秘密的原因，除在时间和客户名字上做了处理外，其他内容原样保留。附录部分还汇集了外贸单证工作常用英语词汇缩写、世界主要港口一览表和全套外贸出口单证实例，力求使本书成为外销员、单证员和跟单员的工具书。

为适应互联网和国际电子商务发展的需要，本书介绍了广东省属外贸公司较常用的"天合"外贸单证管理系统。针对制单系统在全国存在差异性的特点，本书介绍了最简单、最通用的 Word 制单和 Excel 制单。

本书可作为大中专院校国际贸易、国际经济、国际商务专业的教材，也可供外贸行业单证岗位培训之用，以及有志从事外贸单证工作的人士自学之用。如果结合本书的配套练习册《新编国际商务单证实务练习题及分析解答》进行学习，效果更佳。

本书在编写和出版过程中引用的大量一线外贸单证资料，是编者多年来在企业实践和调研中收集整理而成的，先后得到大量专业外贸公司、报关报检代理公司、国际货代公司、保险公司和银行的大力支持和帮助，如广东轻工进出口股份有限公司余镇强先生、广东纺织品进出口股份有限公司余佩珊女士、广东机械进出口股份有限公司冯媛媛女士、广东华纱贸易有限公司李丽珊女士、广东鹏程国际货运代理有限公司刘鹏先生、中保财产保险有限公司广东省分公司郑煌先生，恕无法详列，特此表示衷心的感谢。在编写过程中，我们参阅和引用了国内外有关论著的资料和观点，书中未一一列出，在此一并向有关作者致谢。

本书中常见的信用证条款举例、外贸单证工作常用英语词汇缩写和样单部分由冼燕华、廖慧琳老师编写。由于编者的学识水平和能力所限，书中的谬误及疏忽之处在所难免，敬请广大读者批评指正。

编　者

2023 年 5 月

第一章
信用证

第一节 信用证的定义及种类

一、信用证的定义

信用证（Letter of Credit，简称 L/C）又称信用状，是指开证行应申请人的要求并按申请人的指示，向第三者开具的载有一定金额，在一定期限内凭符合规定的单据付款的书面保证文件。

《UCP600》第 2 条将信用证定义为：信用证是指一项不可撤销的安排，无论其名称或描述如何，该项安排构成开证行对相符交单予以承付的确定承诺。

信用证开立后，只要出口商严格按照信用证规定的条款执行，做到单证一致、单单一致，就能及时收到货款。

二、信用证的种类

（一）不可撤销信用证和可撤销信用证

不可撤销信用证（Irrevocable Documentary L/C）是指在信用证有效期内，未经有关当事人即受益人（出口商）、开证人以及有关银行的同意，开证行或开证人不得撤销信用证或修改信用证的内容。此种信用证一经开立通知受益人后，开证行即承担按照规定条件履行付款的义务。《UCP600》第 10 条 a 款规定：除第 38 条另有规定者外，未经开证行、保兑行（如有的话）及受益人同意，信用证既不得修改，也不得撤销。

可撤销信用证（Revocable L/C）是指信用证在开立后、议付前，开证行可以不经受益人的同意，随时通知撤销该信用证。

根据《UCP600》第 3 条规定：信用证是不可撤销的，即使未如此表明。也就是说，如果信用证没有出现"Irrevocable"或"Revocable"字样，都认为该信用证为不可撤销信用证。

（二）即期信用证和远期信用证

即期信用证（Sight L/C）是指开证行或付款行见到受益人提交的合格装运单据及开立的即期汇票（有时可不附即期汇票）后即付货款的信用证。该种信用证在国际贸易中运用最广泛。

远期信用证（Usance L/C）是指信用证既规定出具远期汇票，又规定到期付款（Payable at Maturity），开证行或付款行（人）收到符合信用证的汇票和单据后，将汇票签字承兑，到期付款，受益人收到承兑的汇票后也可以贴现。如果信用证规定贴现费由买方负担

（Discount charges for buyer's account），该信用证就是假远期信用证。

（三）保兑信用证

一家银行开出的信用证，由另一家银行加以保兑的称为保兑信用证（Confirmed L/C）。这样的信用证，除开证行承担第一性付款责任外，保兑行也承担第一性付款责任，对受益人是有利的。

当受益人对开证行的资信了解不够或不足以信任，或者是对进口国家的政治或经济有顾虑时，才提出加具保兑要求。也有开证行本身唯恐自己开的信用证不能被受益人接受，主动要求另一家银行对它的信用证加具保兑。

《UCP600》第 8 条 b 款规定：保兑行自对信用证加具保兑之时起即不可撤销地承担承付或议付的责任。保兑信用证上应注明"Confirmed"字样。若信用证没有注明"Confirmed"字样，即认为该信用证为不保兑信用证。

（四）可转让信用证

根据《UCP600》第 38 条 b 款的规定，可转让信用证（Transferable L/C）系指特别注明"可转让（Transferable）"字样的信用证。可转让信用证可应受益人（第一受益人）的要求转为全部或部分由另一受益人（第二受益人）兑用。

根据定义，若信用证没有注明"Transferable"字样或条款，都认为该信用证为不可转让信用证。只有开证行在信用证中明确注明"可转让"的信用证才能转让，诸如"可分割""可分开""可过户"和"可转移"术语并不能使信用证可转让。如果有这些术语，银行将不予置理。

可转让信用证形式上与一般的信用证一样，所不同的是多了"Transferable"字样或条款，只要信用证允许部分支款或部分发运，第一受益人或称转让人（Transferor）可将原信用证（Master Credit/Primary Credit/Basic Credit）分部分地转让（Part Transfer）给数名第二受益人即受让人（Transferee），可转让信用证通常只能转让一次。

根据《UCP600》第 38 条 c 款规定：除非转让时另有约定，有关转让的所有费用（诸如佣金、手续费、成本或开支）须由第一受益人支付。

（五）循环信用证

循环信用证（Revolving L/C）是指信用证被全部或部分利用后，能够恢复到原金额重新使用的信用证。循环信用证可分为全自动循环、半自动循环和非自动循环三种。议付后，不需要开证行通知就可以循环使用的为全自动循环。议付后，在规定的限期内，开证行不通知停止循环就可以循环使用的为半自动循环。议付后，必须开证行通知才能循环使用的为非自动循环。

循环信用证比一般信用证多了"Revolving"字样。循环内容一般在信用证的特别条款（Special Conditions）中列出。例如：

The total amount of drawings for any calender month is not to exceed USD 50,000.00 and unused balances are non-accumulative. 每月支取总金额不得超过 50 000.00 美元，未用金额不可累积。

Credit amount USD 250,000.00, non-cumulatively revolving three times up to a total amount USD 1,000,000.00. 信用证金额为 250 000.00 美元，非累积循环三次总额达 1 000 000.00 美元。

（六）背对背信用证

背对背信用证（Back-to-Back L/C）是指转口商收到进口商开来的信用证后，要求该证的通知行或其他银行以该证作为保证，另外开立一张除价格和交货期外，其他条件基本相同的信用证给他的供货人（出口商），这张另开的信用证称为背对背信用证。实务中多见于香港转口商通过香港银行开来信用证。

（七）对开信用证

对开信用证（Reciprocal L/C）是指交易的一方开出第一张信用证，但暂不生效，须在对方开来一定金额的回头信用证经受益人表示接受时，才通知对方银行两证同时生效。对开信用证中表明对开性质的条款一般如下：

This is a reciprocal credit against... Bank credit No.... favouring... Covering shipment of... 本信用证是相对于……银行开立的、编号为……的、以……为受益人的、用于结算……货物的对开信用证。

对开信用证的特点是第一张信用证的受益人和开证人就是回头信用证的开证人和受益人，第一张信用证是远期信用证，回头信用证是即期信用证，第一张信用证的通知行通常就是回头信用证的开证行。

（八）红条款信用证

红条款信用证（Red Clause L/C）是指受益人有权在提交装运单据之前预先支取一定百分比的信用证金额的信用证。红条款信用证也叫做打包信用证或预支信用证。除了加注了一条授权通知行在交单前向受益人预先垫款的特别条款以外，它与普通信用证并无区别。

第二节　信用证的内容

不同的银行开立的信用证格式不同，但其基本内容大致相同，一般有对信用证本身的说明、信用证的关系人、金额和币制、汇票条款、货物描述、单据条款、装运条款、特别条款、开证行的保证和跟单信用证统一惯例文句等。

一、对信用证本身的说明

主要有信用证的类型（Form of Documentary Credit）、信用证的编号（Documentary Credit Number）、开证银行（Issuing Bank）、开证日期（Date of Issue）、到期日和到期地点（Validity and Place of Expiry）等。信用证到期日和到期地点的常见条款有：

（一）直接写明到期日和到期地点名称

This credit shall remain in force until Oct. 1, 2019 in China. 本证到2019年10月1日为止在中国有效。

Expiry date：Mar. 15, 2019 in the country（China）of the beneficiary for negotiation. 有效期：2019年3月15日前，在受益人国家（中国）议付有效。

Draft（s）must be presented the negotiating bank not later than Oct. 1, 2019. 汇票不得迟

于 2019 年 10 月 1 日议付。

This L/C is valid for negotiation in China until Oct. 1，2019. 本证于 2019 年 10 月 1 日止在中国议付有效。

This credit remains valid/force/good in China until Mar. 15，2019 inclusive. 本信用证在中国限至 2019 年 3 月 15 日前有效（最后一天包括在内）。

Expiry date Oct. 1，2019 in the country of the beneficiary unless otherwise. 除非另有规定，（本证）于 2019 年 10 月 1 日在受益人国家满期。

Draft（s）drawn under this credit must be negotiated in China on or before Oct. 1，2019 after which date this credit expires. 凭本证项下开具的汇票要在 2019 年 10 月 1 日或该日以前在中国议付，该日以后本证失效。

The credit is available for negotiation or payment abroad until Oct. 1，2019. 本证在国外议付或付款的日期到 2019 年 10 月 1 日。

（二）以"交单日期""汇票日期"等表达的信用证有效期限的条款

Negotiation must be on or before the 15th day of shipment. 自装船日起 15 天或之前议付。

This credit shall cease to be available for negotiation of beneficiary's drafts before Mar. 15，2019. 本信用证受益人的汇票在 2019 年 3 月 15 日前议付有效。

Documents to be presented to negotiation bank within 15 days after shipment. 单据须在装船后 15 天内交给议付行。

Documents must be presented for negotiation within 10 days after the on board date of Bill of Lading/after the date of issuance of forwarding agents cargo receipts. 单据须在已装船提单/运输行签发的货物承运收据日期后 10 天内提示议付。

Bill of exchange must be negotiated within 15 days from the date of Bill of Lading but not Later than 16th May，2019. 汇票须自提单日期起 15 天内议付，但不得迟于 2019 年 5 月 16 日。

二、信用证的关系人（Parties to a L/C）

（一）开证人（The Applicant for the Credit）

申请开立信用证的人称为开证人，在国际贸易中，开证人通常是买方。信用证中常见的表示开证人的词或词组有：

Applicant / Principal / Accountee / Accreditor / Opener 开证人

account of... 由……付款

for account of... 由……付款

by order of... 按……的指示

at the request of... 应……的请求

at the request of and for... 应……的请求

by order of and for account of... 按……的指示并由……付款

（二）受益人（Beneficiary）

在国际贸易中，受益人通常是出口商。信用证中常见的表示受益人的词或词组有：

Beneficiary 受益人

in favour of... 以……为受益人

in your favour 以你方为受益人

Transferor 转让人（可转让信用证的第一受益人）

Transferee 受益人（可转让信用证的第二受益人）

（三）开证行（Opening Bank）

应开证人要求开立信用证的银行称为开证行。信用证中常见的表示开证行的词或词组有：

Opening Bank / Issuing Bank / Establishing Bank

（四）通知行（Advising Bank）

开证行将信用证寄送给一家受益人所在地银行，并通过该银行通知受益人信用证开出，这家银行就是通知行。信用证中常见的表示通知行的词或词组有：

Advising Bank / Notifying Bank / Advised through

（五）议付行（Negotiation Bank）

议付行就是购买出口商的汇票及信用证规定单据的银行。信用证中常见的表示议付行的词或词组有：

Negotiation Bank / Honouring Bank

（六）付款行（Paying Bank/Drawee Bank）

付款行就是经开证行授权按信用证规定的条件向受益人付款的银行。

（七）保兑行（Confirming Bank）

保兑行是指在开证行的授权或请求下对信用证加具保兑的银行，在国际贸易中，通常以通知行作为保兑行。保兑行与开证行一样承担第一性付款责任。

三、金额和币制（Amount and Currency）

金额条款是信用证的核心内容。其表达方式有：

Amount：Currency USD... 金额：……美元

For an amount / a sum not exceeding total of USD... 总金额不超过……美元

Up to an aggregate amount of USD... 总金额不超过……美元

四、汇票条款（Clause on Draft or Bill of Exchange）

对于即期付款信用证，一般不要求出具汇票，对于远期付款，一般要求出具汇票，信用证常见的汇票条款有：

Drafts drawn under this credit must be presented for negotiation in Guangzhou, China on or before 25th June, 2020. 凭本证开具的汇票须于 2020 年 6 月 25 日或之前在广州提交议付。

Drafts at sight in duplicate bearing the clauses "Drawn under... L/C No.... dated...". 即期汇票一式两份，注明"根据……银行信用证……号，日期……开具"。

Drafts are to be drawn in duplicate to our order bearing the clause " Drawn under United

Malayan Banking Corp. Bhd. Irrevocable Letter of credit No.... dated July 12，2020". 汇票一式两份，以我行为抬头，并注明"根据马来亚联合银行 2020 年 7 月 12 日第……号不可撤销信用证项下开立"。

Draft（s）drawn under this credit to be marked "Drawn under... Bank L/C No.... Dated（issuing date of credit）...". 根据本证开出的汇票须注明"凭……银行……年……月……日（按开证日期）第……号不可撤销信用证项下开立"。

All draft（s）drawn under this credit must contain the clause，"Drawn under Bank of China，Singapore credit No. 6111 dated 15th August，2020." 所有凭本信用证开具的汇票，均须包括本条款："（本汇票书）凭新加坡中国银行 2020 年 8 月 15 日所开第 6111 号信用证开具。"

Draft（s）bearing the clause "Drawn under documentary credit No....　（shown above）of... Bank". 汇票注明"根据……银行跟单信用证……号（如上所示）项下开立"。

五、货物描述（Description of Goods）

货物描述内容一般包括货名、品质、数量、单价、价格术语，有时还包括合同号码、货物包装要求等。价格术语常用的有 CIF、CFR、FOB、FCA、CIP、CPT 等，其中，装运港交货的三个价格术语 CIF、CFR、FOB 最常用。例如：

Descript. of Goods：4,500 pcs. of Stainless Steel Spade Head S821/29099，USD 9.60 per pcs.，according to Sales Contract No. A97DE23600256 dd. Nov. 12，1997 CIF Rotterdam（*Incoterms*® *2020*）. 货物描述：4 500 件不锈钢铲头，货号为 S821/29099，根据 1997 年 11 月 12 日签订的 A97DE23600256 号合同，每件 9.60 美元，CIF 鹿特丹（《2020 年通则》）。

六、单据条款［Clause（s）on Documents］

信用证项下要求提交的单据通常有商业发票（Commercial Invoice）、提单（Bill of Lading）、保险单或保险凭证（Insurance Policy/Certificate）、汇票（Draft 或 Bill of Exchange）、原产地证（Certificate of Origin）、检验证书（Inspection Certificate）、受益人证明书（Beneficiary's Certificate）、装箱单（Packing List）等。常见条款有：

Documents required：需要下列单据：

Documents marked "×" below：（须提交）下列注有"×"标志的单据：

Draft（s）must be accompanied by the following documents marked "×"：汇票须随附下列注有"×"标志的单据：

... available against surrender of the following documents bearing out credit number and the full name and address of the opener.（议付时）以提交下列注明本信用证编号及开证人详细姓名、地址的各项单据为有效。

Accompanied by the following documents marked "×" in duplicate：须随附下列注有"×"标志的单据一式两份：

信用证一般都具体说明提供单据的份数，常见的词组有：

in duplicate（triplicate，quadruplicate，quintuplicate，sextuplicate，septuplicate，octuplicate，nonuplicate，decuplicate）一式两份（三、四、五、六、七、八、九、十份）

七、装运条款（Clauses on Shipment）

装运条款通常包括装运期、是否允许分运和转运以及起讫地点的规定。

（一）装运期（Date of Shipment）

《UCP600》第 3 条规定，如使用"于或约于（on or about）"之类的词语，将被视为规定事件发生在指定日期的前后五个日历日之间，起讫日期计算在内。同时，《UCP600》第 3 条又规定，"至（to）""直至（until、till）""从……开始（from）"及"在……之间（between）"等词语用于确定发运日期时包含提及的日期，使用"在……之前（before）"及"在……之后（after）"时则不包含提及的日期。

装运期的常见条款有：

Shipment must be effected not later than Mar. 12，2020. 货物不得迟于 2020 年 3 月 12 日装运。

From China Port to Singapore not later than Mar. 12，2020. 自中国口岸装运货物驶往新加坡不得迟于 2020 年 3 月 12 日。

Latest date of shipment：Mar. 12，2020. 最迟装运日期：2020 年 3 月 12 日。

Bill of Lading must be dated not before the date of this credit but not later than Mar. 12，2020. 提单日期不得早于本信用证开具日期，但不得迟于 2020 年 3 月 12 日。

（二）分运/转运（Partial Shipments／Transhipment）

《ISBP》规定，货装多艘船即构成分批装运，即使这些船在同日出发并驶向同一目的地。转运是指从信用证规定的装货港到卸货港之间的海运过程中将货物从一艘船卸下再装上另一艘船。如果卸货和再装船不是发生在装货港和卸货港之间，则不视为转运。

根据《UCP600》的规定，除非信用证另有规定，允许分批装运、分批支款，也允许转运。运输单据表面注明货物系使用同一运输工具并经同一路线运输的，即使每套运输单据注明的装运日期不同，只要运输单据注明的目的地相同，也不视为分批装运。对装运期的计算，《ISBP》第 89 段规定，如果信用证禁止分批装运，但提交了一套以上的提单，且提单表明不同的装运日期，则最迟的装运日期将被用来计算交单期限，且该日期必须在信用证规定的最迟装运日或之前。

分运、转运的常见条款有：

With（without）partial shipments／transhipment. 允许（不允许）分运/转船。

Transhipment is allowed provided "through" Bills of Lading are presented. 如提交联运提单允许转运。

Partial Shipments／Transhipment Prohibited（not allowed／not permitted）. 不允许分运/转船。

Transhipment is authorized at Hong Kong. 允许在香港转运。

Partial shipments allowed，but partical shipments of each item not allowed. 允许分运，但每个品种的货物不得分运。

Evidencing shipment from China to New York by steamer in transit Singapore not later than 15th July, 2020 of the goods specified below. 列明下面的货物用轮船不得迟于2020 年 7 月 15 日从中国通过新加坡转运到纽约。

八、特别条款（Special Clauses/Conditions）

特别条款主要是根据进口国政治、经济和贸易情况的变化，或每一笔具体交易的需要而作出的特别规定。常见的条款有：

（一）佣金、折扣（Commission and Discount）

5% commission to be deducted from the invoice value. 5% 的佣金须在发票金额中扣除。

Signed invoices must show 5% commission. 经签署的发票须标明5% 的佣金。

Less 3% commission to be shown on separate statement only. 用单独声明书列明所扣3% 的佣金。

Drafts to be drawn for full CIF value less 5% commission, invoice to show full CIF value. 汇票按 CIF 总金额减少5% 开具，发票须表明 CIF 的全部金额。

（二）费用（Charges）

All banking charges for seller's account. 一切银行费用由卖方负担。

Charges must be claimed either as they arise or in no circumstances later than the date of negotiation. 一切费用须于发生时或不迟于议付期索偿。

Port congestion surcharges, if any, at the time of shipment is for opener's account. 装运时如有港口拥挤附加费，应由开证人负担。

All banking charges outside Hong Kong are for account of accountee. 香港以外的全部银行费用由开证人负担。

Drawee bank's charges and acceptance commission are for buyer's account. 付款行的费用和承兑费用由买方负担。

（三）议付与索偿（Negotiation and Reimbursement）

Original documents must be sent by registered airmail, and duplicate by subsequent airmail. 单据的正本须用挂号航邮寄送，副本在下一班航邮寄送。

All original documents are to be forwarded to us by airmail and duplicate documents by sea-mail. 全部单据的正本须航邮，副本用平邮寄交我行。

In reimbursement, please draw on our head office account with your London office. 偿付办法：请从我总行在你伦敦分行的账户内支取。

You are authorized to reimburse yourself for the amount of your negotiation by drawing as per arrangement on our account with United Bank Limited, London. 兹授权你行索偿你行议付金额，请按约定办法向伦敦联合银行我账户内支取。

The amount and date of negotiation of each draft must be endorsed on reverse hereof by the negotiation bank. 每份汇票的议付金额和日期必须由议付行在本证背面签注。

All bank charges outside UK are for our principals account, but must claimed at the time of presentation of documents. 在英国境外发生的所有银行费用，应由开证人负担，但须在提交

单据时索取。

Negotiating bank may claim reimbursement by T/T on the... bank certifying that the credit terms have been complied with. 议付行证明本证条款已履行，可按电汇索偿条款向……银行索回货款。

（四）其他

For special instructions please see overleaf. 特别事项请看背面。

Letter of guarantee and discrepancies are not acceptable. 书面担保和错误单据均不接受。

If the terms and conditions of this credit are not acceptable to you please contact the openers for necessary amendments. 如你方不接受本证条款，请与开证人联系以作必要修改。

Cable copy of shipping advice dispatched to the accountee immediately after shipment. 装船后，即将装船通知副本寄交开证人。

One copy of commercial invoice and packing list should be sent to the credit openers 15 days before shipment. 商业发票和装箱单各一份须在装船前 15 天寄给开证人。

All documents except Bills of Exchange and B/L to be made out in name of ABC Co. Ltd. and which name is to be shown in B/L as joint notifying party with the applicant. 除汇票和提单外，所有单据均须以 ABC 有限公司为抬头，并以该公司和申请人作为提单的通知人。

This letter of credit is transferable in China only, in the event of a transfer, a letter from the first beneficiary must accompany the documents for negotiation. 本信用证仅在中国可转让，如实行转让，由第一受益人发出的书面（证明）须连同单据一起议付。

九、开证行的保证（Warranties of Issuing Bank）

We hereby undertake to honour all drafts drawn in accordance with terms of this credit. 凡按本信用证所列条款开具并提示的汇票，我行保证承兑。

We hereby engage with drawers and /or bona fide holders that draft (s) drawn and negotiated on presentation and that draft (s) accepted within the terms of this credit will be duly honoured at maturity. 我行兹对出票人及/或合法持有人保证：凡按本证条款开具及议付的汇票一经提交即予承兑；凡依本证条款承兑的汇票，到期即予照付。

十、跟单信用证统一惯例文句

Except as otherwise expressly stated herein, this credit is subject to the Uniform Customs and Practice for Documentary Credit (2007 Revision), International Chamber of Commerce, Publication No. 600. 除非另有规定外，本信用证根据国际商会第 600 号出版物（2007 年修订本）"跟单信用证统一惯例"而开出的。

表 1 - 1　中英对照信用证

英文信用证	参考译文或说明
EasyLink IMS 0701 - 069 69835701M 2JUL04 17：19 TEST /WUW 716420244（SCBSZ CN）+ GA	银行之间互对的密押（Test Key）
FROM：National Bank of Alaska 　　　　Anchorage，Alaska U. S. A. TO：Bank of China Guangdong Branch 　　　Guangzhou，CHINA	由：美国阿拉斯加州，安克雷奇市，阿拉斯加国立银行用电传 开给：中国银行广东省分行
DATE：7/2/2020 SUBJECT： OUR IRREVOCABLE DOCUMENTARY LETTER OF CREDIT NO. KC-15605	日期：2020 年 7 月 2 日 事由：我行（阿拉斯加国立银行）第 KC - 15605 号不可撤销的跟单信用证
Please further advise the Letter of Credit below without any liability or obligation on your part other than authenticating the issuance. ADVISE THROUGH：Bank of China Guangdong Branch Guangzhou，CHINA AS FOLLOWS：	请贵行（标准渣打银行）确认这份信用证，贵行对本信用证不负任何义务和责任，并通过中国银行广东省分行作出以下的通知：
IRREVOCABLE DOCUMENTARY CREDIT Credit Number：KC-15605	不可撤销的跟单信用证 信用证编号：KC - 15605
Beneficiary：Guangdong Machinery Import & Export 　　　　　　　Corporation（Group） 　　　　　　　720 Dongfeng Road East Guangzhou，China	受益人：广东省机械进出口公司（集团） 中国广州东风东路 720 号
Applicant：ABC Corporation 　　　　　　1888 West Northern Lights Blvd.，Room 1，Anchorage，Alaska U. S. A.	开证人：ABC 公司 美国阿拉斯加州，安克雷奇市，西北来兹大街 1888 号，1 号套房
Amount：US DOLLARS SIXTY SEVEN THOUSAND TWO HUNDRED ONLY	金额：六万七千两百美元（USD 67,200.00）
EXPIRY DATE： August 15，2020 at the counters of National Bank of Alaska International Banking Department 301 West Northern Lights Boulevard Anchorage，Alaska U. S. A.	有效期：本证在阿拉斯加国立银行国际金融部议付，有效期至 2020 年 8 月 15 日。美国阿拉斯加州，安克雷奇市，西北来兹大街 301 号
We hereby issue this documentary credit which is available by payment of beneficiary's drafts at sight for full invoice value drawn on National Bank of Alaska International Banking Department，being marked as having been drawn under this credit，and accompanied by the following documents：	我行兹开立这份跟单信用证，该信用证议付时需要凭受益人按本信用证和发票的总金额开给阿拉斯加国立银行国际金融部的即期汇票，以及凭以下单据议付：
1. Signed Commercial Invoice，in triplicate. 2. Packing List，in triplicate. 3. Insurance Policy，in triplicate.	1. 签字或盖章商业发票一式三份。 2. 装箱单一式三份。 3. 保险单一式三份。
4. Beneficiary's Certificate，reflecting that it has been signed by an authorized individual of Guangdong Machinery Import & Export Corporation（Group），certifying that，"One set of non-negotiable documents（Invoice，Packing List and Bill of Lading）have been faxed to ABC Corporation，at 001-907-888-5678，immediately after shipment".	4. 受益人的证明书一份，由广东省机械进出口公司（集团）负责人签字。证明一整套的单据副本（发票、装箱单和提单）在装运后已经立即用传真（001 - 907 - 888 - 5678）发给 ABC 公司。

（续上表）

英文信用证	参考译文或说明
5. Full set （3/3） of Clean on Board Ocean Bills of Lading issued to the order of shipper and blank endorsed, marked " Notify ABC Corporation, 1888 W. Northern Lights Boulevard, Room 1, Anchorage, Alaska U. S. A. ".	5. 全套清洁的已装船海运提单一式三份正本，以托运人指示为抬头并空白背书，注明"通知美国阿拉斯加州，安克雷奇市，西北来兹大街1888号，1号套房，ABC公司"。
COVERING：7,000 pcs. of Stainless Steel Spade Head S821 USD 9. 60 per pcs. other details as per Sales Contract No. A923444 dd. JUN. 23, 2020CIF NEW YORK （Incoterms® 2020）	标的物：7 000件S821不锈钢铲头，每件9.60美元，其他按照2020年6月23日签订的合同，CIF纽约（《2020年通则》）
Latest shipment date：July 31, 2020 Shipment from：Guangzhou, CHINA Shipment to：NEW YORK via HONG KONG. Partial shipments are not allowed. Transhipment allowed.	最迟装运日期：2020年7月31日 装运：从中国广州 　　　　到纽约，由香港转船。 不允许分批装运。 允许转船。
SPECIAL CONDITIONS： 1. Drafts and documents must be presented to the negotiating bank or drawer bank within twenty-one （21） days after the date of issuance of transport documents by within the validity of this credit.	特殊条款： 1. 受益人必须在提单签发日期后21天之内，但必须在本信用证有效期内将汇票和装运单据呈交议付行或付款兑现。
2. All banking charges （including advising commission, payment commission, negotiation commission and reimbursement commission） outside Alaska, U. S. A., are for the account of the Beneficiary.	2. 在美国阿拉斯加州之外的一切银行费用（包括通知费、支付费、议付费和偿付费用）都由受益人支付。
3. This Letter of Credit is transferable in full or in part.	3. 该信用证可部分或全部转让。
4. Third Party Bills of Lading and documents are acceptable.	4. 可接受第三方的提单和单据。
We hereby engage that drafts drawn and documents presented under and incompliance with the terms and conditions of this Letter of Credit will be duly honored by us, if presented to the counters of our International Banking Department on or prior to the expiration date set herein. This credit is subject to the Uniform Customs and Practice for Documentary Credit （2007 Revision）, International Chamber of Commerce, Publication No. 600.	我行保证根据本证，并按照本证内条款开出的汇票和单据在本证有效期内提交本行的国际金融部时，我行即承兑付款。 本信用证是根据国际商会第600号出版物（2007年修订本）"跟单信用证统一惯例"而开出的。
INSTRUCTIONS TO THE NEGOTIATION BANK： 1. Drafts and documents are to be sent to us in one lot by courier express delivery or by registered airmail. 2. Reimbursement according to your instructions.	对议付行的指示： 1. 请用特快专递或航空挂号将全部汇票和单据一次性寄给我行。 2. 按贵行的指示偿还（本信用证金额）。
This is to be considered the original Letter of Credit. No mail confirmation will follow again, please advise this Documentary Credit through Bank of China Guangdong Branch.	本信用证是正本，不再用信函确认。再次请贵行通过中国银行广东省分行通知本信用证。
Thank you! National Bank of Alaska International Banking Department	多谢! 阿拉斯加国立银行国际金融部

第三节　SWIFT

一、SWIFT 简介

SWIFT 是环球银行金融电讯协会（Society for Worldwide Inter-bank Financial Telecommunication）的简称，是一个国际银行同业间非营利性的合作组织。该组织于 1973 年在比利时成立，总部设在比利时的布鲁塞尔，并在荷兰阿姆斯特丹和美国纽约设立与总部相互连接的大型电脑操作中心，在各会员银行所在的国家和地区设有与操作中心相连的处理站。会员银行通过专用电脑设备与处理站和操作中心的电脑、数传通信设备连通，构成全球性通讯网，开展电讯国际银行业务。目前全球大多数国家大多数银行已使用 SWIFT 系统。

凡利用 SWIFT 系统设计的特殊格式（Format），通过 SWIFT 系统传递的信用证的信息（Message），即通过 SWIFT 开立或通知的信用证称为 SWIFT 信用证，有的也称为"环银电协信用证"。

中国银行在 1983 年 2 月正式加入该协会成为会员银行，1984 年开始使用该协会的通信系统办理国际业务，1985 年中国银行总行建立了 SWIFT 中国地区处理站。

二、SWIFT 的特点

（一）采用会员制度

使用 SWIFT 系统的银行必须加入环球银行金融电讯协会，成为会员后方可使用 SWIFT 系统。

（二）格式标准化

对于 SWIFT 电文，SWIFT 有统一的要求和格式。使用 SWIFT 信用证，必须遵守 SWIFT 使用手册的规定，使用 SWIFT 手册规定的代号（Tag）。

（三）安全性高

与信开信用证比较，SWIFT 是全证加密，而信开信用证只对重要的内容（如金额）处加密押。与电传比较，SWIFT 的密押比电传的密押可靠性更强、保密性更高。

（四）解释统一

采用 SWIFT 信用证，信用证必须按国际商会制定的《UCP600》的规定处理。因此，在 SWIFT 信用证中可以省去银行的承诺条款，但并不能免去银行所应承担的义务。SWIFT 信用证可省去按《UCP600》处理的声明，但该信用证仍按《UCP600》处理。

（五）费用较低

与电传、电报比较，同样多的内容，SWIFT 的费用只有 TELEX（电传）的 18% 左右、CABLE（电报）的 2.5% 左右。

（六）系统服务范围广

SWIFT 系统服务范围很广，凡会员银行所处理的有关国际银行业务的电讯均可使用 SWIFT 系统。主要业务包括外汇买卖、证券交易、开立信用证、办理信用证项下的汇票业务等，同时还兼理国际账务清算和银行间的资金调拨。

（七）处理业务快捷

SWIFT 系统电讯的线路速度为普通电传的 48～192 倍，在正常情况下，每笔交易从发出电讯到收到对方确认只需 1～2 分钟。会员间还可以利用 SWIFT 系统的存储功能，随时从该系统索取所需要的电讯往来记录。

（八）自动功能

SWIFT 系统具有自动收发储存信息、自动加押和核押、自动将文件分类等自动功能，可每周 7 天 24 小时连续不停地运转。

三、SWIFT 电文表示方式

（一）项目表示方式

SWIFT 由项目（FIELD）组成，项目由两位数字的代号组成或由两位数字代号加上字母组成，如"44C LATEST DATE OF SHIPMENT（最后装船期）""44D SHIPMENT PERIOD（船期）"。代号不同，其含义也不同。如"57A ADVISE THROUGH BANK（通知行）""45A DESCRIPTION OF GOODS（货物描述）"。

SWIFT 的项目分为必选项目（MANDATORY FIELD）和可选项目（OPTIONAL FIELD）两种类型。必选项目是必不可少的，如：31D DATE AND PLACE OF EXPIRY（信用证有效期）；可选项目是另外增加的，并不一定每个 SWIFT 信用证都有，如：39B MAXIMUM CREDIT AMOUNT（信用证最大限制金额）。

（二）日期表示方式

SWIFT 电文的日期表示为：YYMMDD（年月日），如：2020 年 10 月 9 日，表示为：201009。

（三）数字表示方式

在 SWIFT 电文中，千位以上数字不使用分隔号，小数点用逗号"，"来表示，如：8 123 286.36 表示为：8123286,36。

四、SWIFT 电文常用项目

表 1-2　SWIFT 电文常用项目

代号	英文	中文含义
20	DOC. CREDIT NUMBER	信用证号码（MT700）
20	SENDER'S REFERENCE	发报行编号（MT707）
21	RECEIVER'S REFERENCE	收报行编号（MT707）
23	ISSUING BANK'S REFERENCE	开证行的号码
26E	NUMBER OF AMENDMENT	修改次数
27	SEQUENCE OF TOTAL	电文页次
30	DATE OF AMENDMENT	修改日期

（续上表）

代号	英文	中文含义
31C	DATE OF ISSUE	开证日期（来证无此项，则以电文日期代替）
31D	DATE AND PLACE OF EXPIRY	信用证有效期和有效地点
31E	NEW DATE OF EXPIRY	信用证新的有效期（MT707）
32B	INCREASE OF DOCUMENTARY CREDIT AMOUNT	信用证金额的增加（MT707）
32B	CURRENCY CODE，AMOUNT	信用证结算的货币和金额
33B	DECREASE OF DOCUMENTARY CREDIT AMOUNT	信用证金额的减少（MT700）
34B	NEW AMOUNT	信用证修改后新的金额（MT700）
39A	Pos. /Neg. Tol. （%）	金额增减的百分率
39B	MAXIMUM CREDIT AMOUNT	信用证最大限制金额
39C	ADDITIONAL AMOUNTS COVERED	额外金额的修改（MT707）
40A	FORM OF DOCUMENTARY CREDIT	跟单信用证形式
41A	AVAILABLE WITH/BY	指定的有关银行及信用证的兑付方式
42A	DRAWEE	汇票付款人
42C	DRAFTS AT...	汇票付款期限
42M	MIXED PAYMENT DETAILS	混合付款条款
42P	DEFERRED PAYMENT DETAILS	延期付款条款
43P	PARTIAL SHIPMENTS	分批装运条款
43T	TRANSHIPMENT	转运条款
44A	LOADING IN CHARGE	装船、发运和接收监管的地点
44B	FOR TRANSPORTATION TO...	货物发运的最终地
44C	LATEST DATE OF SHIPMENT	最后装船日期
44D	SHIPMENT PERIOD	装运期
45A	DESCRIPTION OF GOODS AND/OR SERVICES	货物或服务描述
46A	DOCUMENTS REQUIRED	单据要求
47A	ADDITIONAL CONDITIONS	特别条款
48	PRESENTATION PERIOD	交单期限
49	CONFIRMATION INSTRUCTIONS	保兑指示
50	APPLICANT	信用证开证申请人
51A	APPLICANT BANK	信用证开证的银行
52A	ISSUING BANK	开证银行
53A	REIMBURSEMENT BANK	偿付行
57A	ADVISE THROUGH BANK	通知行

（续上表）

代号	英文	中文含义
59A	BENEFICIARY	信用证受益人
71B	DETAILS OF CHARGES	费用情况
72	SENDER TO RECEIVER INFORMATION	附言（银行间备注）
78	INSTRUCTION	给付款行、承兑行、议付行的指示
79	NARRATIVE	修改详述

五、SWIFT 常用货币符号

表 1 - 3　SWIFT 常用货币符号

货币符号	货币名称	货币符号	货币名称
HKD	港币	EUR	欧元
IRR	伊朗里亚尔	USD	美元
JPY	日本元	GBP	英镑
KWD	科威特第纳尔	AUD	澳大利亚元
MOP	澳门元	NZD	新西兰元
MYR	马来西亚林吉特	DKK	丹麦克朗
PKR	巴基斯坦卢比	CAD	加拿大元
PHP	菲律宾比索	CHF	瑞士法郎
SGD	新加坡元	NOK	挪威克朗
THB	泰国铢	SEK	瑞典克朗
CNY	人民币	ZAR	南非兰特

第四节　信用证的审核及修改

一、信用证审核的主要内容

（一）开证银行

开证行的政治背景、资信状况、印鉴、密押是否相符，索汇路线是否正确，是否符合支付协定，是否要加具保兑或由偿付银行确认偿付。

（二）信用证的类型

信用证不论是即期、远期、保兑、可转让、循环或备用的，都应该有"Irrevocable"字样。若信用证没有明示是否可撤销，根据《UCP600》的规定，应理解为不可撤销。当合同规定开出的是保兑信用证或可转让信用证时，应检查信用证内是否有注明"Con-firmed"字样或"Transferable"字样。

（三）开证人

开证人一般情况下是订立货物买卖合同的买方，也可能是买方的客户或买方委托的开证人。

（四）受益人

受益人应是订立货物买卖合同的卖方。审证时应以合同为依据，逐字查核受益人的名称和地址是否写错。

（五）币制和金额

原则上来证的币别和币值应与合同的币别和币值相符。如用其他货币开证，应按汇率折算，看是否与合同金额相符，若不符则要改证。如来证金额因含折扣或佣金与合同不一致，应核算来证的净值是否与合同的净值相一致。若来证规定数量增减，应注意来证金额也应该有相同比例的增减。

（六）有效期和有效地点

来证应规定一个有效期，到期地点应在我国国内。根据《UCP600》的规定，若信用证没有规定有效期，视为无效信用证。如来证规定的有效期的最后1天，适逢法定假日或银行假日，该期限可顺延至下一个营业日。

（七）汇票条款

若信用证为即期付款，其汇票条款一般为"Credit available by your draft（s）at sight for 100 percent of Invoice value drawn on..."。

若信用证为远期付款，要分清是真远期还是假远期，真远期的汇票条款一般为"Available by your draft（s）at 30 days sight drawn on the issuing bank for 100% of Invoice value"。

假远期的汇票条款一般为"The negotiation bank in authorised to negotiate the usance drafts on sight basis; discount charges, acceptance commission are for buyer's account"。

（八）分批装运及转运

根据《UCP600》第31条b款的规定：运输单据表面注明货物系使用同一运输工具并经同次航程运输的，即使每套运输单据注明的装运日期不同及/或装货港、接受监管地或发运地点不同，只要运输单据注明的目的地相同，也不视为分批装运。同时规定，如果交单由数套运输单据构成，其中最晚的一个发运日将被视为发运日。

根据《UCP600》的规定，除非信用证另有规定，允许分批装运和转船。

根据《UCP600》第32条的规定，除非信用证特别授权，如信用证规定在指定时期内分期支款或分期装运，其中任何一期未按信用证规定的期限支取或发运时，则信用证对该期和以后各期均告失效。

来证不准分批，又没有数量增减条款，则实际装运数量不得少装。但《UCP600》第30条b款规定：在信用证未以包装单位件数或货物自身件数的方式规定货物数量时，货物数量允许有5%的增减幅度，只要总支取金额不超过信用证金额。

来证不准转运的，要确定能否取得直达提单，否则必须改证。

来证规定在某个港口转船，有的指定由某个船公司接转或在某港转装集装箱等，收证后都要核实能否按来证要求办理，是否使得额外的费用（如ORC、THC）大量增加。

（九）装运港和目的港

来证规定海运的起运港为中国港口（Chinese Ports）或当地的港口，甚至规定亚洲口岸（Asian Ports）都可以，但不能是一个内陆城市，如乌鲁木齐、拉萨或北京等。

来证的目的港应与合同一致，除非是分运几个港口，否则目的港只能列一个。

来证笼统规定目的港为欧洲主要口岸（EMP，European Main Port），只需按合同或买方通知的港口发货即可，不必改证。

（十）装运期

信用证的装运期一般应规定为最迟（Latest）某月某日。

来证没有规定装运期，根据惯例，可理解为双到期，即装运期与信用证的有效期相同。但《UCP600》第29条c款规定：最迟发运日不因信用证的截止日或最迟交单日适逢接受交单的银行因节假日等原因歇业顺延而跟着顺延。

《UCP600》第3条规定：除非要求在单据中使用，否则诸如"迅速地""立刻地"或"尽快地"等词语将被不予理会。

《UCP600》第3条又规定："于或约于（on or about）"或类似用语将被视为规定事件发生在指定日期的前后五个日历日之间，起讫日期计算在内。

（十一）货物描述

来证的品名、货号、规格、包装和合同号码等必须与合同一致。

来证所列单价和数量应与合同一致。

（十二）单据要求

1. 商业发票（Commercial Invoice）

来证要求出具两份不同买主名称的商业发票时，应要求改证。

2. 装箱单（Packing List）

来证要求提供中性包装单（Neutral Packing List），只需装箱单上不显示受益人名称和地址即可，不必改证。

3. 提单（Bill of Lading，简称 B/L）

一般以FOB交易，提单应注明FREIGHT COLLECT，如来证误开为FREIGHT PRE-PAID，应要求改证。

来证要求提单上列出集装箱号和/或铅封号，则须以集装箱船装运并在提单上列出集装箱号和/或铅封号。

来证要求提供直达提单或某船公司提单时，应考虑实际和可能性，若无法提供时应要求改证。

4. 保险单（Insurance Policy）

来证要求保险单中的保险条款、险别、保险加成、保险人和理赔人等方面内容应与合同一致。

来证规定由于任何原因引起的灭失或残损（Loss or damage from any cause howsoever arising）都赔偿，应要求改证，改为任何外部原因（any external cause），方能被保险公司承保。

除非信用证另有规定，否则，保险单据必须使用与信用证相同的货币开立。

保险加成，保险公司一般可承保加成到30%，如来证规定加成高于30%又不是投保关税险的，要取得保险公司同意，否则应该改证。

5. 产地证（Certificate of Origin）

来证指定由出入境检验检疫局或贸促会出具产地证可以接受，但要求上述两家机构互相加具证明的不能接受。

6. 普惠制产地证格式 A（Generalised System of Preferences Certificate of Origin FORM A，简称 GSP）

出入境检验检疫局是我国签发普惠制产地证的唯一机构，来证指定其他机构如贸促会签发普惠制产地证，应要求改证。

7. 品质证（Certificate of Quality）和检验证（Inspection Certificate）

品质证和检验证是检验货物的证明文件，其检验项目有品质、数量和重量等。来证未指定出证机构，可由出口公司或生产厂出证，也可由出入境检验检疫局出证。

来证要求由贸促会出证，应要求改证。

8. 受益人证明书（Beneficiary's Certificate）

受益人证明书主要有寄单证明、电抄本和履约证明等。来证要求出具的受益人证明书应是受益人实际已完成或受益人力所能及的任务的证明。

9. 装船通知（Advice of Shipment）

来证规定在装运前若干天发装船通知并且要列明装运日期，应要求改证，改为装运后发电（Immediately after Shipment）。

10. 海关发票（Customs Invoice）

如来证指定某种格式或编号的海关发票，应核查能否提供，否则应改证。

11. 领事发票（Consular Invoice）

来证规定要求提供领事发票的，应要求改证删除。

（十三）交单期限

来证一般规定一个装运后的交单期限，如来证没有要求，根据《UCP600》第 14 条 c 款的规定：受益人或其代表须在不迟于本惯例所指的发运日之后的二十一个日历日内交单，但是在任何情况下都不得迟于信用证规定的截止日。

（十四）跟单信用证统一惯例文句

来证一般规定有依照惯例声明，如：

This credit is subject to the Uniform Customs and Practice for Documentary Credit（2007 Revision），International Chamber of Commerce，Publication No. 600. 本信用证是根据国际商会第 600 号出版物（2007 年修订本）"跟单信用证统一惯例"而开出的。

对于 SWIFT 信用证，可以省略依照惯例的声明。

二、信用证修改

根据《UCP600》第 10 条 a 款的规定，对于不可撤销的跟单信用证，未经开证行、保兑行（如有），以及受益人同意，信用证既不能修改也不能撤销。因此，信用证经过全面审核后，如发现有问题时，应及时通知国外客户通过开证行进行修改。改证时一般应掌握以下几点：

（1）一份信用证如有几处需要修改，应集中一次通知开证人办理修改，避免一改再改，既增加双方的费用又浪费时间，而且还会引起不良影响。

（2）修改信用证的要求一般应用电讯通知开证人，同时应规定一个修改书的到达时限。

（3）对收到的信用证修改通知书应认真进行审核，如发现修改内容有误或我方不能同意的，出口企业有权拒绝接受。

（4）根据《UCP600》第10条e款的规定：一份信用证的修改通知书的内容要么全部接受，要么全部拒绝，不能接受其中一部分拒绝另一部分。

（5）根据《UCP600》第9条d款的规定：经由通知行或第二通知行通知信用证的银行必须经由同一银行通知其后的任何修改。

（6）根据《UCP600》第9条e款的规定：如一银行被要求通知信用证或修改但其决定不予通知，则应毫不延误地告知自其处收到信用证、修改或通知的银行。

三、全球疫情防控下出口交单业务的应对办法

近年来，由于新冠肺炎疫情的影响，有些国家或地区在疫情比较严重的时期，采取封控、静默等措施，当全球快递业务、航空运输业和海运港口业务无法正常运输货物；当人员封控在家时，外贸业务员或银行无法在柜台现场办理交单业务；当外贸企业无法按时提交单据，银行无法及时审单并按时寄送单据，出现迟交单、迟审单、迟议付、迟寄单、迟收款、迟提货等问题。为应对上述问题，实务中可采取以下的应对办法。

1. PDF单据加担保函方式交单

出口企业交货后如果出现快递业停运，造成议付单据不能寄送国外银行收汇，可与开证行、开证人和承运人协商，把全套纸质结汇单据扫描为PDF单据，通过电子邮件发送单据，另附上担保函，承诺日后寄送全套纸质单据，并以全套纸质单据换回担保函，实现交单结汇。

2. 电子交单

利用第三方平台提交电子提单和其他结汇单据，实现交单结汇。

3. 异地交单

由出口企业和银行在其他非封控地区的分支机构代为处理单据，实现交单结汇。

4. 改证顺延交单

如果银行延迟上班导致无法按时交单，可与开证人沟通，由其向开证行申请改证，以保证在信用证规定的有效期内顺利交单结汇。

信用证范例一

GANGZHOU INT'L FINANCIAL BUILDING.
). 197. Dong Feng Xi Lu, Guangzhou.
R, China.

中国银行 广东省分行
BANK OF CHINA
GUANGDONG BRANCH
GUANGZHOU, CHINA

ORIGINAL

2002MCUS0606Z
2006b23MCUS

信用证通知书

通 知 日 ：APR 25, 2020
我行号码 ：DN4008276T02

致　：　省纺织
GUANGDONG TEXTILES I/E
CORP. (GROUP)
05753808091001

开 证 行 ：　　　　　　　　　转 递 行 ：
AIB BANK

IRELAND

信用证号 ：AIB. IM02023502　　　　金　　额 ：USD 20000.00
开证日期 ：04/24/20　有效期 ：06/19/20　来证方式 ：Full SWIFT/Telex
本证页数（不包面函）：1
我行费用负担 ：Beneficiary Account　我行是否加保 ：Unnecessary

迳启者 ：
　　兹通知贵司，我行收自上述银行的信用证一份，现随附通知，并请注意下列
打 " X " 条文 ：
（　）该行首次来证，请慎重处理．
（　）此证如需加保，请与我行联系．
（　）此证尚未生效，请切勿出货．
（　）此证印押未符，请切勿出货．

注意事项 ：
1. 贵司交单时，请将信用证及通知书一并提示；
2. 我行保兑信用证，限向我行交单议付，否则保兑无效；
3. 非我行保兑信用证，不构成我行任何责任；
4. 费用由受益人负担时，对我行客户，我行会主动借记其帐，收取我行费用；
5. 请注意我行对信用证中有关条款的提示．

贵司负担费用 ：
通知费 ：CNY200.00
保兑费 ：CNY
预先通知费 ：CNY
电报费 ：CNY

备注 ：

中国银行广东省分行
结具业务处
2020-04-25
信用证
通知专用章
(1)

J 银 行 广 东 省 分 行 具
NK OF CHINA, GUANGDONG BRANCH

下列项目仅供我行使用： 0
ADV-CHG:USD
CONFIRM:USD
PRE-ADV:USD
TLX-CHG:USD
($0)

```
2020APR25 07:55:54                                    Logical Terminal GDPF
MT S700              Issue of a Documentary Credit           Page 00001
                                                             Func JSRVPR1
MSGACK  DWS765I Auth OK, key B0020421064AF648, BKCHCNBJ AIBK**** record797208
Basic Header        F  01 BKCHCNBJA400 0649 494074
Application Header  O 700 1715 200424 AIBKIE2DAXXX 3189 448014 200425 0015 N
                              *AIB BANK
                              *DUBLIN
User Header             Service Code    103:
                        Bank. Priority  113:
                        Msg User Ref.   108:
                        Info. from CI   115:
Sequence of Total   *27 : 1 / 1
Form of Doc. Credit *40 A : IRREVOCABLE
Doc. Credit Number  *20 : AIB.IM02023502
Date of Issue       31 C : 200424
Expiry              *31 D : Date 200619 Place CHINA
Applicant Bank      51 A : AIBKIE2DXXX
                              *AIB BANK
                              *DUBLIN
Applicant           *50 : B AND C CANTWELL, CC FITTINGS,
                              MEADOWLANDS
                              GRANTSTOWN
                              CO WATERFORD
Beneficiary         *59 : GUANGDONG TEXTILES IMPORT AND
                          EXPORT.COTTON MANUFACTURED GOODS CO
                          14/F GUANGDONG TEXTILES MANSIONS
                          168 XIAO BEI RD GUANGZHOU CHINA
Amount              *32 B :           Currency USD Amount 20000.00
Available with/by   *41 A : AIBKIE2DXXX
                              *AIB BANK
                              *DUBLIN
                              BY ACCEPTANCE
Drafts at ...       42 C : 30 DAYS SIGHT
Drawee              42 A : AIBKIE2DXXX
                              *AIB BANK
                              *DUBLIN
Partial Shipments   43 P : PROHIBITED
Transshipment       43 T : PERMITTED
Loading in Charge   44 A :
                          GUANGZHOU CHINA
For Transport to ... 44 B :
                          DUBLIN,IRELAND.
Descript. of Goods  45 A :
                          +DRAWER SLIDES AND HANDLES
                          CIF DUBLIN,IRELAND.
Documents required  46 A :
                          +SIGNED INVOICES IN TRIPLICATE
                          +FULL SET OF CLEAN ON BOARD MARINE BILLS OF LADING CONSIGNED TO
                          ORDER, BLANK ENDORSED, MARKED FREIGHT PREPAID AND CLAUSED NOTIFY
                          APPLICANT.
                          +INSURANCE POLICY/CERTIFICATE BLANK ENDORSED COVERING ALL RISKS
                          FOR 10 PER CENT ABOVE THE CIF VALUE.
                          +CERTIFICATE OF CHINA ORIGIN ISSUED BY A RELEVANT AUTHORITY.
                          +PACKING LIST
Additional Cond.    47 A :
                          +PLEASE FORWARD ALL DOCUMENTS TO ALLIED IRISH BANKS, TRADE
                          FINANCE SERVICES, CARRISBROOK HOUSE, BALLSBRIDGE, DUBLIN 4.
                          +IF BILLS OF LADING ARE REQUIRED ABOVE, PLEASE FORWARD
                          DOCUMENTS IN TWO MAILS, ORIGINALS SEND BY COURIER AND
                          DUPLICATES BY REGISTERED AIRMAIL.
```

ORIGINAL

```
2020APR25 07:55:56                                      Logical Terminal GDPF
MT S700              Issue of a Documentary Credit            Page 00002
                                                              Func JSRVPR1
Details of Charges    71 B : BANK CHARGES EXCLUDING ISSUING
                             BANKS ARE FOR ACCOUNT OF
                             BENEFICIARY.
Presentation Period  48   : DOCUMENTS TO BE PRESENTED WITHIN
                             21 DAYS FROM SHIPMENT DATE
Confirmation        *49   : WITHOUT
Instructions         78   :
                      DISCREPANT DOCUMENTS, IF ACCEPTABLE, WILL BE SUBJECT TO A
                      DISCREPANCY HANDLING FEE OF EUR100.00 OR EQUIVALENT WHICH
                      WILL BE FOR ACCOUNT OF BENEFICIARY.
                      SPECIAL NOTE: ISSUING BANK WILL DISCOUNT ACCEPTANCES ON
                      REQUEST, FOR A/C OF BENEFICIARY (UNLESS OTHERWISE STATED)
                      AT APPROPRIATE LIBOR RATE PLUS 1.00 PER CENT MARGIN.
Send. to Rec. Info.  72   : THIS CREDIT IS ISSUED SUBJECT TO
                             THE U.C.P. FOR DOCUMENTARY CREDITS,
                             2007 REVISION, I.C.C. PUBLICATIONS
                             NO.600
Trailer                     Order is <MAC:> <PAC:> <ENC:> <CHK:> <TNG:> <PDE:>
                            MAC:1D20750E
                            CHK:5034662F748C
```

有关资料

发票号码：02 – G99114
发票日期：MAY 03, 2020
船名：MANDER V. 0237
运费：USD2,800/CONTAINER（40'）
货物装箱情况：800SETS/40 CARTONS
净重：25KGS/CTN
尺码：（50×40×20）CM/CTN
生产厂家：广东新会东方厂
单价：USD25.00/SET
唛头：B. C.
　　　DUBLIN
　　　NOS1 – 40
　　　MADE IN CHINA

提单号码：KGT258365
提单日期：MAY 28, 2020
保单号码：02 – 75688
保费：USD86.00
集装箱号：SOCE6678025（40'）
毛重：28KGS/CTN
商品编码：7323.9900
出境关别：广州海关（5100）
合同号码：GDTX – 02 – 25789
出口配额证号：4012345
计量单位：千克
商品编码：7323.9900
原产地证号：21988256

信用证范例二

VolksbankSchorndorf:

MEMBER OF THE
GENO GROUP GERMANY

FAX MESSAGE

From: Volksbank Schorndorf, Joh.-Phil.-Palm-Str. 39,
                 D-73614 Schorndorf/Germany
To: DG-Bank, Hong Kong/Hong Kong
Test: /   USD 67.200.– / 19.11.2020

Issue of a Documentary Credit

Kindly note that we hereby establish our **irrevocable** documentary
Credit No. **4.1520**

LA08x年8d

Date of Issue	: November 18, 2020
Expiry Date	: January 18, 2021, Place: China
Applicant	LUCKY FREUND VICTORIA INTERNATIONAL STUTTGAURTE STR. 5 D – 84618 SCHORNDORF/GERMANY
Beneficiary	: Guangdong Machinery Import & Export Corporation (Group) 720 Dong Feng Road East Guangzhou / P.R. China
Amount	: USD 67.200,00 Say: US Dollars sixtyseventhousandtwohundred exactly
Available with/by	: Any bank by negotiation against the documents detailed herein and beneficiary's drafts at sight drawn on us under L/C-No. 4.1520 for 100 p.c. of the invoice value.
Partial Shipments	: Allowed
Transshipment	: Allowed
Loading in Charge	: China ports
For Transport to	: Rotterdam port by seafreight
Latest Date of Shipment	: January 3, 2021

Descript. of Goods	: 4.500 pcs. of Stainless Steel Spade Head S821/29099
	                        USD 9,60 per pcs.
	2.500 pcs. of Stainless Steel Spade Head F807/22199
	                        USD 9,60 per pcs.
	according to Sales Contract No. A97DE23600256
	dd. Nov. 12, 2020 and Fax Order dd. Oct.9, 2020/knr-sche.
	CIF Rotterdam (Incoterms 2020).

Documents required	1. Signed commercial invoice 3-fold
	2. Full Set of Clean on board marine Bills of Lading,
	    made out to order of Wim Bosman BV, P.O.Box 54064,
	    NL-3008 JB Rotterdam, Netherlands.
	    Marked: 'Freight Prepaid'
	    Notify: Applicant (as indicated above)

2020年1月24日 上午

Authorized Signatures

印鉴核符M

H:\AMIPRO   OKUM, ^F: "/ND0.SAM

VolksbankSchorndorf:

MEMBER OF THE
GENO GROUP GERMANY

L/C 4.1520
Page 2

CA0f5⅍68

    3. GSP Certificate of Origin, Form A, certifying goods of
       origin in China, issued by competent authorities
    4. Packing-List, 3-fold
    5. Insurance Policy/Certificate, issued to the applicant (as
       indicated above), covering risks as per 'Institute Cargo
       Clauses (A)', and 'Institute War Clauses (Cargo)'
       including Warehouse to Warehouse Clause up to final
       destination at Schorndorf, for at least 110 pct of
       CIF-Value, marked: 'Premium Paid', showing claims if any
       payable in Germany, naming settling agent in Germany.

Additional Conditions : If an amendment to that credit is not accepted by the
beneficary the beneficiary's signed statement to that
effect is required.

Details of Charges : All banking charges outside the issuing bank are for account
of beneficiary. USD 60,00 being our handling charges for
documents not in conf. with L/C terms are also for account of
beneficiary. The advising charges for the first Advising Bank
for USD 80,-- will be deducted from proceeds upon payment.

Presentation Period : Documents must be presented within 21 days after shipping
date shown on B/L, but within the validity of the L/C.

Confirmation : Without.

Instructions : On receipt of complete set of documents in conformity with
the terms and conditions of this credit, we will remit the
proceeds following the instructions of the documents
accompanying letter.

Additonal instructions : Documents must be forwarded direct to us by courier service
in one lot addressed to Volksbank Schorndorf,
Joh.-Phil.-Palm-Str.39, D-73614 Schorndorf/Germany.

This message is the only operative instrument and no mail confirmation will follow.
Please acknowledge receipt.
This credit is subject to the Uniform Customs and Practice for Documentary Credits
(2007 Revision), International Chamber of Commerce, Paris, Publication No. 600.

Regards
Volksbank Schorndorf
International Department
D-73614 Schorndorf

WE HEREBY CERTIFY THAT THIS IS THE TRUE PHOTOSTATIC COPY
For and on behalf of
DG BANK Deutsche Genossenschaftsbank
Hong Kong Branch

Authorized signatures

印鉴核符 M

有关资料

发票号码：97 – 236 – 2298

发票日期：2020 年 12 月 24 日

船名：PUSAN SENATOR

原材料情况：完全中国产，不含任何进口成分

货物装箱情况：5PCS/BUN

保单号码：8897524

商品编码：8201. 1000

原产地证号：971898533

FORM A 号：GZ8/80060/0010

唛头 1：F. V.

　　　ART NO. 29099

唛头 2：F. V.

　　　ART NO. 22199

德国理赔代理的名称：

　　ALLIANZ LIFE INSURANCE COMPANY LTD.

提单号码：CANE103014

提单日期：2020 年 12 月 30 日

装运港：广州港

净重：7. 20KGS/BUN

毛重：7. 60KGS/BUN

尺码：（64 × 18 × 11）CM/BUN

出境关别：广州新风（5101）

生产厂家：广东中山金辉农具厂

运费：USD3, 200. 00/CONTAINER（20'）

保费：USD350. 00

杂费：USD150. 00

集装箱：1 × 20'FCL CY/CY

　　　HJCU874765 – 4 SEAL 05328

信用证范例三

```
                                    *KRUNG THAI BANK PUBLIC COMPANY
                                    *LIMITED
                                    *BANGKOK

User Header            Service Code    103:
                       Bank. Priority  113:
                       Msg User Ref.   108:
                       Info. from CI   115:
Sequence of Total    *27    : 1 / 1
Form of Doc. Credit  *40 A  : IRREVOCABLE
Doc. Credit Number   *20    : BL 120197
Date of Issue         31 C  : 210123
Expiry               *31 D  : Date 210422 Place CHINA
Applicant Bank        51 D  : KRUNG THAI BANK PCL.,SUANMALI IBC.
Applicant            *50    : METCH THAI CHEMICAL COMPANY LIMITED
                              45-7 MAITRICHIIR RD.,
                              BANGKOK,THAILAND.
Beneficiary          *59    : SINOCHEM GUANGOONG IMPORT AND
                              EXPORT CORPORATION
                              58,ZHAN QIAN ROAD,GUANGZHOU,CHINA.
Amount               *32 B  :              Currency USD Amount 16.264
Available with/by    *41 D  : ANY BANK
                              BY NEGOTIATION
Drafts at ...         42 C  : SIGHT
Drawee                42 D  : KRUNG THAI BANK PCL.,SUANMALI IBC
Partial Shipments     43 P  : PROHIBITED
Transhipment          43 T  : ALLOWED
Loading in Charge     44 A  :
                       GUANGZHOU, CHINA
For Transport to ... 44 B  :
                       BANGKOK,THAILAND
Latest Date of Ship. 44 C  : 210412
Descript. of Goods    45 A  :
                       42.80 MT LITHOPONE 30PCT ARROW BRAND USD380.- PER MT
                       DETAILS AS PER PROFORMA INVOICE NO.01TH44QD176A3-032
                       DATED JAN.22,2021.
                       C.I.F. BANGKOK,THAILAND
Documents required    46 A  :
                     + SIGNED COMMERCIAL INVOICE IN 10 COPIES SHOWING
                       SEPARATELY F.O.B.VALUE,FREIGHT CHARGE,INSURANCE PREMIUM,
                       C.I.F.VALUE AND COUNTRY OF ORIGIN.
                     + FULL SET OF CLEAN ON BOARD OCEAN BILLS OF LADING TO ORDER
                       KRUNG THAI BANK PUBLIC COMPANY LIMITED,MARKED FREIGHT PREP
                       PLUS TWO NON-NEGOTIABLE COPIES,NOTIFY: APPLICANT
                       MARINE INSURANCE POLICY OR CERTIFICATE IN DUPLICATE,ENDORS
                       IN BLANK,FOR FULL INVOICE VALUE PLUS 10 PERCENT STATING CL
                       PAYABLE IN THAILAND COVERING INSTITUTE CARGO CLAUSES (A) A
                       WAR RISKS.
                     + PACKING LIST IN 5 COPIES.
                     + CERTIFICATE OF ANALYSIS IN 5 COPIES.
                     + ONE FULL SET OF NON-NEGOTIABLE SHIPPING DOCUMENTS MUST BE
                       SENT TO THE APPLICANT BY AIR COURIER WITHIN 3 DAYS AFTER
                       SHIPMENT AND BENEFICIARY'S CERTIFICATE TO THIS EFFECT IS
                       REQUIRED.
                     + BENEFICIARY'S CERTIFICATE CERTIFYING THAT ONE COPY EACH OF
                       INVOICE,N/N B/L HAVE BEEN FAXED TO BUYER TO FAX NO.662-225
                       WITHIN 3 DAYS AFTER SHIPMENT.
```

```
21JAN31  07:19:37                               Logical Terminal GDPF
MT S700          Issue of a Documentary Credit      Page 00002
                                                    Func JSRVPR1
```

Additional Cond.　　47 A :
+ ALL DOCUMENTS MENTIONING THIS L/C NO.
+ BOTH AMOUNT AND QUANTITY PLUS OR MINUS 5PCT ACCEPTABLE.
+ IF ANY DISCREPANCY,WE SHALL DEDUCT USD50.- BEING OUR FEE
FROM THE PROCESS.
+ THE NAME, ADDRESS, TELEPHONE NUMBER OF SHIPPING AGENT IN
BANGKOK MUST BE MENTIONED ON B/L.
Details of Charges　71 B : ALL BANK CHARGES OUTSIDE
　　　　　　　　　　　　　　　 THAILAND INCLUDING COST OF WIRE
　　　　　　　　　　　　　　　 AND REIM.CHARGE ARE FOR
　　　　　　　　　　　　　　　 BENEFICIARY'S ACCOUNT.
Confirmation　　　*49　: WITHOUT
Instructions　　　 78　:
+ UPON RECEIPT OF SHIPPING DOCUMENTS
IN STRICT CONFORMITY WITH L/C TERMS,WE WILL COVER YOUR ACCOUNT
AND LESS OUR COST OF WIRE IF ANY ACCORDING TO YOUR INSTRUCTION.
+ DRAFT(S) AND DOCUMENTS TO BE SENT TO US BY COURIER SERVICE
MAILING ADDRESS(SUANMALI IBC.,20 YUKHON 2 RD.,POMPRAB,BANGKOK
10100,THAILAND.)
+ THIS ADVICE IS OPERATIVE WITH NO CONFIRMATION TO FOLLOW AND
SUBJECT TO ICC 2007 REVISION PUB 600.
Send. to Rec. Info. 72　: KINDLY ACKNOWLEDGE RECEIPT THIS
　　　　　　　　　　　　　　　 CREDIT BY RETURN SWIFT WILL BE
　　　　　　　　　　　　　　　 MUCH APPRECIATED.
Trailer　　　　　　　　　　 Order is <MAC:> <PAC:> <ENC:> <CHK:> <THG:> <PDE:>
　　　　　　　　　　　　　　　 MAC:642A77D3
　　　　　　　　　　　　　　　 CHK:4111579499C7

有关资料

发票号码：01A30676-032A　　　　　　　　提单号码：COSU298000081
发票日期：FEB. 06, 2022　　　　　　　　　提单日期：MAR. 01, 2022
船名：CHAO HE V. 02386　　　　　　　　　保单号码：01-78963
运费：USD1,500/CONTAINER（20'）　　　保险费：USD58.00
总净重：42.80MT　　　　　　　　　　　　商品名称：箭牌立德粉　30%
总毛重：42 971.2KGS　　　　　　　　　　商品编码：7903.9000
总尺码：41.944m³　　　　　　　　　　　　出境关别：广州海关（5100）
生产厂家：湖南湘潭华荣厂　　　　　　　计量单位：千克
集装箱：TTNU3112933（20'）SEAL 062472（20GP）FCL
　　　　　TGHU2115222（20'）SEAL 062478（20GP）FCL
货物装箱情况：IN 25KGS PLASTIC WOVEN BAG, TOTAL 1712BAGS
唛头：P. T. C.
　　　　BANGKOK
曼谷船代资料：KAWA THAI SHIPPING AGENCY
　　　　　　　　55-8 MAITRICHITR RD. , BANKOK, THAILAND
　　　　　　　　TEL NO. : 2667893

信用证范例四

WE RELAY THE FLG MSG TO YOU

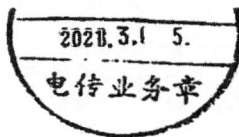

QUOTE

03/04 22:52(WRU)

210246B BOCCB CN

501265 CRLUCR I

Z C Z C C.R. LUCCA SPA
COMPUTERIZED TRANSMISSION IN PROGRESS-PLEASE DON'T DIGIT
REF:TSN 0304 / 1173 (S111I3   )

TEST

TEXT
FOR USD   36.480 DTD 03/04
   BETWEEN C.R.LUCCA H.O.
AND   YOURSELVES

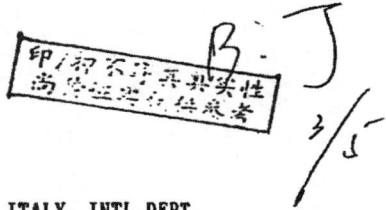

   MESS.AUTOR.DA : S111A

FM CASSA DI RISPARMIO DI LUCCA SPA. LUCCA, ITALY, INTL.DEPT.
TO BANK OF CHINA. BEJING

TEST: WITH YOURSELVES
LUCCA, MARCH 04. 2021 /FR

ATTENTION: EXPORT DOCUMENTARY CREDITS.

WE HEREBY ISSUE OUR IRREVOCABLE DOCUMENTARY CREDIT NR. 91071.64
(PLEASE ALWAYS QUOTE) AS FOLLOWS:

APPLICANT   : S.B. TRADING SAS DI BERTINT STEFANO E C
               VIA TRAVERSA DI IOLO 50
               50044 IOLO DI PRATO (PO) ITALY

BENEFICIARY : GUANGDONG FOREIGN TRADE IMP. AND EXP. CORP
              351 TIANHE ROAD
              GUANGZHOU CHINA

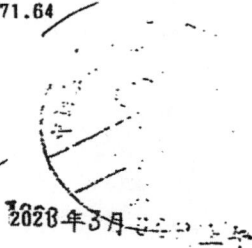

FOR THE AMOUNT OF USD 36.480.00
VALID UNTIL APRIL 26. 2021 AT OUR COUNTERS,

AVAILABLE BY OUR PAYMENT AT SIGHT
AGAINST PRESENTATION OF THE FOLLOWING DOCUMENTS

1.SIGNED COMMERCIAL INVOICE, ORIGINAL AND NINE COPIES.

2.FULL SET CLEAN ON BOARD OCEAN BILL OF LADING, MADE OUT
  TO THE ORDER AND BLANK ENDORSED, EVIDENCING SHIPMENT
  FROM GUANGZHOU TO LA SPEZIA PORT NOT LATER
  THAN APRIL 05, 2021 MARKED 'FREIGHT PREPAID'

  AND NOTIFY TO THE APPLICANT.

3.COPY OF TELEX/FAX ADVICE, ADDRESSED TO APPLTCANT BY
  BENEFICIARY,WITHIN THREE DAYS AFTER SHIPMENT DATE, BEARING THE
  FOLLOWING DETAILS:,
  DATE OF SHIPMENT, NUMBER OF B/L, NAME OF SHIPPING COMPANY,
  AND VESSEL, QUANTITY WEIGHT AND DESCRIPTION OF SHIPPED GOODS,
  SHIPPING MARKS AND NUMBERS. NUMBER OF CONTAINER, PORT OF
  LOADING AND E.T.D., PORT OF DESTINATION AND E.T.A.

4.CERTIFICATE OF ORIGIN G.S.P. 'FORM A'. ORIGINAL AND ONE COPY,
  EVIDENCING CHINA AS ORIGIN OF GOODS.
  IT MUST BE MARKED 'ISSUED RETROSPECTIVELY' IF ISSUED AFTER
  SHIPMENT DATE

5.SIGNED PACKING LIST, ORIGINAL AND NINE COPIES.

6.COPY OF EXPORT LICENCE

7.BENEFICIARY'S-DECLARATION STATING THAT THE ORIGINAL OF
  EXPORT LICENCE HAS BEEN SENT TO APPLICANT BY EXPRESS COURIER

COVERING:
7 PANEL CAP IN COTTON TWILL
108X58 WITH 4 METAL EYELETS AND PLASTIC CLOSURE AT BACK
N.BLUE   2800 DOZ.

RED   1100 DOZ.

WHITE   1200 DOZ.

R.BLUE   500 DOZ.
YELLOW   500 DOZ.
GREEN   1500 DOZ.

           7600 DOZ   AT USD 4,80/DOZ

AS PER PROFORMA INVOICE N. 98GD04-017 DTD FEBRUARY 25, 2021

GOODS RENDERED   : C. AND F. LA SPEZIA
PARTIAL SHIPMENTS : NOT ALLOWED
TRANSSHIPMENTS   : ALLOWED

SPECIAL CONDITIONS:
- 5 PERCENT MORE OR LESS IN QUANTITY AND AMOUNT IS ACCEPTABLE
- DOCUMENTS MUST BE PRESENTED WITHIN 21 DAYS AFTER SHIPMENT DATE
  BUT WITHIN THE VALIDITY OF THIS DOC.CREDIT.

INSTRUCTIONS TO THE ADVISING BANK:
A.ALL BANK CHARGES OUTSIDE ITALY ARE FOR BENEFICIARY'S ACCOUNT.
B.DOCUMENTS MUST BE REMITTED TO US IN TWO CONSECUTIVE REGISTERED
  AIRMAILS, FIRST OF WHICH BY D.H.L. OR OTHER INTERNATIONAL COURIER
C.UPON RECEIPT OF DOCUMENTS, PROVIDES ALL CREDIT TERMS HAVE BEEN
  COMPLIED WITH, WE'LL COVER REMITTING BANK IN COMPLIANCE WITH
  THEIR INSTRUCTIONS.
D.PLEASE NOTIFY THIS CREDIT TO BENEFICIARY WITHOUT ADDING YOUR
  CONFIRMATION THROUGH: BANK OF CHINA GUANGDONG BRANCH
                        NO.197 DONE FENG XI LU, GUANGZHOU CHINA
E.THIS CREDIT IS SUBJECT TO U.C.P. FOR DOCUMENTARY CREDITS,
  PUBLICATION N. 600 I.C.C. 2007 REVISION AND THIS MESSAGE IS THE

  OPERATIVE INSTRUMENT.
F.PLEASE ALWAYS QUOTE OUR A.M. REFERENCE NO. 91071.64 IN ALL YOUR
  CORRESPONDENCE TO OURSELVES.
BEST REGARDS.

CASSA DI RISPARNIO DI LUCCA SPA
LUCCA, ITALY; INTL. DEPT.-DOC.CRED.OFF.
SWIFT LUKAIT3L - TELEX 501265 CRLUCR I

N N N N   2001.4 14 刘 晔 第 页
501265 CRLUCR I
(WRU)
210246B BOCCB CN

ZCZC PCGU371 KOH3292 CTB413 9803110945

P2 GDAAOC

RJRJOC CTB0413 9803110945

MAR 11 2021
伊
TO BOC GUANGDONG
FM BOC BEIJING BR

WE PASS THE FOLLOWING MSG TO YOU

QUOTE

03/10 21:55(WRU)

2102468 BOCCB CN

501265 CRLUCR I

Z C Z C C.R. LUCCA SPA
COMPUTERIZED TRANSMISUTN IN PROGRESS-PLEASE DON'T DIGIT
REF:ISN 0310 / 1291 (S11113   )
亿   蟠

TEST

TEXT
FOR   NO AUMONT   DTD 03/10
  BETWEEN C.R.LUCCA H.O.
AND   YOURSELVES

MESS.AUTOR.DA : S111A

FM CASSA DI RISPARMIO DI LUCCA SPA. LUCCA, ITALY, INTL.DEPT.
TO BANK OF CHINA. BEIJING

TEST: WITH YOURSELVES
LUCCA, MARCH 10. 2021 FB
伊

ATTENTION: EXPORT DOCUMENTARY CREDITS.

REF. OUR IRREVOCABLE DOCUMENTARY CREDIT NR. 91071.64
ISSUED ON MARCH 04, 2021 FOR USD 36.480,00
伊

BY ORDER   : S.B. TRADING SAS DI BERTINI STEFANO E C.
              VIA TRAVERSA DI TOLO 50
              50044 TOLO DI PRATO (PO) ITALY

IN FAVOUR   : GUANGDONG FOREIGN TRADE IMP. AND EXP. CORP
              351 TIANHE ROAD
              GUANGZHOU CHINA

1ST AMENDMENT
PLEASE ADVICE BENEFICIARY WE AMEND A.M. DOC.CREDIT AS FOLLOWS:
A.DOCUMENTS AT POINT '6' AND '7' ARE NO-LONGER REQUIRED

有关资料

发票号码：98GD04 – 017F01

发票日期：2021 年 3 月 22 日

船名：TIAN LI 3/DSR AMERICA V. M820

装运港：香港

集装箱：1 × 20' CY/CY

　　　　CYLU2215087/20'

　　　　SEAL 09588

货物装箱情况：25DOZ/CTN

生产厂家：广州东升服装厂

净重：15.00KGS/CTN

毛重：18.00KGS/CTN

尺码：（50 × 20 × 10）CM/CTN

预计开航时间：2021 年 3 月 28 日

预计到达时间：2021 年 4 月 28 日

唛头：S. B. TRADING

　　　 VIA TRADVERSA DI

提单号码：CAN – 598024

提单日期：2021 年 3 月 28 日

装运港：广州港

出境关别：广州海关（5100）

FORM A 号：GZ8/80104/0109

商品编码：6505.9090

原材料情况：完全中国产，不含任何进口成分

原产地证号：971896578

保单号码：9897526

保费：USD 320.00

运费：USD 4,800.00/CONTAINER（20'）

杂费：USD 158.00

船公司名称：KENWA SHIPPING CO. , LTD.

信用证范例五

```
21OCT22  17:15:23                              Logical Terminal P5A7
MT S700           Issue of a Documentary Credit         Page 00001
                                                        Func GZPRQ
MSSACK  DWS765I Auth OK, key B1980419F862E4A3, BKCHCNBJ SAIBJPJT record652333
Basic Header      F  01 BKCHCNBJA400 8954 778732
Application Header O 700 1624 211022 SAIBJPJTCXXX 4970 776422 211022 1524 N
                             *ASAHI BANK LTD, THE (FORMERLY THE
                             *KYOWA SAITAMA BANK, LTD.)
                             *TOKYO
User Header          Service Code   103:
                     Bank. Priority 113:
                     Msg User Ref.  108:
                     Info. from CI  115:
Sequence of Total   *27   : 1 / 1
Form of Doc. Credit *40 A : IRREVOCABLE
Doc. Credit Number  *20   : LC-410-046405
Date of Issue        31 C : 211022
Expiry              *31 D : Date 220115 Place CHINA
Applicant           *50   : SUMITOMO CORPORATION OSAKA.
Beneficiary         *59   : GUANGDONG YUE FENG TRADING CO.
                            NO.31 ZHEN AN ROAD GUANGZHOU,
                            CHINA.
Amount              *32 B :           Currency USD Amount 98,000,00
Pos. / Neg. Tol.(%)  39 A : 5  /  5
Available with/by   *41 D : ANY BANK
                            BY NEGOTIATION
Drafts at ...        42 C : DRAFTS AT SIGHT FOR FULL INVOICE
                            VALUE
Drawee               42 A : SAIBJPJT
                            *ASAHI BANK LTD, THE (FORMERLY THE
                            *KYOWA SAITAMA BANK, LTD.)
                            *TOKYO
Partial Shipments    43 P : ALLOWED
Transshipment        43 T : ALLOWED
Loading in Charge    44 A :
                     SHIPMENT FROM CHINESE MAIN PORT
For Transport to     44 B :
                     TO OSAKA, JAPAN
Latest Date of Ship. 44 C : 211231
Descript. of Goods   45 A :
                     HALF DRIED PRUNE 2021CROP
                     GRADE   SPEC             QNTY    UNIT PRICE        SHIPMENT
                                              (CASE)  (USD/CASE)
                       B   L:700CASE M:700CASE 1,400    21.0  C AND F OSAKA  NOV.,2021
                       A   L:700CASE M:700CASE 1,400    26.0  C AND F OSAKA  DEC.,2021
                       B   L:700CASE M:700CASE 1,400    21.0  C AND F OSAKA  DEC.,2021
                     PACKING:IN WOODEN CASE, 12KGS PER CASE
                     TRADE TERMS: C AND F OSAKA
Documents required   46 A :
                     +2/3 SET OF CLEAN ON BOARD OCEAN BILLS OF LADING MADE OUT TO
                     ORDER OF SHIPPER AND BLANK ENDORSED AND MARKED ''FREIGHT
                     PREPAID'' AND ''NOTIFY SUMITOMO CORPORATION OSAKA.''
                     +MANUALLY SIGNED COMMERCIAL INVOICE IN TRIPLICATE(3) INDICATING
                     APPLICANT'S REF. NO. SCLI-21-0474.
                     +PACKING LIST IN TRIPLICATE(3).
                     +MANUALLY SIGNED CERTIFICATE OF ORIGIN IN TRIPLICATE(3).
                     +BENEFICIARY'S CERTIFICATE STATING THAT CERTIFICATE OF
                     MANUFACTURING PROCESS AND OF THE INGREDIENTS ISSUED BY GUANGDONG
                     YUE FENG TRADING CO., SHOULD BE SENT TO SUMITOMO CORP ESCLZ
                     SECTION.
                     +CERTIFICATE OF WEIGHT AND QUALITY IN TRIPLICATE.
Additional Cond.     47 A :
                     1. INSURANCE TO BE EFFECTED BY BUYER.
                     2. TELEGRAPHIC REIMBURSEMENT CLAIM PROHIBITED.
```

```
21OCT22  17:15:44                                      Logical Terminal P5A7
MT S700              Issue of a Documentary Credit           Page 00002
                                                             Func GZPRQ
        3. 1/3 ORIGINAL B/L AND OTHER SHIPPING DOCUMENTS MUST BE SENT
           DIRECTRY TO APPLICANT SUMITOMO CORP ESCLZ SECTION IN 3DAYS
           AFTER B/L DATE. AND SENT BY FAX.
        4. AMOUNT AND QNTY 5PCT MORE OR LESS ALLOWED.
        5. THIS COMMODITY FREE FROM RESIN.
Details of Charges   71 B : ALL BANKING CHARGES OUTSIDE JAPAN
                            ARE FOR ACCOUNT OF BENEFICIARY.
Presentation Period  48   : DOCUMENTS TO BE PRESENTED WITHIN 15
                            DAYS AFTER THE DATE OF SHIPMENT,
                            BUT WITHIN THE VALIDITY OF THE
                            CREDIT.
Confirmation        *49   : WITHOUT
Instructions         78   :
        THE NEGOTIATING BANK MUST FORWARD THE DRAFTS AND ALL DOCUMENTS BY
        REGISTERED AIRMAIL DIRECT TO US (INT'L OPERATIONS OFFICE MAIL
        ADDRESS: C.P.O.BOX NO.800 TOKYO 100-8691 JAPAN) IN TWO
        CONSECUTIVE LOTS. UPON RECEIPT OF THE DRAFTS AND DOCUMENTS IN
        ORDER, WE WILL REMIT THE PROCEEDS AS INSTRUCTED BY THE
        NEGOTIATING BANK.
Trailer                     Order is (MAC:) (FAC:) (ENC:) (CHK:) (TNG:) (PDE
                            NAC:9E9080D4
                            CHK:AEFC879GF339
```

有关资料（2021 年 12 月装运的资料）

发票号码：98IN－C314

发票日期：2021 年 11 月 18 日

船名：CHANG GANG V. 98097H

集装箱：2×20'FCL CY/CY

     TRIU 1567537 SEAL 08133

     KHLU 6206867 SEAL 08134

运费：USD3,200.00/CONTAINER（20'）

杂费：USD120.00

唛头：GA

     NOS1－2800

     OSAKA

     MADE IN CHINA

提单号码：GSOK30088

提单日期：2021 年 11 月 28 日

装运港：广州港

合同号：YF98－29876

FORM A 号：GZ9/80070/0012

原材料情况：完全中国产，不含任何进口成分

原产地证号：981898699

商品编码：0813.2000

净重：12.00KGS/CASE

毛重：14.00KGS/CASE

尺码：（20×10×10）CM/CASE

出境关别：广州海关（5100）

生产厂家：广东农垦丰华食品厂

信用证范例六

:GUANGZHOU INT'L FINANCIAL BUILDING.
NO. 197. Dong Feng Xi Lu,Guangzhou.
P.R.China.

中国银行 广东省分行　　　　　ORIGINAL　T外0

BANK OF CHINA
GUANGDONG BRANCH
GUANGZHOU,CHINA

信　用　证　通　知　书

通知日：MAR 17, 2021
我行号码：DN40005166T05

（　：　广东华纱贸易有限公司
HINA ARTEX GUANGDONG CO.LTD

TO: 4750401
　　　广东省分行
BANK OF CHINA, GUANGDONG BRANCH

9900508091001
开证行：
ANTANDER CENTRAL HISPANO

ASEO DE LA CASTELLANA,
-7TH FLOOR
9046 MADIRD,SPAIN.

转递行：
SANTANDER CENTRAL HISPANO TRADE
SERVICES LIMITED
HONG KONG

信用证号：9052BTY051200
转证号　：LA050191l
开证日期：03/15/21　　有效期：05/09/21
我行费用负担：受益人

金　　额：USD　　10,654.56
来证方式：电
本证页数（不包面函）：2
我行是否加保：无需

逐　启　者：
　　兹通知贵司，我行收自上述银行的信用证一份，现随附通知，并请注意下列
"X"条文：
（　）该行首次来证，请慎重处理。
（　）此证如需加保，请与我行联系。
（　）此证尚未生效。
（　）此证印押未符，其真实性尚待证实，仅供参考。

注意事项：
·贵司交单时，请将信用证及通知书一并提示；
·我行保兑信用证，限向我行交单议付，否则保兑无效；
·开证行地址以信用证为准。
·费用由受益人负担时，对我行客户，我行会主动借记其帐，收取我行费用；
·请注意我行对信用证中有关条款的提示。
·本信用证中若有无法执行及／或错误的条款，请逐与开证申请人联系，进行必要的修
改，以避免交单时可能发生的问题。
·本信用证通知系遵循国际商会跟单信用证统一惯例第600号出版物办理。

贵司负担费用：
通　知　费：CNY　　200.00
保　兑　费：CNY
预先通知费：CNY
电　报　费：CNY

邮　　费：CNY
其他费用..：CNY

备　注：

中国银行广东省分行具
For BANK OF CHINA, GUANGDONG BRANCH

下列项目仅供我行使用：S
ADV-CHG:USD
CONFIRM:USD
PRE-ADV:USD
TLX-CHG:USD

Logical Terminal LA1F

Advice of a Third Bank's Documentary Credit

Page 00001
Func GZTXPR1

a OK, key B004062082FDBFBC, BKCHCNBJ BSCH**** record814425

Basic Header   F 01 BKCHCNBJA400 1253 409337
Application Header O 710 1503 050316 BSCHHKHHAXXX 3486 119921 050316 1503 N
                  ******** Address not found in
                  ******** SWIFT correspondents file

                  Service Code   103:
                  Bank. Priority   113:
                  Msg User Ref.   108:
                  Info. from CI   115:
Sequence of Total   *27 : 1 / 1
Form of Doc. Credit *40 B : IRREVOCABLE
                             WITHOUT OUR CONFIRMATION
Sender's Ref.   *20 : LA05C1911
Doc. Credit Number   *21 : 9052BTY051200
Date of Issue   *31 C : 210315
Expiry   *31 D : Date 210509 Place OUR COUNTERS
Issuing Bank   *52 A : BSCHESMM
                            *BANCO SANTANDER CENTRAL HISPANO
                            *S.A.
                            *MADRID
                            *(ALL SPAIN BRANCHES)
Applicant   *50 : JULIANEA S.L.
                            CL CUENCA 28
                            28970 HUMANES MADRID
                            ESPANA
Beneficiary   *59 : CHINA ARTEX GUANGDONG CO LTD
                            NO 85-99 SHONSHAN 7 ROAD GZ
                            CHINA
Amount   *32 B :   Currency USD Amount 10.654,56
Max. Credit Amount   39 B : NOT EXCEEDING
Available with/by   *41 D : SANTANDER TRADE SERVICES LTD.
                            RM 1501, ONE EXCHANGE SQUARE,
                            8 CONNAUGHT PLACE, CENTRAL, HK
                            BY PAYMENT
Partial Shipments   43 P : PARTIAL SHIPMENTS ARE PROHIBITED
Transhipment   43 T : TRANSHIPMENTS ARE ALLOWED
Loading in Charge   44 A :
            ANY PORT IN CHINA
For Transport to ... 44 B :
            ANY PORT IN SPAIN
Latest Date of Ship. 44 C : 210424
Descript. of Goods   45 A :
            GOODS AS PER PROFORMA INVOICE
            2205B0311 DD 210304
            FOB CHINA
Documents required   46 A :
            + FULL SET OF CLEAN ON BOARD MARITIME
            BILL OF LADING
            + SIGNED COMMERCIAL INVOICE IN 3 FOLDS
            + ORIGIN CERTIFICATE IN 3 FOLDS
            + 3 PACKING LISTS.
            + FAX ISSUED BY JULIANEA GIVING CONFORMITY
            TO THE GARMENTS RECEIVED PRIOR TO THE SHIPMENT
Additional Cond.   47 A :
            +A EUR 110,00 DISCREPANCE FEE PLUS ALL RELATIVE
            CABLE CHARGES, WILL BE DEDUCTED FROM THE
            REIMBURSEMENT CLAIM FOR EACH PRESENTATION OF
            DISCREPANT DOCUMENTS UNDER THIS DOCUMENTARY
            CREDIT.

请注意此条款

ORIGINA

中国银行广东省分行
结算业务处
2021-03-17
信 用 证
通 知 专 用 章
(4)

```
005MAKI5 I7:U5:15                                    Logical Terminal LA1F
MT S710        Advice of a Third Bank's Documentary Credit   Page 00002
                                                             Func GZTXPR1
Details of Charges    71 B : ALL BANKING CHARGES OUTSIDE OF
                            SPAIN, INCLUDING REIMBURSEMENT
                            CHARGES, IF ANY, ARE FOR
                            BENEFICIARY'S ACCOUNT.
Presentation Period   48  : DOCUMENTS MUST BE PRESENTED
                            WITHIN 21 DAYS AFTER SHIPMENT DATE
                            AND WITHIN VALIDITY TERMS OF
                            THIS DOCUMENTARY CREDIT
Confirmation         *49  : WITHOUT
Instructions          78  :
                            KINDLY   ACKNOWLEDGE RECEIPT TO THIS MESSAGE
                            QUOTING OUR REFERENCE.
                            SANTANDER   TRADE SERVICES LIMITED HOLDS
                            SPECIAL REIMBURSEMENT INSTRUCTIONS. ALL DOCUMENTS DRAWN
                            UNDER THIS LETTER OF CREDIT MUST PRESENTED TO US
                            THROUGH THEM AT :
                            RM 1501, ONE EXCHANGE SQUARE,
                            8 CONNAUGHT PLACE, CENTRAL,HONG KONG.
                            SANTANDER   TRADE SERVICES LTD., HONG KONG
                            ADVISE    THIS L/C
Advise Through"      57 D : BANK OF CHINA 197, DONGFENG XI
                            ROAD GUANGZHOU, GUANGDONG
                            CHINA
                            ACCOUNT 8001-499005080910O1
Send. to Rec. Info.   72  : CREDIT IS SUBJECT TO ICC UNIFORM
                            CUSTOMS AND PRACTICE FOR
                            CREDITS (UCP 600)
Trailer                   : MAC:48E8293E
                            CHK:656F2B15C677
```

有关资料

发票号码：2205B0311　　　　　　　　提单号码：LOT/MAD/05/397

发票日期：2021 年 5 月 11 日　　　　提单日期：2021 年 5 月 20 日

船　名：XIE HANG 69 V. 25047　　　FORM A 号：GZ5/80706/3833

装 运 港：HUANGPU, CHIAN　　　　　原材料情况：完全中国产，不含任何进口成分

目 的 港：BARCELONA　　　　　　　出境关别：广州新风（5101）

唛头：ABC　　　　　　　　　　　　　生产厂家：广东东莞山辉制衣厂

　　　MODELO：　　　　　　　　　　货物装箱情况：10PCS/CARTON

　　　COLOR：　　　　　　　　　　　商品编码：6104.6200

　　　TALLA：　　　　　　　　　　　净重：5.58KGS/CTN

　　　NO.：　　　　　　　　　　　　毛重：6.23KGS/CTN

尺码：（30×39×18）CM/CTN

商品：LADIES'100% COTTON DENIM PANTS

ITEM NO.	QUANTITY	UNIT PRICE	PACKING
5704	500PCS	USD10.57	50CTNS
5706	500PCS	USD10.57	50CTNS
SAMPLES	8PCS	USD10.57	1CTNS

D:GUANGZHOU INT'L FINANCIAL BUILDING.
NO. 197. Dong Feng Xi Lu, Guangzhou.
P.R. China.

中国银行 广东省分行   ORIGINAL   T外

BANK OF CHINA
GUANGDONG BRANCH
GUANGZHOU, CHINA

修 改 通 知 书

修改通知日 :APR 20, 2021
我行号码 :DN40005166T05

致 : 广东华纱贸易有限公司   TO: 4750401
                                         广东省分行
HINA ARTEX GUANGDONG CO.LTD   BANK OF CHINA, GUANGDONG BRANCH

9900508091001

开证行 :   转递行 :
ANTANDER CENTRAL HISPANO   SANTANDER CENTRAL HISPANO TRADE
                                    SERVICES LIMITED
ASEO DE LA CASTELLANA,   HONG KONG
-7TH FLOOR
8046 MADIRD, SPAIN.

信用证号 :9052BTY051200	金 额 :USD 10,654.56
转证号 :LA0501911	修改方式负担 : 电
来证日期 :03/15/21 有效期 :06/10/21	来证费用负担 : 受益人
修改次数 :1 修改日期 :04/19/21	本修改页数（不包面函） : 1
本修改费负担 : 受益人	修改是否加保 : 无需

垂 启 者 :
        兹通知贵司，我行收自上述银行的修改书一份，现随附通知，并请注意下列
打 " X " 条文 :
) 此修改若需加保，请与我行联系。
) 此修改尚未生效。
) 此修改印押未符，其真实性有待证实，仅供参考。

注意事项 :
. 本修改须附有关信用证，否则贵司承担由此产生的责任 ;
. 贵司交单时，请把此通知书及修改连同原证一并提示 ;
. 我行不加具保兑的修改书，不构成我行修改项下任何责任 ;
. 费用由受益人负担时，对我行客户，我行会主动借记其帐，收取我行费用 ;
. 请注意我行对修改书中有关条款的提示 ;
. 本修改不能部份接受，若不接受，请在三天内通知我行并退回修改。
. 本修改中若有无法执行及/或错误的条款，请迳与开证申请人联系，进行必要的
  修改，以避免交单时可能发生的问题 ;
. 本修改通知系遵循国际商会跟单信用证统一惯例第６００号出版物办理。

贵司负担费用 :
通 知 费 :CNY   邮   费 :CNY
保 兑 费 :CNY   其他费用 ..:CNY
预先通知费 :CNY
修 改 费 :CNY   100.00
电 报 费 :CNY

中 国 银 行 广 东 省 分 行 具   下列项目仅供我行参考 :
                                ADV-CHG:USD   INCREASE:
for BANK OF CHINA, GUANGDONG BRANCH   CONFIRM:USD   DECREASE:
                                PRE-ADV:USD
                                AMNDMNT:USD
                                TLX-CHG:USD

```
                                              Logical Terminal SWPP
                    Amendment to a Documentary Credit       Page 00001
                                                            Func SWIFT
              ₃5I Auth OK, key B004062082FDBFBC, BKCHCNBJ BSCH₩₩₩ record845813
User Header         F  01 BKCHCNBJA400 1265 899104
Application Header  O 707 1201 210420 BSCHHKHHAXXX 3594 127334 210420 1201 N
                             ₩₩₩₩₩₩₩₩ Address not found in
                             ₩₩₩₩₩₩₩₩ SWIFT correspondents file
User Header         Service Code    103:
                    Bank. Priority  113:
                    Msg User Ref.   108:
                    Info. from CI   115:
Sender's Ref.       ₩20  : LA0501911
Receiver's Ref.     ₩21  : NA
Issuing Bank's Ref. 23   : 9052BTY051200
Issuing Bank        52 A : BSCHESMM
                           ₩BANCO SANTANDER CENTRAL HISPANO
                           ₩S.A.
                           ₩MADRID
                           ₩(ALL SPAIN BRANCHES)
Date of Issue       31 C : 210315
Date of Amendment   30   : 210419
Number of Amendment 26 E : 01
Beneficiary         ₩59  : CHINA ARTEX GUANGDONG CO. LTD
                           NO 85-99 SHONSHAN 7 ROAD GZ
                           CHINA
New Date of Expiry  31 E : 210610
Latest Date of Ship.44 C : 210520
Narrative           79   : PLS IN FIELD 31 D INSERT NOW:
                           CHINA
                           INSTEAD OF:
                           AT OUR COUNTERS.

                           PLS IN FIELD 59 AMEND AS FOLLOWS:
                           CHINA ARTEX GUANGDONG CO.,LTD.
                           FLOOR 8-16, NO 85-99
                           ZHONGSHAN ROAD 7
                           GUANGZHOU, CHINA

                           PLS IN FIELD 41 AMEND TO READ NOW:
                           ANY BANK IN CHINA
                           INSTEAD OF
                           BSCHHKHH

                           PLS IN FIELD 46 A ITEM 1 ADD THE FOLLOWING:
                           ..MADE OUT TO THE ORDER OF APPLICANT
                           MARKED FREIGHT COLLECT

                           PLS IN FIELD 57 D AMEND AS FOLLOWS:
                           BANK OF CHINA GUANGDONG BRANCH
                           NO 197, DONGFENG XI ROAD, GUANGZHOU
                           GUANGDONG, CHINA

                           ALL OTHER TERMS AND CONDITIONS REMAIN
                           UNCHANGED.
Send. to Rec. Info. 72   : CREDIT IS SUBJECT TO ICC UNIFORM
                           CUSTOMS AND PRACTICE FOR
                           CREDITS (UCP 600)
Trailer                  : MAC:4540ED11
                           CHK:68FE4A03FC58
```

信用证范例七

ADD GUANGZHOU INT'L FINANCAIL BUILDING.
NO. 197. Dong Feng Xi Lu, Guangzhou.
P.R. China.
TEL

中国银行 广东省分行　　　　　ORIGINAL
BANK OF CHINA
GUANGDONG BRANCH
GUANGZHOU, CHINA

信　用　证　通　知　书

通知日 :JUN 29, 2021
我行号码 : DN4002159A98

致　:　省轻工家电
GUANGDONG LIGHT ELECTRICAL APPLIAN
CES CO.,LTD.
8090010000318

开证行 :　　　　　　　　　　　转递行 :

COMMERCIAL BANK OF CEYLON LTD.,

P.O.BOX 853,21 BRISTOL STR.
COLOMBO-01,SRI LANKA.

信用证号 :002/9803668　　　　　　　　金　额 :USD3,536.00
开证日期 :06/10/21　　有效期 :08/31/21　来证方式 :Letter of Confmation
本证页数(不包面函) : 3
我行费用负担 :Beneficiary Account　　我行是否加保 :Unnecessary

送　启者 :
　　　兹通知贵司，我行收自上述银行的信用证一份，现随附通知，并请注意下列
打" X "条文 :
(　) 该行首次来证，请慎重处理·
(　) 此证如需加保，请与我行联系·
(　) 此证尚未生效，请切勿出货·
(　) 此证印押未符，请切勿出货·

注意事项 :
1. 贵司交单时，请将信用证及通知书一并提示 ;
2. 我行保兑信用证，限向我行交单议付，否则保兑无效 ;
3. 非我行保兑信用证，不构成我行任何责任 ;
4. 费用由受益人负担时，对我行客户，我行会主动借记其账，收取我行费用 ;
5. 请注意我行对信用证中有关条款的提示·

我司负担费用 :
通 知 费 :CNY200.00
保 兑 费 :CNY
预先通知费 :CNY100.00
电 报 费 :CNY

备注 :

中国银行广东省分行具

For BANK OF CHINA, GUANGDONG BRANCH

下列项目仅供我行收取
ADV-CHG:USD
CONFIRM:USD
PRE-ADV:USD
TLX-CHG:USD
($)

Commercial Bank of Ceylon Limited

COMMERCIAL BANK

FOREIGN BRANCH : Commercial House, 21, Bristol Street, P. O. Box 853, Colombo - 01, Sri Lanka.
Telegraphic Address : COMBANK Telephone Nos : 445010-15, 328193-5, 430420, 336700 Fax : 449889
Telex Nos : 21520 COMEX CE 21274 COMBANK CE 21896 COMFEX CE 22384 COMFX CE

LCASTCIF

==

IRREVOCABLE DOCUMENTARY CREDIT	OPERATIVE CREDIT INSTRUMENT CONFIRMING
DATE : 2021, June 10	OUR PRE-ADVICE BY SWIFT OF
LETTER OF CREDIT NO : 002/9803668	2021, June 10 WHICH FORMS AN
	INTEGRAL PART OF THIS CREDIT

WE HEREBY ISSUE THIS DOCUMENTARY CREDIT SUBJECT TO "THE UNIFORM CUSTOMS AND
PRACTICE FOR DOCUMENTARY CREDIT (2007 REVISION) INTERNATIONAL CHAMBER OF
COMMERCE, PARIS, FRANCE, PUBLICATION NUMBER 600".

L/C ADVISING BANK :
BANK OF CHINA,
SHANGHAI BRANCH,23, ZHONGSHAN DONG
YI LU, SHANGHAI,
PEOPLE'S REPUBLIC OF CHINA.

CUSTOMERS COPY

APPLICANT :
BLUE BIRD TRADING
NO.80,MOSQUE ROAD,GORAKANA,
MORATUWA.
SRI LANKA

BENEFICIARY :
GUANGDONG LIGHT ELECTRICAL
APPLICANCES CO LTD,
52,DEZHANG ROAD,GUANGZHOU,
PEOPLE'S REPUBLIC OF CHINA.

AMOUNT(figures): USD   3,536.00
(words):Three Thousand Five Hundred Thirty Six US DOLLARS Only

| SHIPMENT FROM : CHINA | SHIPMENT TO BE EFFECTED |
| FOR TRANSPORTATION TO   :COLOMBO,SRI LANKA | NOT LATER THAN : 21/08/15 |

DATE OF EXPIRY :- 2021, August 31   PLACE OF EXPIRY :- COUNTRY OF BENEFIC.
DOCUMENTS TO BE PRESENTED WITHIN__16___DAYS AFTER DATE OF SHIPMENT BUT WITHIN
THE VALIDITY OF THIS CREDIT.

| PARTIAL SHIPMENT :- NOT ALLOWED | TRANSHIPMENT :- ALLOWED |

ALL BANK CHARGES OUTSIDE SRI LANKA
INCLUDING REIMBURSEMENT CHARGES ARE
FOR ACCOUNT OF BENEFICIARIES

B.T.N/H.S. NO :- 8536.61.01

THE NUMBER AND THE DATE OF THIS CREDIT AND THE NAME OF OUR BANK MUST BE QUOTED
ON ALL DOCUMENTS.

CREDIT AVAILABLE BY NEGOTIATION WITH ANY BANK AT SIGHT AGAINST PRESENTATION
OF DOCUMENTS DETAILED HEREIN.

DESCRIPTION OF GOODS:

ENERGY SAVING ELECTRONICS LAMP HOLDERS

1040 PCS.FCL-22 ELECTRIC ADAPTORS   22W/B22
1040 PCS.FCL-32 ELECTRIC ADAPTORS   32W/B22
C I F COLOMBO

CONTINUATION ON PAGE(2) WHICH FORM AN INTEGRAL PART OF THIS L/CREDIT

Commercial Bank of Ceylon Limited

COMMERCIAL BANK

FOREIGN BRANCH : Commercial House, 21, Bristol Street, P. O. Box 853, Colombo - 01, Sri Lanka.
Telegraphic Address : COMBANK Telephone Nos : 445010-15, 328193-5, 430420, 336700 Fax : 449880
Telex Nos : 21520 COMEX CE 21274 COMBANK CE 21896 COMFEX CE 22384 COMFX CE

PAGE 2

LETTER OF CREDIT NO.002/9803668

DOCUMENTS REQUIRED :

1. MANUALLY SIGNED INVOICES IN SIX FOLD CERTIFYING THAT GOODS ARE AS PER INDENT NO.GA/MSMN/003/98 OF 03.06.21 QUOTING L/C NO.BTN/HS NO.AND SHOWING THE FOB VALUE,FREIGHT AND INSURANCE SEPARATELY.
ORIGINAL INVOICE AND A COPY TO ACCOMPANY ORIGINAL SET OF DOCUMENTS.

2. FULL SET OF NOT LESS THAN TWO CLEAN ON-BOARD MARINE BILLS OF LADING MARKED "FREIGHT PREPAID" AND MADE OUT TO ORDER AND ENDORSED TO OUR ORDER, SHOWING BLUE BIRD TRADING,NO.80,MOSQUE ROAD,GORAKANA,MORATUWA,SRI LANKA AS NOTIFYING PARTY.SHORT FORM BILLS OF LADING ARE NOT ACCEPTABLE.
BILL OF LADING TO STATE SHIPMENT HAS BEEN EFFECTED IN CONTAINERS AND CONTAINER NUMBERS.
COMBINED TRANSPORT BILL OF LADING ACCEPTABLE.
IN CASE OF TRANSHIPMENT THROUGH BILLS OF LADING REQUIRED.

3. CERTIFICATE OF ORIGIN IN TWO FOLD INDICATING THAT GOODS ARE OF CHINESE ORIGIN ISSUED BY CHAMBER OF COMMERCE.

4. INSURANCE POLICIES OR CERTIFICATE IN TWO FOLD PAYABLE TO THE ORDER OF COMMERCIAL BANK OF CEYLON LTD. COVERING MARINE INSTITUTE CARGO CLAUSES A (1.1.82), INSTITUTE STRIKE CLAUSES CARGO (1.1.82) INSTITUTE WAR CLAUSES CARGO (1.1.82)FOR CIF INVOICE VALUE PLUS 10% COVERING DUTY,DEFENCE LEVY AND GST 37.5% WHICH SHOULD BE SHOWN SEPARATELY. INSURANCE POLICY OBTAINED FROM ANY OF THE INSURANCE COMPANIES IN THE PEOPLE'S REPUBLIC OF CHINA WHICH PROVIDES SETTLEMENT OF CLAIMS IF ANY, THROUGH A RECOGNISED U.K.UNDERWRITING COMPANY IN U.K AND ALSO INDICATING NAME AND ADDRESS OF THE U.K.UNDERWRITERS.

    INSURANCE TO COVER THE FOLLOWING:
    A] ALL RISKS INCLUDING SRCC,THEFT PILFERAGE AND NON DELIVERY AND DAMAGED BY RAIN,FRESH/SALT WATER.
    B] TRANSHIPMENT AND OVER CARRIAGE.
    C] FROM BENEFICIARY'S WAREHOUSE TO CONSIGNEE'S WAREHOUSE IN COLOMBO AND THENCE TO MORATUWA,SRI LANKA,WITH CLAIMS IF ANY PAYABLE IN COLOMBO IRRESPECTIVE OF PERCENTAGE.

6. CERTIFICATE FROM THE BENEFICIARY TO THE EFFECT THAT:
    A] IN CASE OF TRANSHIPMENT THE FOLLOWING DETAILS ARE ADVISED TO THE APPLICANT BY FAX(FAX NO.0094-1-421058) WITHIN 3 DAYS OF SHIPMENT.
        a] WHERE THE CONSIGNMENT IS BEING RE-TRANSPORTED TO.
        b] ARRIVAL DATE OF THE VESSEL
        c] LOCAL AGENT'S NAME AND ADDRESS OF THE CARRIER.
    B] TWO SETS OF COPY DOCUMENTS TOGETHER WITH FOUR COPIES OF MANUALLY SIGNED INVOICES,NON NEGOTIABLE BILLS OF LADING,PACKING LIST AND INSURANCE POLICY WERE AIRMAILED TO THE APPLICANT WITHIN 2 DAYS OF SHIPMENT.
    C] COPY OF EACH OF THE DOCUMENTS CALLED FOR UNDER THE CREDIT WERE FAXED (FAX NO.421058) COURIERED AND AIRMAILED TO THE APPLICANT WITHIN 3 DAYS OF SHIPMENT.
    THE RELEVANT COURIER RECEIPT AND TRANSMISSION ACTIVITY REPORT SHOULD ACCOMPANY THE ORIGINAL DOCUMENTS.

CONTINUATION ON PAGE(3) WHICH FORM AN INTEGRAL PART OF THIS L/CREDIT.

Commercial Bank of Ceylon Limited

COMMERCIAL BANK

FOREIGN BRANCH : Commercial House, 21, Bristol Street, P. O. Box 853, Colombo - 01, Sri Lanka.
Telegraphic Address : COMBANK Telephone Nos : 445010-15, 328193-5, 430420, 336700 Fax : 449669
Telex Nos : 21520 COMEX CE 21274 COMBANK CE 21896 COMFEX CE 22384 COMFX CE

PAGE 3..

L/C NO.002/9803668

D) GOODS ARE PACKED IN SEAWORTHY WOODEN CASES AND OR IN STRONG
SEAWORTHY CARTONS AND ON PALLETS AS USUAL TO COLOMBO MARKET AND
EACH AND EVERY CASE AND OR CARTON CLEARLY INDICATES THE SHIPPING
MARKS AND NOS. 'FINZ'
　　　　　　　　　　NR/COLOMBO
　　　　　　　　　　NOS.1-UP.

7. PACKING LIST IN SIX FOLD.　　　　　　　　2021年05月30日 下午

INSTRUCTIONS FOR NEGOTIATING/PRESENTING BANK:
A) ORIGINAL BILLS AND DOCUMENTS ARE TO BE SENT TO COMMERCIAL BANK OF
CEYLON LTD., INWARD BILLS DEPT.NO.21,BRISTOL ST., COLOMBO 01,SRI LANKA
BY COURIER AND DUPLICATE DOCUMENTS BY REGISTERED AIRMAIL.
B) IN REIMBURSEMENT OF NEGOTIATIONS PLEASE DRAW IN THE SAME CURRENCY ON THE
FOLLOWING BANK SUBJECT TO ADHERENCE TO TERMS AND CONDITIONS OF THIS CREDIT:
STANDARD CHARTERED BANK,　　　　　　　7,WORLD TRADE CENTER,
NEW YORK - NY 10048　　　　　　　　　　U.S.A
C) OUR AUTHORISATION UNDER CLAUSE [B] PERMITTING TO CLAIM REIMBURSMENT
IS NOT AVAILABLE FOR DOCUMENTS SUBMITTED WITH DISCREPANCIES.
D) A DISCREPANCY HANDLING FEE OF USD 50/- SHOULD BE DEDUCTED
AND INDICATED ON THE BILL SCHEDULE FOR EACH PRESENTATION OF
DISCREPANT DOCUMENTS UNDER THIS CREDIT
E) EACH PRESENTATION MUST BE NOTED ON THE REVERSE OF THE LETTER OF CREDIT.

---------- AUTHORISED SIGNATORY　　　　　　　　　　---------- AUTHORISED SIGNATORY

USHA

有关资料

发票号码：98GSP3298	提单号码：CANE980318
发票日期：2021 年 8 月 3 日	提单日期：2021 年 8 月 10 日
船名：PUTUN SENA/JOHNSEN V. 003	商品编码：8536.61.01
装运港：广州港（在香港转运）	原产地证号：981898533
集装箱号码：MANU456728（20'）	保单号码：8876523
货物装箱情况：20PCS/CTN	保费：USD150. 00
出境关别：广州海关（5100）	运费：USD2, 200. 00/CONTAINER（20'）
生产厂家：广东中山德辉灯具厂	杂费：USD100. 00

商品情况：

商品名称：ENERGY SAVING ELECTRONICS LAMP HOLDERS

型号：FCL - 22 ELECTRIC ADAPTORS	净重：40. 00KGS/CTN	毛重：42. 00KGS/CTN
数量：1 040PCS	尺码：（40×30×20）CM/CTN	单价：USD1. 40/PC
型号：FCL - 32 ELECTRIC ADAPTORS	净重：41. 00KGS/CTN	毛重：43. 00KGS/CTN
数量：1 040PCS	尺码：（40×30×20）CM/CTN	单价：USD2. 00/PC

信用证范例八

ADD:GUANGZHOU INT'L. FINANCIAL BUILDING.
NO. 197. Dong Feng Xi Lu,Guangzhou.
P. R. China.
TEL:

中国银行 广东省分行

BANK OF CHINA
GUANGDONG BRANCH
GUANGZHOU,CHINA

ORIGINAL　　T 外

信　用　证　通　知　书

通知日 : SEP 21, 2020
我行号码 : DN40020633T04

致 :　广东省广新外贸轻纺（控股）公司　TO: 4750401
　　　　　　　　　　　　　　　　　　　广东省分行
GUANGDONG GUANG XIN FOREIGN TRADE　BANK OF CHINA, GUANGDONG BRANCH
LIGHT INDUSTRIAL PRODUCTS AND TEXT
05753808091001

开证行 :　　　　　　　　　　　　　　转递行 :
CASSA DI RISPARMIO DI PARMA E
PIACENZA SPA
VIA ARMORARI 4,
CASELLA POSTALE 949,
I-20123 MILAN, ITALY.

信用证号 :0072737604　　　　　　　　金　　额 :USD　　　30,500.00
转证号 :　　　　　　　　　　　　　　来证方式 : 电
开证日期 :09/17/20　　有效期 :10/05/20　本证页数（不包面函）: 1
我行费用负担 : 受益人　　　　　我行是否加保 : 无需

迳　启　者 :
　　兹通知贵司，我行收自上述银行的信用证一份，现随附通知，并请注意下列
打 " X " 条文 :
（　）该行首次来证，请慎重处理。
（　）此证如需加保，请与我行联系。
（　）此证尚未生效。
（　）此证印押未符，其真实性尚待证实，仅供参考。

注意事项 :
1. 贵司交单时，请将信用证及通知书一并提示；
2. 我行保兑信用证，限向我行交单议付，否则保兑无效；
3. 开证行地址以信用证为准。
4. 费用由受益人负担时，对我行客户，我行会主动借记其帐，收取我行费用；
5. 请注意我行对信用证中有关条款的提示。
6. 本信用证中若有无法执行及／或错误的条款，请速与开证申请人联系，进行必要的修
　 改，以避免交单时可能发生的问题。
7. 本信用证通知系遵循国际商会跟单信用证统一惯例第６００号出版物办理。

贵司负担费用 :
通知费 :CNY　　　200.00　　　　　邮　　费 :CNY
保兑费 :CNY　　　　　　　　　　其他费用 ..:CNY
预先通知费 :CNY
电报费 :CNY

备注 :

中国银行广东省分行具
For BANK OF CHINA, GUANGDONG BRANCH

下列项目仅供我行使用 : S
ADV-CHG:USD
CONFIRM:USD
PRE-ADV:USD
TLX-CHG:USD

```
2020SEP20 17:03:18                                      Logical Terminal LA1F
MT S700               Issue of a Documentary Credit            Page 00001
                                                               Func GZTXPR1
 MSGACK  DWS765I Auth OK, key B1040516679A7184, BKCHCNBJ CRPPIT2P record656126
Basic Header         F  01 BKCHCNBJA400 1161 966276
Application Header   O 700 1625 200917 CRPPIT2PA227 3387 653313 200917 2354 N
                                    *CASSA DI RISPARMIO DI PARMA E
                                    *PIACENZA S.P.A.
                                    *MILANO
                                    *(SEDE MILANO - VIA ARMORARI 4)
User Header          Service Code    103:
                     Bank. Priority  113:
                     Msg User Ref.   108:
                     Info. from CI   115:
Sequence of Total    *27  : 1 / 1
Form of Doc. Credit  *40 A : IRREVOCABLE
Doc. Credit Number   *20  : 0072737604
Date of Issue        31 C : 200917
Expiry               *31 D : Date 201005 Place MILANO
Applicant            *50  : GOODLUCKY STYLE CO.
                                    NOVEMBRE,
                            21012 CASSANO          (VA)
                            ITALY
Beneficiary          *59  : GUANGDONG TEXTILES IMP. AND EXP.
                            WOOLEN KNITWEARS COMPANY LTD.
                            13/F GUANGDONG TEXTILES MANSION
                            NO. 168 XIAO BEI RD. - GUANGZHOU
Amount               *32 B :                Currency USD Amount 30.500,
Pos. / Neg. Tol.(%)  39 A : 05 / 05
Available with/by    *41 A : CRPPIT2P227
                            *CASSA DI RISPARMIO DI PARMA E
                            *PIACENZA S.P.A.
                            *MILANO
                            *(SEDE MILANO - VIA ARMORARI 4)
                             BY DEF PAYMENT
Deferred Paym. DET.  42 P : PAYMENT AT 60 DAYS AFTER AIRWAYBILL
                            DATE
Partial Shipments    43 P : PROHIBITED
Transshipment        43 T : PROHIBITED
Loading in Charge    44 A :
                        FROM ANY CHINESE AIRPORT
For Transport to ... 44 B :
                        MILANO/MALPENSA AIRPORT, ITALY
Latest Date of Ship. 44 C : 200920
Descript. of Goods   45 A :
                        NO. 5.000 PCS (+/- 5 PCT) '' LADIES' 55 PCT SILK 20 PCT LAMBSWOOL
                        20 PCT ANGORA 5 PCT NYLON KNITTED SWEATER (EC.156) ''
                        DELIVERY TERMS: C AND F MILANO/MALPENSA AIRPORT
                        AS PER PROFORMA INVOICE NO. 0014719 DTD 200903
Documents required   46 A :
                        1) ORIGINAL SIGNED COMMERCIAL INVOICE PLUS ONE  COPY CERTIFYING
                           THAT INVOICED AND SHIPPED GOODS ARE IN CONFORMITY WITH
                           PROFORMA INVOICE NO. 0014719 DTD 200903
                        2) PACKING LIST IN DUPLICATE
                        3) COPY OF CERTIFICATE OF CHINESE ORIGIN ISSUED OR VISAED BY
                           PUBLIC COMPETENT AUTHORITIES
                        4) CLEAN AIRWAYBILL FOR GOODS AIRFREIGHTED TO:
                           IV NOVEMBRE,          21012 CASSANO          ITALY,
                        MARKED ''FREIGHT PREPAID'' AND EVIDENCING THAT ORIGINAL
                        CERTIFICATE OF CHINESE ORIGIN TOGETHER WITH COPY OF COMMERCIAL
                        INVOICE AND PACKING LIST ACCOMPANY THE GOODS
                        NOTIFY PARTY: ALBINI
                           VIALE MARCONI,
                           59100 PRATO (ITALY)
```

```
2020 SEP 20  17:03:19                                    Logical Terminal LA1F
MT S700                   Issue of a Documentary Credit      Page 00002
                                                             Func GZTXPR1
Details of Charges       71 B : ALL BANKING CHARGES AND COMMISSIONS
                                ARISING OUTSIDE ITALY ARE FOR
                                BENEFICIARY'S ACCT.
Presentation Period  48       : 15 DAYS
Confirmation        *49       : WITHOUT
Instructions         78       :
                         PLS FORWARD REQUIRED DOCUMENTS BY SPECIAL COURIER DHL OR SIMILAR
                         TO OUR FOLLOWING ADDRESS:
                         CASSA DI RISPARMIO DI PARMA E PIACENZA S.P.A.
                         MILAN H.O. - UFF. ESTERO MERCI
                         VIA ARMORARI, 4 - 20123 MILANO (ITALY)

                         WE HEREBY ENGAGE OURSELVES TO EFFECT PAYMENT - AT MATURITY DATE -
                         IN COMPLIANCE WITH REMITTING BANK'S INSTRUCTIONS, AGAINST
                         DOCUMENTS FULL COMPLYING WITH CREDIT TERMS
Send. to Rec. Info.  72       : THIS IS THE ACTUAL CREDIT SUBJECT
                                TO U.C.P. (2007 REV.)  I.C.C. PUB.
                                NO. 600
Trailer                       : MAC:BA0478D5
                                CHK:10BD4252E939
                                FM BOC ZHEJIANG DD 20/09/20
```

有关资料

发票号码：2004359WBS – 5	AWB 号码：31413724
发票日期：2020 年 9 月 6 日	AWB 日期：2020 年 9 月 16 日
目的站机场的 IATA 代号：MXP	计费重量：以尺码计费
货物装箱情况：30PCS/CTN	飞机航班号：AZ9064/19
实际装运数量：5160PCS	承运人的 IATA 代号：CV
原产地证号：040587896	运输申报价值：托运人没有声明价值
商品编码：6106.9000	实际起飞日期：2020 年 9 月 16 日
唛头：ABC	运费支付货币：美元
STYLE NO.：	保险金额：不投保
LABEL：	净重：14KGS/CTN
SIZE：	毛重：20KGS/CTN
COLOUR：	尺码：（60×60×50）CM/CTN
QTY.：	始发站机场：HONGKONG AIRPORT, CHINA
CTN NO.：	目的站机场：MALPENSA AIRPORT, ITALY
出境关别：广州新风（5101）	生产厂家：广东潮安明明服装厂
运单签发地：香港	
总运费：6,000 美元	货物单价：6.10 美元/件
杂费：250 美元	承运人代理：GUANGZHOU EVER LUCKY CARGO AGENCY LTD.

第二章
常用结汇单据

第一节　汇票

《中华人民共和国票据法》第 19 条对汇票下了如下的定义："汇票是出票人签发的，委托付款人在见票时或者在指定日期无条件支付确定的金额给收款人或者持票人的票据。"

《日内瓦统一法》未给汇票下定义。按照各国广泛引用或参照英国票据法所下的定义，汇票是"由一人签发给另一人的无条件书面命令，要求受票人见票时或于未来某一规定的或可以确定的时间，将一定金额的款项支付给某一特定的人或其指定的人，或持票人"。

一、汇票的当事人

（一）出票人（Drawer）

出票人即签发汇票的人，在进出口业务中，出票人通常是出口商。

（二）受票人（Drawee）

受票人即汇票的付款人，在进出口业务中，受票人通常是进口商或其指定的银行。

（三）受款人（Payee）

受款人即汇票规定的可受领金额的人，也称为汇票的抬头人。在进出口业务中，若信用证没有特别指定，受款人通常是出口商本人或其指定的银行。

二、汇票的种类

1. 汇票按出票时是否附有货运单据可分为光票和跟单汇票

（1）光票（Clean Bill）。光票即出具的汇票既不带发票、装运单据、物权凭证或其他类似的单证，也可不带任何为了取得付款而随附于汇票的单证。在国际贸易中，对小量货运，或收取保险费、运费及其他费用等款项，有时可采用光票。

（2）跟单汇票（Documentary Bill）。跟单汇票包括一份或一份以上的汇票，并随附于付款或承兑时所应交出的各种单证（主要包括发票、提单、装箱单、产地证和保险单等装运单证以及其他一切随附于汇票的单证）。

2. 按付款时间的不同，汇票可分为即期汇票和远期汇票

（1）即期汇票（Sight Bill）。即期汇票是指汇票上规定付款人见票后立即付款的汇票。

（2）远期汇票（Draft and Time Bill）。远期汇票是指汇票上规定付款人于将来的一定日期内付款的汇票。

3．按出票人的不同，汇票可分为商业汇票和银行汇票

（1）商业汇票（Commercial Bill）。商业汇票是指汇票的出票人为商业企业的汇票。

（2）银行汇票（Banker's Bill）。银行汇票是指汇票的出票人为银行的汇票。

4．按付款人的不同，远期汇票可分为商业承兑汇票和银行承兑汇票

（1）商业承兑汇票（Commercial Acceptance Bill）。商业承兑汇票是指商业企业出票而以另一商人为付款人，并经付款人承兑的远期汇票。

（2）银行承兑汇票（Banker's Acceptance Bill）。银行承兑汇票是指商业企业出票而以银行为付款人，并经付款银行承兑的远期汇票。

三、汇票的填制（参考样单2-1-1）

汇票属于资金单据，它可以代替货币进行转让或流通。因此，汇票是一种很重要的有价证券。为了防止丢失，一般汇票都有两张正本，即 First Exchange 和 Second Exchange。根据票据法的规定，两张正本汇票具有同等效力，但付款人付一不付二，付二不付一，先到先付，后到无效。银行在寄送单据时，一般也要将两张正本汇票分为两个邮次向国外寄发，以防在邮程中丢失。

（一）出票根据（Drawn under）

（1）信用证项下，出票根据是表明汇票起源交易是允许的。一般要具备三项内容，即开证行名称、信用证号码和开证日期。

出票根据是说明开证行在一定的期限内对汇票的金额履行保证付款责任的法律依据，是信用证项下的汇票不可缺少的重要内容之一。

（2）托收项下，一般应加发运货物的名称、数量，有的还加启运港和目的港以及合同号等（参考样单2-1-2）。如：

Covering 500 cartons of garments shipped from Xingang to Hong Kong under contract No. 90GD030. 清偿第90GD030合同项下自新港装运至香港的服装500箱。

Being amount of 1,200 cartons apple under contract No. 667TMK6204. 系第667TMK6204号合同项下1 200箱苹果之金额。

有的只加合同号，如"Drawn under contract No. WK-4653-74"（第 WK-4653-74号合同项下开立）。

托收汇票应在出票条款栏内或其他位置加注"For collection"。有的在出票条款栏内只加此项内容而不加其他任何说明。

上述这些做法，从实务中看，一般均能接受。

（二）年息

填写合同规定的利息率。若合同没有规定，该项留空。

（三）号码

填写商业发票的号码，实际业务中一般留空不填。

（四）小写金额

汇票上的一定金额数，表示确切的金额数目。一般要求汇票金额使用货币缩写和用阿拉伯数字表示的金额小写数字。例如：USD345.00。

除非信用证另有规定，汇票金额所使用的货币必须与信用证规定和发票所使用的货币一致。在正常情况下，汇票金额应为发票金额的100%，但以不超过信用证规定的最高金额为限。

（五）付款期限（Tenor）

付款期限在各国票据中都被认为是票据的重要项目，根据惯例，一张汇票若没有明示付款期限，应视为即期付款。

在缮制汇票付款期限时，应按照信用证的规定填写。即期的在付款期限的栏目注明"At Sight"或"×××"，如证内规定开具远期汇票，应在付款期限的栏目注明期限。依据起算日期的不同主要有如下几种：

1. 以装船日期为起算日期

"We hereby issue our irrevocable documentary letter of credit No. × × × available, at 60 days after B/L date by draft."

根据《ISBP》第45段第ii款的规定，假设提单日为2020年5月12日，对上述条款，汇票付款期限的栏目可填写下列几种方式中的任一种：

（1）"60 days after B/L date 12 May 2020"。

（2）"60 days after 12 May 2020"。

（3）"60 days after B/L date"，并且汇票表面的其他地方表明"B/L 12 May 2020"。

（4）"60 days after date"（当出票日期与提单日期相同时）。

（5）"11 July 2020"（即提单日后的60日）。

2. 以交单日期为起算日期

如："This L/C is available with us by payment at 30 days after receipt of full set of documents at our counters."

制单时应在汇票的付款栏目中填写"30 days after receipt of full set of documents at our counters"。

3. 以发票日期为起算日期

如："Draft at 30 days from invoice date."

制单时应在汇票的付款栏目中填写"30 days from invoice date"。

4. 以见票日期为起算日期

如："Draft at 90 days sight."

制单时应在汇票的付款栏目中填写"90 days"。

在计算汇票的到期日时，《ISBP》第45段第iv款规定，"从……起（from）"和"在……之后（after）"在用于确定汇票到期日时有相同的含义。到期日的计算从单据日期、装运日期或其他事件的次日起算，也就是说，从3月1日起10日或3月1日后10日均为从3月11日开始计算。

《ISBP》第45段第v款规定，如果信用证要求远期汇票，而提单上有多个装船批注，且所有装船批注均显示货物是从一个信用证允许的地理区域或地区装运，则将使用最早的装船批注日期计算汇票到期日。

（六）受款人（Payee）

受款人又称收款人，是汇票的抬头人，是出票人所指定的接受票款的当事人。有的以出口商或以其所指定的第三者为受款人。在国际票据市场上，汇票的抬头人通常有如下3种写法：

（1）记名式抬头（Demonstrative Order）：指在受款人栏目中填写"付给×××人的指定人"（Pay to the order of ×××）。这种类型是最普遍使用的一种。

（2）限制性抬头（Restrictive Order）：指在受款人栏目中填写"仅付给×××人"（Pay to ××× Only）或"限付给×××人，不许转让"（Pay to ××× Only Not Transferable）。

（3）持票人抬头（Payable to Bearer）：指在受款人栏目中填写"付给持票人"（Pay to Bearer）。

在我国对外贸易中，汇票的受款人一般都是以银行指示为抬头。常见的信用证对汇票的受款人一般有以下3种做法：

（1）来证规定由中国银行指定或其他议付行，或来证对汇票受款人未作明确规定。通常，汇票的受款人应打印上："Pay to the order of Bank of China."（由中国银行指定）

（2）当来证规定由开证行指定时，在汇票的这一栏目应打印上："Pay to the order of... Bank."（开证行名称）

（3）当来证规定由偿付行指定时，在汇票的这一栏目应打印上："Pay to the order of... Bank."（偿付行名称）

（七）大写金额

用文字表示并在文字金额后面加上"ONLY"（"整"），防止涂改。例如："UNITED STATES DOLLARS ONE THOUSAND TWO HUNDRED AND THIRTY FOUR ONLY."

大写金额应与上面的小写金额以及所使用的货币一致。如果大写与小写不符，议付行不予接受。

（八）付款人（Payer）及付款地点

汇票的付款人即汇票的受票人（Drawee），也称为致票人。在汇票中表示为"此致……"（to...）。凡是要求开立汇票的信用证，证内一般都指定了付款人，若信用证没有指定付款人，依惯例，制票时以开证行为付款人。

（1）当信用证规定须开立汇票而又未明确规定有付款人时，应理解为开证行就是付款人，从而打印上开证行的名称和地址。

（2）当信用证要求"DRAFT DRAWN ON APPLICANT"时，应填写该证的开证人的名称、地址。

《ISBP》第56段规定，信用证不应要求提交以申请人为付款人的汇票。如果信用证要求以申请人为付款人的汇票，银行必须将该汇票视为额外的单据并依据《UCP600》第21条审查。实务中，为了避免引起争议，受益人应要求开证人改证，以开证行或指定银行作为付款人方可接受。

（3）当信用证要求"DRAWN ON US"时，应填写开证行的名称和地址。

付款人旁边的地点，就是付款地点。它是汇票金额支付地，也是请求付款地，或拒绝证书作出地。有时出票人也可在金额后写明何地的货币偿还。

（九）出票人（Drawer）及出票地点

出票人即签发汇票的人，在进出口业务中，通常是卖方（信用证的受益人）。按照我国的习惯，出票人一栏通常打上出口公司的全称，并由公司经理签署，也可以盖上出口公司包括有经理章字模的印章。

必须注意，汇票出票人应该是信用证指定的受益人。如果证内的受益人不是出具汇票的公司，应修改信用证。如未作修改，汇票的出票人应该是信用证指定的受益人名称，按来证照打，否则，银行将视为出单不符而拒收。同时，汇票的出票人也应同其他单据的签署人名称相符。

汇票上必须注明出票地点，是因为汇票如在一个国家出票，在另一个国家付款时，确定以哪个国家的法律为依据，来判断汇票所具备的必要项目是否齐全，从而使之有效。对此，各国采用出票地法律或行为地法律的原则，即以出票行为的当地法律，认为汇票已具备必要项目而生效时，付款地点也同样认为有效。

（十）出票日期

根据我国票据法的规定，出票日期是汇票成立的必要条件。一张汇票没有出票日期，这张汇票将是无效的汇票。实务中，汇票的出票日期一般由银行填写，出口企业不填。

四、汇票的修正和变更

当发现填制好的汇票有误须改正时，可以在汇票上改正并由受益人证实，即使如此，实务中应尽量避免。

《ISBP》第 57 段规定，汇票如有修正和变更，必须在表面看来经出票人证实。《ISBP》第 58 段又规定，有些国家不接受带有修正和变更的汇票，即使有出票人的证实。此类国家的开证行应在信用证中声明汇票中不得出现修正或变更。

五、汇票的使用

汇票的使用程序，除出票外，还有提示、承兑、付款等。

1. 提示（Presentation）

提示是指持票人将汇票提交付款人，要求承兑和付款的行为。付款人看到汇票叫做见票（Sight），如系即期汇票，付款人见票后立即付款；如系远期汇票，付款人见票后办理承兑手续，到期立即付款。

2. 承兑（Acceptance）

承兑是指付款人对远期汇票表示承担到期付款责任的行为。其手续是由付款人在汇票正面写上"承兑"字样，注明承兑的日期，并由付款人签名。付款人对汇票作出承兑，即成为承兑人（Acceptor）。承兑人有在远期汇票到期时立即付款的责任。

3. 付款（Payment）

付款对即期汇票，在持票人提示时，付款人即应付款，无须经过承兑手续；对远期汇票，付款人经过承兑后，在汇票到期日付款。

4. 背书（Endorsement）

背书是转让汇票的一种手续，就是由汇票抬头人（受款人）在汇票背面签上自己的名字，或再加上受让人，即被背书人（Endorsee）的名字，并把汇票交给受让人的行为。经背书后，汇票的收款权利便转移给受让人。汇票可以经过多次背书不断转让下去，背书必须连续，对于受让人来说，所有在他以前的背书人（Endorser），以及原出票人都是他的"前手"；对于出让人来说，在他出让以后的所有受让人都是他的"后手"。前手对后手负有担保汇票必然会被承兑或付款的责任。

在国际市场上，远期汇票持有人如要求付款人在付款之前取得票款，可以经过背书将汇票转让给银行，银行在扣除一定的利息后将票款付给持票人，这叫做贴现（Discount）。银行贴现汇票后，就成为汇票的持票人，汇票还可以在市场上继续转让，持票人可于到期日向付款人索取票款。

5. 拒付（Dishonour）

当汇票在提示时，遭到付款人拒绝付款、拒绝承兑、拒而不见或付款人死亡，称为拒付。汇票经过转让，如果遭到拒付，最后的持票人有权向所有的"前手"追索，一直追索到出票人，持票人为了行使追索权，应及时作出拒付证书（Protect）。拒付证书，是由付款地的法定公证人或其他依法有权做这种证书的机构（例如法院、银行等）所作出的付款人拒付的文件，是最后持票人凭以向其"前手"进行追索的法律依据。如拒付的汇票已经承兑，出票人也可凭拒付证书向法院起诉，要求承兑汇票的付款人付款。

汇票的出票人或背书人为了避免承担被追索的责任，可在背书时加注"不受追索"（Without Recourse）的字样。凡列有这种批注的汇票，在市场上一般是很难转让流通的。

六、信用证汇票条款举例

例1

Credit available with any bank, by negotiation, against presentation of beneficiary's draft(s) at sight, drawn on applicant in duplicate to order of ourselves.

该条款要求出具的即期汇票，作成以开证人为付款人，并进行记名指示背书。填制汇票时，应在汇票的背面填写"议付行名称、地址 + TO ORDER OF + 开证行名称、地址"。

例2

All drafts must be marked "Drawn under the Royal Bank of Canada, Montreal L/C No. × × × dated × × × and Banco de Chile, Santiago Credit No. × × × dated × × ×".

该出票条款中有两家银行、两个信用证号码、两个开证日期。前者是转开证行也是指定的付款行或保兑行，后者是原始开证行。由于原始开证行与通知行无代理关系，因此通过另一家银行转开信用证，这样就出现两家银行、两个信用证号码、两个开证日期的条款，出口人在开立汇票时须按该条款的要求缮制。

例3

Draft to be enfaced with the following clause: "Payable with interest at bank's current rate of interest pertaining to the currency of this bill from date here of to the date of payment."

该条款要求在汇票上注明开证行自汇票开出的日期（即议付日期）起至其转向进口人收回垫款之日止这段时间的利息，开证人应按条款规定偿付给开证行。事实上这是开证行与进口人之间的利息结算，与出口人无关。但出口人须按此条款缮制汇票，以符合信用证要求（一般由银行代加）。

例 4

Draft at 90 days sight. We are authorized to pay interest at the rate of 9% p. a. for full invoice value at maturity. Invoice and draft must show the amount of interest.

该条款是 90 天远期汇票，见票后起算。开证行被授权按年息 9 厘计息到期付款。发票与汇票上必须显示利息金额。此条款表明货款金额连同利息都可在见票 90 天后在信用证项下支付，这就是真远期加利息。在发票上应打出 "Plus 90 days interest ×××"，然后再把货款加利息的总金额打在下面。汇票上应打出："The amount of 90 days interest at 9% p. a. being × × × is included."

例 5

Drafts at 180 days sight drawn on Saitama Bank Ltd. , Tokyo Office. Usance drafts drawn under this L/C are to be negotiated at sight basis. Discount charges and acceptance commission are for account of accountee.

该条款由日本银行开来，汇票开立远期见票 180 天付款，但可即期议付，其承兑费和贴现费均由开证人负担。对受益人来说是即期信用证，通常称为假远期信用证。

例 6

Documentary Credit available with yourselves by payment against presentation of the documents detailed herein. . .

该条款说明该信用证可由通知行凭受益人提供证内所规定的单据付款，不必提供汇票。

例 7

We hereby establish this Irrevocable Credit which is available against beneficiary's drafts drawn in duplicate on applicant at 30 days sight free of interest for 100% of invoice value. "Document against acceptance."

该条款见于新加坡来证中，是真远期，见票 30 天付款，不计利息，承兑交单（D/A）。该承兑交单是开证行与开证人之间的事，与受益人无关。汇票到达开证行后经开证人承兑，银行即交付单据。至于信用证项下货款，开证行保证在 30 天到期时偿付与议付行。

例 8

USD 155, 800 payable against sight draft and above documents USD 8 , 200 payable against sight draft and presentation of independent surveyors report confirming quantity and quality of product as received at port of Newcastle, Australia and beneficiary's certificate adjusting invoice value.

该条款要求制作两张汇票，一张金额是 155 800 美元，另一张是 8 200 美元。在金额为 8 200 美元的汇票的空白处打上 "payable at sight draft and presentation invoice value of independent" 的字样。

例 9

By negotiation against the documents detailed herein a beneficiary's draft at 90 days after sight with ABC Banking Group Ltd. , 120 Wall Street, New York, USA.

该条款要求汇票的受款人是在美国的一家银行，实际上是限制在美国纽约的 ABC 银行集团议付。在填写这样要求的汇票时，应在 pay to the order of 之后的栏目中注明

"ABC Banking Group Ltd. ， 120 Wall Street， New York， USA"。

例 10

Invoice and drafts to be drawn on full CIF value but the beneficiary is to be paid 5% less as commission payable to openers and this should be incorporated on bank schedule.

该条款发票和汇票都开列货款全额，但议付行付给出口人货款时，必须扣除 5% 佣金；同时，他向开证行索汇，也只收取 95% 货款，5% 佣金款在议付行寄送单据给开证行的表格上注明即可。出口人不开立贷记通知单。

练习题

1. 练习目的：学习缮制汇票。
2. 资料：第一章"信用证范例一"至"信用证范例八"和给定的其他条件。
3. 练习要求：根据信用证的要求和给定的资料缮制汇票。

样单 2 - 1 - 1　汇票

F14

凭　　　　ARAB NATIONAL BANK
Drawn under
信用证　　　　　　第　　　　号
L/C　　　　　*No.*
日期　　　　　年　　月　　日
dated　　　　　10 MARCH，2020
按　　　　息　　　　　　付　　款
Payable with interest @　　　　*% per annum*
号码　　　　　　汇票金额　　　　　中国．广州　　　年　月　日
No.　　　　**Exchange** *for*　USD75683.00　*Guangzhou．China*　　　20
见票　　　　　　　　　　　日　后（本 汇 票 之 副 本 未 付）付
At　　　30 DAYS　　　*sight of this* **FIRST** *of Exchange*（*Second of exchange being unpaid*）
pay to the order of　　　BANK OF CHINA，GUANG DONG　　　或 其 指 定 人
金　额　　　　　US DOLLARS SEVENTY FIVE THOUSAND SIX HUNDRED
the sum of

此致
To　ARAB NATIONAL BANK
　　　P. O. BOX 18741 JEDDAH
　　　SAUDI ARABIA　　　　　　GUANGDONG METALS AND MINERALS I/E CORP.

样单 2 - 1 - 2　汇票（托收）

BILL OF EXCHANGE

DATE　　APR. 14, 2020

NO.　　YU25868

EXCHANGE FOR　　　JPY60,600.00

AT　　　D/P 90 DAYS　　SIGHT OF THIS FIRST OF EXCHANGE (SECOND OF EXCHANGE BEING UNPAID)

PAY TO THE ORDER OF　　　THE BANK OF TOKYO, LTD.

THE SUM OF　　　JAPAN YUAN SIXTY THOUSAND SIX HUNDRED ONLY.

DRAWN UNDER　　　COVERING 3,000 DOZ OF GARMENTS UNDER CONTRACT NO.: 02PT744

FOR COLLECTION

TO　　TOYOHANM AND CO., LTD.

　　　58 NISHIKI 6- CHOME, NAKAKU

SHANGHAI FENGHUA TEXTKLES I/E CORP.

样单 2 - 1 - 3　汇票

UNICREDIT BANK AG (HYPOVEREINSBANK) MUENCHEN

Drawn under

28064010038544

L/C　　No.

dated 2018-11-15

payable with interest @ _____ % per annum

No.　　　　**Exchange for**　USD 51,870.00　　**Guangzhou, China** 2018/12/26

At　_____　sight of this FIRST of Exchange (Second of exchange being unpaid)

pay to the order of　**OURSELVES**

the sum of　　**US DOLLARS FIFTY ONE THOUSAND AND EIGHT HUNDRED AND SEVENTY ONLY**

To　UNICREDIT BANK AG (HYPOVEREINSBANK) MUENCHEN　　　　GUANGDONG MACHINERY IMP. & EXP. CO., LTD.

1

UNICREDIT BANK AG (HYPOVEREINSBANK) MUENCHEN

Drawn under

L/C　　No.　28064010038544

dated 2018-11-15

payable with interest @ _____ % per annum

No.　　　　**Exchange for**　USD 51,870.00　　**Guangzhou, China** 2018/12/26

At　_____　sight of this SECOND of Exchange (First of exchange being unpaid)

pay to the order of　**OURSELVES**

the sum of　　**US DOLLARS FIFTY ONE THOUSAND AND EIGHT HUNDRED AND SEVENTY ONLY**

To　UNICREDIT BANK AG (HYPOVEREINSBANK) MUENCHEN　　　　GUANGDONG MACHINERY IMP. & EXP. CO., LTD.

2

第二节　发票

一、商业发票

（一）商业发票的作用

商业发票是所有结汇单据的核心单据，其作用主要有：

（1）发票是交易的合法证明文件，是货运单据的中心，也是装运货物的总说明。

（2）发票是买卖双方收付货款和记账的依据。

（3）发票是买卖双方办理报关、纳税的计算依据。

（4）在信用证不要求提供汇票的情况下，发票代替了汇票作为付款依据。

（5）发票是出口人缮制其他出口单据的依据。

（二）商业发票的缮制（参考样单 2 - 2 - 1）

1. 出票人名称与地址

一般情况下，出票人即为出口公司，制单时应标出出票人的中文和英文名称和地址。当企业采用印刷空白发票或电脑制单时，都已预先印上或在程序中编入出票人的中文名称和地址。

根据《UCP600》第 18 条 a 款的规定，出票人的名称和地址应与信用证的受益人的名称和地址一致。

2. 发票名称

发票名称必须用粗体标出"COMMERCIAL INVOICE"或"INVOICE"。

对发票名称的要求，《ISBP》第 59 段规定，信用证要求"发票"而未作进一步定义，则提交的任何形式的发票都可以接受（如商业发票、海关发票、税务发票、最终发票、领事发票等）。但是，"临时发票""预开发票"或类似的发票是不可接受的，除非信用证另有授权。当信用证要求提交商业发票时，标为"发票"的单据是可以接受的。

3. 发票抬头人名称与地址（Messrs）

当采用信用证支付货款时，如果信用证上有指定抬头人（适用于可转让信用证的情况），则按来证规定制单。否则，根据《UCP600》第 18 条 a 款的规定，必须出具成以申请人为抬头的；当采用托收方式支付货款时，应填写合同买方的名称和地址。填写时名称和地址不应同行放置。

4. 出票人名称与地址（Exporter）

填写出票人的英文名称和地址。

5. 运输资料（Transport Details）

填写货物实际的起运港（地）、目的港（地）以及运输方式，如果货物需经转运，应把转运港的名称表示出来。如：

FROM GUANGZHOU TO HELSINKI W/T HONGKONG BY VESSEL.

6. 发票号码（Invoice No.）

发票号码由出口公司根据本公司的实际情况自行编制。

7. 发票日期（Invoice Date）

在所有结汇单据中，发票是签发日期最早的单据，该日期可以早于开证日期，但不得迟于信用证的议付有效期（Expiry Date）。

8. 信用证号码（L/C No.）

当采用信用证支付货款时，填写信用证号码。若信用证没有要求在发票上标明信用证号码，此项可以不填。当采用其他支付方式时，此项不填。

9. 开证日期（L/C Date）

填写信用证的开证日期。

10. 合同号码（S/C No.）

合同号码应与信用证上列明的一致，一笔交易牵涉几个合同的，应在发票上表示出来。

11. 支付方式（Terms of Payment）

填写该笔业务的付款方式。如L/C、T/T等。

12. 唛头及件号（Marks and Number）

发票的唛头应按信用证或合同的规定填写，并与托运单、提单等单据唛头保持严格一致。若为裸装货或散装货，可填写"N/M"（No Mark 的缩写）。

如信用证或合同没有指定唛头，出口商可自行设计唛头。唛头内容包括客户名称的缩写、合同号（或发票号）、目的港、件号等部分。如货物运至目的港后还要转运到内陆城市，可在目的港下面加打"INTRANSIT TO ×××"或"INTRANSIT"字样。

信用证和单据中的唛头有可能不一致，不同单据中的唛头也有可能不一致，对此，《ISBP》第36和37段作了如下规定：

（1）如果信用证对唛头的细节作了规定，则载有唛头的单据必须显示这些细节，但额外的信息是可以接受的，只要它与信用证的条款不矛盾。

（2）某些单据中唛头所包含的信息常常超出通常意义上的唛头所包含的内容，可能包括诸如货物种类、易碎货物的警告、货物净重及/或毛重等。在一些单据里显示了此类额外内容而其他单据没有显示，不构成不符点。

13. 货物内容（Description of Goods）

货物内容一般包括货物的名称、规格、数量、单价、贸易术语、包装等项目，制单时应与信用证的内容严格一致，省略或增加货名的字或句，都会造成单证不符，开证银行有权拖延或拒付货款。但内容严格一致也应辩证看待，《ISBP》第62段规定，发票中的货物描述与信用证规定的一致，并不要求如同镜子反射那样一致。例如，货物细节可以在发票中的若干地方表示，当合并在一起时与信用证规定一致即可。信用证引导货物内容的词或词组主要有：

（1）Description of Goods.

（2）Shipment of Goods.

（3）Covering Value of.

（4）Covering the Following Goods by.

（5）Covering Shipment of.

（6）Description of Merchandise.

对成交商品规格较多的，信用证常规定："AS PER S/C NO..."制单时须分别详列各种规格和单价，并在发票上打出"AS PER S/C NO..."，保证单证相符。

当货物允许分批装运，实际装运的货物只是信用证全部货物的一部分时，按《ISBP》第57段规定，发票可以只列明实际装运的货物，也可列明信用证规定的全部货物描述，然后注明实际装运货物的发票也是可以接受的。

当使用其他支付方式（如托收）时，货物内容应与合同内容一致。

14. **商品的数量（Quantity）**

填写实际装运的数量及单位，并与其他单据相一致。必须注意，此次的数量和单位是指商品计价的数量和单位，而不是运输包装的数量和单位。凡信用证数量前有"约""大概""大约"或类似的词语，交货时允许数量有10%的增减幅度。

15. **单价（Unit Price）**

完整的单价由计价货币、计量单位、单位金额、价格术语四个部分组成。根据《UCP600》第18条a款的规定，发票中显示的单价和币种必须与信用证的要求一致。凡信用证单价前有"约""大概""大约"或类似的词语，交货时允许单价有10%的增减幅度。

16. **总值（Amount）**

《UCP600》第18条b款规定，开证行可以接受金额大于信用证允许金额的商业发票，其决定对有关各方均有约束力，只要该银行对超过信用证允许金额的部分未作承付或者议付。应当注意，"可以接受"不等于"必须接受"，一般情况下，发票的总值不应超过信用证规定的最高金额，以免开证银行拒绝接受超过信用证所许可金额的商业发票。若信用证总值前有"约""大概""大约"或类似的词语，交货时允许总值有10%的增减幅度。

实际装运时，如信用证金额有余额，在开证人和开证行同意接受的情况下，可用发票金额制单结汇；如信用证金额不够，可作如下处理：

（1）发票金额比信用证金额多一点（如8.20美元），可在发票上加注"Written off USD 8.20, net proceed USD 10,000.00"。实收货款10 000美元，少收8.20美元，以便保证发票金额与信用证金额一致。

（2）发票金额比信用证金额多一些（如80.20美元），可在发票上加注"Less USD 80.20 to be paid by D/D latter, net proceed USD 10,000.00"。实收货款10 000美元，80.20美元通过以后的票汇收取，以便保证发票金额与信用证金额一致。

（3）发票金额比信用证金额多许多（如300美元），则须征得进口商和开证行同意，方可按发票的实际金额制单。具体操作可通过议付行电询开证行，得到开证行同意后制单结汇。对于扣佣金，要按信用证规定处理。信用证没有明确表示的，不能直接在实际进口商开来信用证规定的毛额中扣除，否则，变成佣金付给实际进口商，而中间商却未得到。

17. **价格术语（Trade Terms）**

价格术语涉及买卖双方的责任、费用和风险的划分问题，同时，也是进口地海关核定关税的依据，因此，商业发票必须标出价格术语。信用证中的价格术语一般在货物内容的单价中表示出来。

如果信用证的货物描述提供了贸易术语的来源，则发票必须表明相同的来源。如信用证条款规定"CIF Rotterdam（*Incoterms*® *2020*）"，那么"CIF Rotterdam（Incoterms）"或

"CIF Rotterdam"就不符合信用证的要求。

18. 声明文句

信用证要求在发票内特别加列船名、原产地、进口许可证号码等声明文句，制单时必须一一详列。常用的声明文句有：

（1）证明所到货物与合同或订单所列货物相符。如：

We certify that the goods named have been supplied in conformity with Order No. 888. 兹证明本发票所列货物与第 888 号合同相符。

（2）证明原产地。如：

We hereby certify that the above mentioned goods are of Chinese Origin. /This is to certify that the goods named herein are of Chinese Origin. 兹证明所列货物系中国产。

（3）证明不装载于或停靠限制的船只或港口。如：

We certify that the goods mentioned in this invoice have not been shipped on board of any vessel flying Israeli flag or due to call at any Israeli port. 兹证明本发票所列货物不装载于悬挂以色列国旗或驶靠以色列任何港口的船只。

（4）证明货真价实。如：

We certify that this invoice is in all respects true and correct both as regards to the price and description of the goods referred herein. 兹证明本发票所列货物在价格、品质、规格各方面均真实无误。

（5）证明已经航邮有关单据。如：

This is to certify that two copies of invoice and packing list have been airmailed direct to applicant immediate after shipment. 兹证明发票、装箱单各两份，已于装运后立即直接航邮开证人。

19. 出单人签名或盖章

商业发票只能由信用证中规定的受益人出具。

除非信用证另有规定，如果以影印、电脑处理或复写方法制作的发票，作为正本者，应在发票上注明"正本"（ORIGINAL）字样，并由出单人签字。

《ISBP》规定，除非信用证要求，商业发票无须签字或标注日期，但有时来证规定发票需要手签的，则不能盖胶皮签字章，必须手签。对墨西哥、阿根廷出口，即使信用证没有规定，也必须手签。

（三）佣金主要支付方式

1. 汇付

货款按合同价格条款（CIFC 5%）结算的，佣金则应另汇。一般采取票汇的方法。具体做法是：我方在货款收妥后，填写票汇申请书交中国银行开立汇票，由我方寄给中间商。这是目前支付佣金使用最多的一种方法。

2. 票扣（即发票上减佣）

如信用证规定有扣除佣金字样（less 5% Comm. or 5% already deducted），要在发票上减除佣金。

3. 议扣（即议付时扣佣）

信用证开足全部货款金额，并规定议付银行在议付单据时扣除佣金，简称议扣或结汇时扣佣。议扣的具体做法是：发票不扣佣金，打足全部金额。汇票打发票金额，并应在交单时另行批注，提醒银行在议付时扣佣。这种情况在阿曼、巴林、阿联酋等中东地区开来的信用证出现较多。如迪拜国民银行（National Bank of Dubai Ltd.）开来的信用证基本上都有此条款。

4. 部分票扣、部分议扣

信用证开来的金额已扣除一部分佣金，另一部分佣金规定议付时扣。例如信用证开来的金额是合同金额的98%，说明客户在开证时已扣除了2%的佣金。另外3%的佣金有议扣字样的，具体做法是：在发票上减除2%的佣金，汇票缮制发票金额，交单议付时另加批注，请银行在议付时扣除3%的佣金。如信用证上没有议扣字样则采用票汇。

5. 贷记账单（Credit Note）

信用证开来已扣除佣金的净值，但发票上不能表示已扣除的佣金，发票须开列全部金额，汇票开列已扣除金额，另单独出具账单或声明（Statement）。

（四）部分国家对发票的特殊规定

（1）智利：发票内要注明运费、保险费和 FOB 值。

（2）墨西哥：发票要手签。一般发票要求领事签证，可由贸促会代签，并注明"THERE IS NO MEXICAN CONSULATE HERE"（此地无墨西哥领事），在北京可由墨西哥驻华使馆签证。

（3）澳大利亚：发票内应加发展中国家声明，可享受优惠关税待遇。声明如下：

"Developing country declaration that the final process of manufacture of the foods for which special rates are claimed has been performed in China and that not less than one half of the factory or works cost of the goods is represented by the value of the labor or materials or of labor and materials of China and Australia. "

（4）伊拉克：要求领事签证，由贸促会代替即可。

（5）黎巴嫩：发票应加证实其真实性的词句。如：

"We hereby certify that this invoice is authentic, that it is the only one issued by us for the goods herein, that the value and price of the goods are correct without any deduction of payment in advance and its origin is exclusively China. "

（6）科威特：发票内要注明制造厂商名称和船名，注明毛净重并以千克表示。

（7）巴林：发票内应注明货物原产地，并且应手签。

（8）斯里兰卡：发票要手签，并且要注明"BTN NO."。

（9）秘鲁：如信用证要求领事签证，可由贸促会代替，发票货名应以西班牙文表示。同时要列明 FOB 价值、运费、保险费等。

（10）巴拿马：可由贸促会签证并须注明"此地无巴拿马领事"。

（11）委内瑞拉：发票应加注西班牙文货名，由贸促会签证。

（12）伊朗：发票内应注明关税号。

（13）阿拉伯地区：一般都要求发票注明货物原产地并由贸促会签证，或者由贸促会出具产地证。

（14）尼泊尔、印度：发票手签。

（15）土耳其：产地证不能联合在发票内。

二、标准格式商业发票制作（参考样单 2 – 2 – 2）

标准格式商业发票的内容与一般商业发票的内容相同，其区别在于它们的格式不同，各项目的位置不同。标准格式商业发票各项目内容的填写要求可参考前面商业发票的填写。具体内容包括：单据名称、出票人名称与地址、发票抬头人名称与地址、运输资料、发票号码、发票日期、合同号码、信用证号码、支付方式、唛头及件号、货物内容、商品的包装及件数、单价、总值、价格条件和声明文句等。

三、信用证商业发票条款举例

例 1

Signed commercial invoice 3-fold.

该条款要求签署的商业发票一式三份。

例 2

5% discount should be deducted from total amount of the commercial invoice.

该条款要求商业发票的总金额须扣除 5% 折扣。

例 3

Signed commercial invoice in quadruplicate showing a deduction of USD 141.00 being ORC charges.

该条款要求签署的商业发票一式四份，并在商业发票上显示扣除 141 美元的 ORC 费用。

例 4

Manually signed commercial invoice in triplicate（3）indicating applicant's ref. No. SCLI – 98 – 0474.

该条款要求手签的商业发票一式三份，并在商业发票上显示开证人的参考号码SCLI – 98 – 0474。

例 5

Beneficiary's original signed commercial invoices at least in triplicate issued in the name of the buyer indicating the merchandise, country of origin and any other relevant information.

该条款要求以买方的名义开具、注明商品名称、原产国及其有关资料，并经签署的受益人的商业发票正本至少一式三份。

例 6

Signed invoice combined with certificate of origin and value in duplicate as required for imports into Nigeria.

该条款要求提供已签署的，连同产地证明和货物价值证明，输入尼日利亚所需的联合发票一式两份。

例 7

Manually signed commercial invoices in six fold certifying that goods are as per indent

No. GA/MAMN/003/20 of 03. 06. 2020 quoting L/C No. BTN/HS NO. and showing original invoice and a copy to accompany original set of documents.

该条款要求手签的商业发票一式六份，证明货物是根据 2020 年 6 月 3 日、号码为 GA/MAMN/003/20 的订货单，注明信用证号码和布鲁塞尔税则分类号码，显示正本发票和一份副本随附原套单证。

例 8

Signed commercial invoice in triplicate showing separately FOB value, freight charge, insurance premium, CIF value and country of origin.

该条款要求签署的商业发票一式三份，分开显示 FOB 总值、运费、保险费、CIF 总值和原产地国。

例 9

Signed invoices in quintuplicate, certifying merchandise to be of Chinese origin.

该条款要求签署的发票一式五份，证明产品的原产地在中国。

例 10

An amount equal to 6% of the invoice value to be deducted from the amount payable to beneficiaries, this amount not to be shown on the invoice, but a seperate credit note (Statement) in the name of ABC CO. covering his commission to be presented.

该条款要求发票开列全部金额，汇票开列 94% 发票金额，另外以 ABC 公司的名义出具一个贷记账单（Credit Note）或声明（Statement），支付其所得的佣金。

例 11

In the commercial invoice full and precise charges are required to be shown clearly for Australian Customs purposes including cost of granite, ocean freight, inland transport, stuffing packing charges, financial charges, value of outside packages, dock and port charges, transhipment charges then giving the C and F invoice total.

该条款要求向澳大利亚海关出具的发票上应列出一系列费用包括成本、海洋运费、内陆运费、包装费、银行费、外包装费、码头和港口费、转运费以后，再给出 C 和 F 价的总额。

例 12

Commercial invoice must indicate the following:

A. That each item is labelled "made in China".

B. That one set of non-negotiable shipping documents has been airmailed in advance to buyer.

该条款要求出具的商业发票除了一般的发票内容外，还要求在发票上证明以下内容：A. 每件商品标明"中国制造"。B. 一套副本装运单据已预先航邮给买方。

例 13

Each invoice to certify:

C + F bremen liner terms including seaworthy packing in wooden palletized crates. Crates to be handled by fork lift, container shipment acceptable. Crates lined with plastic sheet as a cover inside, goods are of Chinese origin, merchandise and packing as well to be absolutely neutral (no Chinese letters) only marking as prescribed is allowed.

该条款要求出具的每一份发票上应证明 C + F 班轮条件包括适合航运的木板条托盘包装。并要求木板条托盘用叉车起吊，允许集装箱装运。包装使用的木板条托盘内侧用薄塑料板作衬里。另外，还要求在发票上证明货物原产于中国，包装是中性的（无中文字样出现）。

四、海关发票

海关发票（Customs Invoice）是进口国（地区）海关制定的一种专用于向该国（地区）出口的一种特别的发票格式。其主要内容是证明商品的成本价值和商品的生产国家。国外来证对海关发票所使用的名称常见的有以下几种：

（1）Customs Invoice（海关发票）。

（2）Appropriate Certified Customs Invoice。

（3）Invoice and Combined Certificate of Value and Origin（估价和原产地联合证明书）。

（4）Certified Invoice in Accordance with ×××（进口国名称）Customs Regulations（根据××国海关法令开具的诚实发票）。

（5）Signed Certificate of Value and Origin in Appropriate Form。

（一）海关发票的作用

海关发票由出口商填制后，供进口商在报关时提交给进口国（地区）海关。其主要作用有：

（1）进口国（地区）海关以此作为进口货物估价完税的依据。

（2）进口国（地区）海关以此核定货物原产地，以实行差别税率政策。

（3）进口国（地区）海关以此查核货物在出口国市场的销售价格，以确定出口国是否以低价倾销而征收反倾销税。

（4）进口国（地区）海关以此为统计资料依据。

（二）要求提供海关发票的主要国家（地区）

目前，要求提供海关发票的主要国家（地区）有美国、加拿大、澳大利亚、新西兰、牙买加、加勒比共同市场国家、非洲国家等。

（三）海关发票的填制（以加拿大海关发票为例）

（1）卖方的名称及地址（Vendor）：填写出口单位的名称及地址。

（2）直接运往加拿大的日期（Date of Direct Shipment to Canada）：必须填写货物开始进行连续运输的日期，即装运日期，须与提单日期一致。如单据送银行预审，可请银行按正本提单日期代为加注。

（3）其他参考事项（Other Reference）：应填写有关合约、订单号码或商业发票号码等。

（4）收货人的名称及地址（Consignee）：必须填写加拿大收货人的名称和地址。

（5）买方（Purchaser's）：应填写向出口商（卖方）购买货物的人。如果是第 4 栏内的收货人则此栏可打上 Same as Consignee。

（6）转船国家（Country of Transhipment）：填写转船地点的名称。如在香港转船可填写 From Shanghai to Montreal with Transhipment at Hong Kong by Vessel，如不转船可填 N/A

（Not Applicable）。

（7）生产国别（Country of Origin of Goods）：应填 CHINA。

（8）运输方式及直接运往加拿大的起运地点（Transportation：Give Mode and Place of Direct Shipment to Canada）：只要货物不在国外加工，不论是否转船，均填写起运地和目的地名称以及所用运载工具。如：From Shanghai to Montreal by Vessel。

（9）价格条件及支付方式（Condition of Sales and Terms of Payment）：按商业发票的价格条件填写，如 C & F Montreal by L/C at sight 或 CIF Vancouver D/P at 60 days sight。

（10）货币名称（Currency of Settlement）：卖方要求买方支付货币的名称，须与商业发票一致。如 CAD。

（11）件数（No. of PKG）：应填写总包装件数。如 400 Cartons。

（12）商品描述（Specification of Commodities）：应按商业发票的描述填写，并将包装情况及唛头填写在此栏。

（13）数量（Quantity）：应填写商品的具体单位数量，而不是包装的件数。

（14）单价（Unit Price）：应按商业发票的单价填写。

（15）总值（Total）：应按商业发票的总价填写。

（16）净重及毛重的总数（Total Weight）：填写总毛重和总净重。

（17）发票总金额（Invoice Total）：按商业发票的总金额填写。

（18）If any of fields（1）to（17）are included on and attached commercial invoice, check this box. 如果（1）~（17）的任何栏内容均已包括在所随附的商业发票内，则在方框内填一个"√"记号并将有关的商业发票号填写在横线上。

（19）出口商名称及地址（Exporters Name and Address）：可将第1栏卖方名称及地址填入，也可以打上 Same as Vendor。

（20）负责人的姓名及地址（Originator Name and Address）：此栏仍应填写出口公司名称、地址、负责人签名。

（21）主管当局的现行管理条例（Departmental Ruling）：指加方海关和税务机关对该货进口的有关规定。一般填写 N/A（Not Applicable）。

（22）If fields（23）to（25）are not applicable, check this box. 如果（23）~（25）这三栏均不适用，可在方框内打上"√"记号。

（23）If included in field（17）indicate amount. 如果以下金额已包括在第17栏内：

①自起运地至加拿大的运费和保险费，可用原币制填写在横线上面。

②货物进口到加拿大后进行建造、安装及组装而发生的成本费用。我国出口纺织品和服装类商品不适用，可打上 N/A。

③出口包装费用，可按实际情况将包装费用金额打上。

（24）If not included in field（17）indicate amount. 如果以下金额不包括在第17栏内：

①、②、③三栏一般均填写 N/A。但如价格条件为 FOB，由出口方代进口方订舱出运，运费在货到时支付，则①栏可填实际运费金额。

（25）与补偿贸易、来料加工、产品专卖等业务有关，一般出口业务不适用，①、②两栏均打上 N/A。

练习题

1. 练习目的：学习缮制商业发票。
2. 资料：第一章"信用证范例一"至"信用证范例八"和给定的其他条件。
3. 练习要求：根据信用证的要求和给定的资料缮制商业发票。

样单 2 – 2 – 1　商业发票

（1）

广东省纺织品进出口针织品有限公司
GUANGDONG TEXTILES IMP. & EXP.KNITWEARS COMPANY LIMITED
15/F.,GUANGDONG TEXTILES MANSION 168 XIAO BEI ROAD GUANGZHOU CHINA

（2）**商业发票**
COMMERCIAL　INVOICE

Messrs:　　　　　（3）	INVOICE NO.　 :　YSM1999B　　（6）
JOHNSON'S.A.　 NUBLE　1034　 SANTIAGO　 CHILE	INVOICE DATE:　OCT.05,2020　　（7）
	L/C NO.　:　　524250　　（8）
Exporter:　　　　（4） GUANGDONG　TEXTILES　IMP. & EXP. KNITWEARS　COMPANY　LIMTIED. 15/F.,GUANGDONG TEXTILES MANSION 168 XIAO BEI ROAD　GUANGZHOU, CHINA.	L/C DATE　:　AUG.20,2020　　（9）
	S/C NO.　　:　GD–98TX2509　　（10）
Transport details:　　（5） FROM HUANGPU TO SAN　ANTONIO. W/T HONG KONG BY VESSEL	Terms of payment:　　　　（11） BY L/C

MARKS AND NUMBERS （12）	DESCRIPTION OF GOODS （13）	QUANTITY （14）	UNIT PRICE （15）	AMOUNT （16）
JOHNSON'S 97KCS05107 SAN ANTONIO CHILE NO.1–80 MADE IN CHINA	GARMENTS(100% COTTON JERSEY BABY'S OVERALL)	4,000PCS	USD1.50/PC	USD6,000.00
JOHNSON'S 97KCS05111 SAN ANTONIO CHILLE NO.1–80 MADE IN CHINA	GARMENTS(100% COTTON JERSEY BABY'S BEATLE WITH SNAP WITH A SMALL EMB ON NECK)	4,000PCS	USD1.60/PC	USD6,400.00

（17）	CFRC3%SAN ANTONIO···	USD12,400.00
	LESS　C3	USD372.00
	CFR　SAN ANTONIO	USD12,028.00

TOTAL QUANTITY：8,000PCS　PACKING：160CARTONS
TOTAL WEIGHT :NET WT.:1,000KGS　　GROSS　WT.:1,200KGS
TOTAL：U. S. DOLLARS TWELVE THOUSAND AND TWENTY–EIGHT ONLY.
WE CERTIFY THAT THE SUPPLIED GOODS ARE OF CHINESE ORIGIN.
　（18）

　　　　　　　　　　　　　　　　　　　（19）
　　　　　　　　　　　GUANGDONG TEXTILES IMP. & EXP.
　　　　　　　　　　　　KNITWEARS　COMPANY LIMITED

样单 2 - 2 - 2 商业发票

广东省机械进出口公司
GUANGDONG MACHINERY IMPORT AND EXPORT CORPORATION
726, DONG FENG ROAD EAST, GUANGZHOU CHINA.

商业发票
COMMERCIAL INVOICE
===================

Messrs: ORIENTAL STAR TRADING AND INVESTMENT CO LTD RM 1808 STAR HOUSE 3 SALISBURY, ROAD KOWLOON HONG KONG	INVOICE NO. : 97-380-2240
	INVOICE DATE: OCT.09, 2020
	L/C NO. : ILC-435289
Exporter: GUANGDONG MACHINERY IMPORT AND EXPORT CORPORATION 726, DONG FENG ROAD EAST, GUANGZHOU CHINA.	L/C DATE : AUG.28, 2020
	S/C NO. : A97SE38000217
Transport details: FROM GUANGZHOU TO GOTHENBURG BY VESSEL	Terms of payment: L/C

Marks and numbers	Description of goods	Quantity	Unit price	Amount
	GARDEN TOOLS			
	A601H Axe with Wooden Handle			
A97SE38000217	1+1/2 lbs	100DOZ	USD16.10/DOZ	USD1610.00
------------	2 lbs	200DOZ	USD18.20/DOZ	USD3640.00
R.A.	2+1/2 lbs	100DOZ	USD22.50/DOZ	USD2250.00
	A613H Axe with Wooden Handle			
	600 g	150DOZ	USD14.60/DOZ	USD2190.00
	A631H Axe with Metal Handle			
	400 g	200DOZ	USD26.70/DOZ	USD5340.00
	BOW SAW			
	12"	250DOZ	USD10.20/DOZ	USD2550.00

	USD17580.00
LESS 5 PCT COMMISSION	USD879.00
CIF GOTHENBURG USD16701.00	

TOTAL QUANTITY: 1000DOZ PACKING: 450CTNS
TOTAL: U.S.DOLLAR SIXTEEN THOUSAND SEVEN HUNDRED & ONE ONLY.
AS PER SALES CONTRACT NO:A97SE38000217 DATED
AUG.21, 2020

GUANGDONG MACHINERY IMPORT AND
EXPORT CORPORATION

样单 2 - 2 - 3　标准商业发票

Issuer　　　　　　(2) GUANGDONG TEXTILES IMP. & EXP. KNITWEARS COMPANY LIMITED 15/F., GUANGDONG TEXTILES MANSION 168 XIAO BEI ROAD GUANGZHOU CHINA	广 东 省 纺 织 品　　(1) 进 出 口 针 织 品 有 限 公 司 GUANGDONG TEXTILES IMP. & EXP. KNITWEARS COMPANY LIMITED 15/F., GUANGDONG TEXTILES MANSION 168 XIAO BEI ROAD GUANGZHOU CHINA 商 业 发 票 COMMERCIAL INVOICE		

To　　　　　　(3) JOHNSON'S S. A. NUBLE 1034 SANTIAGO CHILE	No.　　(5) YSM1999B		Date　　　(6) OCT. 5, 2020
	S/C NO.　　(7) GD - 98TX2509		L/C No.　　(8) 524250
Transport details　　(4) FROM： HUANGPU W/T： HONG KONG TO： SAN ANTONIO. VESSEL：	Terms of payment　　　(9) BY L/C		

Marks and numbers (10) JOHNSON'S 97KCS05107 SAN ANTONIO CHILE NO. 1 - 80 MADE IN CHINA	number and kind of packages; Description of goods (11) GARMENTS (100% COTTON JERSEY BABY'S OVERALL)	Quantity (12) 4,000PCS	Unit price (13) USD1. 50/PC	Amount (14) USD 6,000. 00
JOHNSON'S 97KCS05111 SAN ANTONIO CHILLE NO. 1 - 80 MADE IN CHINA	GARMENTS (100% COTTON JERSEY BABY'S BEATLE WITH SNAP WITH A SMALL EMB ON NECK)	4,000PCS	USD1. 60/PC	USD 6,400. 00

(15)　　　CFRC3% SAN ANTONIO　　USD12,400. 00
　　　　　　　　　LESS C3　　　　USD372. 00

CFR SAN ANTONIO　　USD12,028. 00

TOTAL QUANTITY：8,000PCS PACKING：160CARTONS
TOTAL WEIGHT： NET WT.： 1,000KGS GROSS WT.： 1,200KGS
TOTAL：U. S. DOLLARS TWELVE THOUSAND AND TWENTY-EIGHT ONLY.

(16)
WE CERTIFY THAT THE SUPPLIED GOODS ARE OF CHINESE ORIGN.

样单 2 - 2 - 4　加拿大海关发票

CANADA CUSTOMS INVOICE
FACTURE DES DOUANES CANADIENNES

	Page of de

1.Vendor (Nome and Address)/ Vendew (Nom et odresse) GUANGDONG TEXTILES IMP. AND EXP. WOOLEN KNITWEAR CO. LTD., 13/F. GUANGDONG TEX. MANSION, NO.168 XIAO BEI ROAD, GUANGZHOU, CHINA	2.Date of Direct Shipment to Conada/ Date d'expédition directe vers le Canada May.15,2003
	3.Other References (Include Purchaser's Order No.) Auters re'ferences (Inclure le n de commande de l'acheteure) 2003CAMWBS11089

4.Consignee (Nome and Address)/ Destinataire (Nom at adresse) CONSIGNED TO CANADIAN IMPERIAL BANK OF COMMERCE,QUEEN AND SIMCOE, TORONTO, ONTARIO, CANADA	5. Purchaser's Name and Address (If other than Consignee) Nom et adresse de l'acheteur (S'it diffère du destinataire) SAME AS CONSIGNEE
	6. Country of Transhipment/ Pays de transbordement
	7. Country of Origin of Goods Pays d'origine des marchandises CHINA	IF SHIPMENT INCLUDES GOODS OF DIFFERENT ORICINS ENTER ORIGINS AGAINST ITEMS IN 12 SI L'EXPEDITION COMPREND DES MARCHANDLSES D ORICINES DIFFERENTES PRECISER LEUR PROVENANCE EN 12

8. Transportation: Give Mode and Place of Direct Shipment to Canada Transport: Préciser mode et point d'expédition directe vers le Canada BY VESSEL FROM GUANGZHOU,CHINA TO VANCOUVER,CANADA	9. Conditions of Sale and Terms of Payment (i.e.Sale Consignment Shipment. Leaced Goods.etc.) Conditions de vente et madalités de paiement (p. ex. vente.expédition en consignation.location de marchandises.etc) BY L/C AT SIGHT CPT VANCOUVER,CANADA
	10. Currency of Settlement/ Devises du Paicment USD

11. No. of Pkgs Nbre de colis 30 CTNS	12. Specification of Commodities (Kind of Packages.Marks and Numbers.General Description and characteristics. I.e.Grade.Quality) Désignation des article (Nature des colis,marques et numéros,description générale et caractéristiques,p. ex.classe.qualité)	13. Quantity (State Unit) Quantite (Préciser l'unité)	14. Unit Price Prix Unitaire	15. Total
			Selling Price/ Prix de vente	
		CPT VANCOUVER, CANADA		
	LADIES 95 PERCENT COTTON, 5 PERCENT KNITTED TOP. P/O NO.06674　STYLE NO.05-168	1,260PCS	@USD3.40/PC	USD4,284.00
	TOTAL:			USD4,284.00
P.O.# STYLE#: QUANTITY PRE-PACK MADE IN CHINA CARTON#.				

18. If ony of fields I to 17 are included on an attached commarcial invoice.check this box Si les renseigncments des zones I à 17 figurent sur la facture commerciale.cocher cette boite commercial invoice no/ N de la facture commerciale_____2003113WBS-1_____	16. Total Weight/ Poids Total		17. Invoice Total Total de la facture
	Net 255 KGS	Gross/ Brut 285 KGS	USD4,284.00

19. Exporter's Name and Address (If other than vender) Nom et adresse de l'exportateur (S il diffère du vendeur) SAME AS VENDOR	20. Originator (Name and Address)/ Expéditeur d'origine (Nom et adresse) SAME AS VENDOR YUPEISHAN

21. Departmental Ruling (if applicable)/ Décision du Ministère(S'il y a lieu) N/A	22. if fields 23 to 25 are not applicable. check this box Si les zones 23 a 25 sont sans objet, cocher cette boite

23. If included in field 17 indicate amount: Si compris dans le total à la zone 17. préciser: (i) Transportation charges.expenses and insurance from the place of direct shipment to Canada Les frais de transport. depenses at assurances à partir du point d'expedirion directe vers le Canada $ USD168.00 (ii) Costs for construction erection and assembly incurred after importation into Canada Les coûts de construction. d'érection et à assemblage après importation an au Canada $ N/A (iii) Export packing Le coût de l'emballage d'exportation $ _____	24. if not included in field 17 indicate amount: Si non compris dans le total à la zone 17 Préciser: (i)Transportation charges.expenses and insurance to the place of direct shipment to Canada Les frais de transport. depenses et assurances jusqu'au point d'expédition directe vers le Canada $ N/A (ii) Amounts for commissions other than buying commissions Les commissions autres que celles versées pour l'achat $ N/A (iii)Export packing Le coût de l'emballage d'exportation $ _____	25. Check (If opplicoble): Cocker (S'il y a lieu): (i) Royalty payments or subsequent proceeds are paid or payable by the purchaser Des redevances ou produits ont ete ou seront verses par l'achereur N/A (ii) The purchaser has supplied goods or services for use in the production of these goods L'acheteur a fourni des marchandises ou des services pour la production de ces marchandises

样单 2-2-5　美国海关发票

DEPARTMENT OF THE TREASURY UNITED STATES CUSTOMS SERVICE 19 U.S.C. 1481, 1482, 1484	SPECIAL CUSTOMS INVOICE (Use separate invoice for purchased and non-purchased goods.)	Form Approved. O.M.B. No. 48-RO34

1. SELLER GUANGDONG TEXTILES IMP. AND EXP. COTTON MANUFACTURED GOODS CO. LTD.	2. DOCUMENT NR.	3. INVOICE NR. AND DATE * 2020505MCDS
	4. REFERENCES * ***	JUL.23,2020

5. CONSIGNEE SEAPORT IMPORT CO. 836 CELCILIA ST LA CA 90014 U.S.A.	6. BUYER (If other than consignee) SAME AS CONSIGNEE
	7. ORIGIN OF GOODS CHINA
8. NOTIFY PARTY SAME AS CONSIGNEE	9. TERMS OF SALE, PAYMENT, AND DISCOUNT

10. ADDITIONAL TRANSPORTATION INFORMATION* SHIPMENT FROM GUANGZHOU CHINA TO LOS ANGELES U.S.A. VIA HONGKONG	CIF LOS ANGELES U.S.A. PAYMENT BY T/T

| | | 11. CURRENCY USED
BY U.S.DOLLARS | 12. EXCH. RATE (If fixed or agreed) | 13. DATE ORDER ACCEPTED |

14. MARKS AND NUMBERS ON SHIPPING PACKAGES	15. NUMBER OF PACKAGES	16. FULL DESCRIPTION OF GOODS	17. QUANTITY	18. HOME MARKET	19. INVOICE	20. INVOICE TOTALS
SP MADE IN CHINA STYLE NO. COLOR. DESCRIPTION: SIZE: QTY: C/NO.	150CTNS 4CTNS	LADIES JEANS LEATHER STRING TOTAL:	3600PCS 16400PCS 20000PCS	USD6.00 USD0.03	USD21600.00 USD492.00 USD22092.00	

21. ☐ If the production of these goods involved furnishing goods or services to the seller (e.g., assists such as dies, molds, tools, engineering work) and the value is not included in the invoice price, check box (21) and explain below.	22. PACKING COSTS
27. DECLARATION OF SELLER/SHIPPER (OR AGENT) I declare: (A) ☐ If there are any rebates, drawbacks or bounties allowed upon the exportation of goods, I have checked box (A) and itemized separately below.　(B) ☐ If the goods were not sold or agreed to be sold, I have checked box (B) and have indicated in column 19 the price I would be willing to receive. I further declare that there is no other invoice differing from this one (unless otherwise described below) and that all statements contained in this invoice and declaration are true and correct.　(C) SIGNATURE OF SELLER/SHIPPER (OR AGENT):	23. OCEAN OR INTERNATIONAL FREIGHT
	24. DOMESTIC FREIGHT CHARGES　USD750.00
	25. INSURANCE COSTS
	26. OTHER COSTS (Specify Below)　USD110.00

28. THIS SPACE FOR CONTINUING ANSWERS

THIS FORM OF INVOICE REQUIRED GENERALLY IF RATE OF DUTY BASED UPON OR REGULATED BY VALUE OF GOODS AND PURCHASE PRICE OR VALUE OF SHIPMENT EXCEEDS $500. OTHERWISE USE COMMERCIAL INVOI

*Not necessary for U.S. Customs purposes.　　　　　　　　　　　　　Customs Form 5515 (12-20-76

第三节　海运提单

海运提单是由船长或承运人或其代理人签发的，证明收到特定的货物，允许将货物运至特定的目的地并交付于收货人的凭证。

《汉堡规则》第 1 条第 7 款给提单下的定义是："提单是指证明海上运输合同和货物由承运人接管或装载以及承运人保证凭以交付货物的单据。单据中关于货物应按记名人的指示或不记名人的指示交付或交付给提单持有人的规定，即是这一保证。"

一、海运提单的作用

（1）海运提单是承运人或其代理人签发的货物收据（Receipt for the Goods），证明承运人已经按海运提单所列内容收到货物。

（2）海运提单是一种货物所有权的凭证（Documents of Title）。海运提单的合法持有人凭海运提单可在目的港向轮船公司提取货物，也可以在载货船舶到达目的港之前，通过转让海运提单而转移货物所有权，或凭此向银行办理抵押货款。

（3）海运提单是托运人与承运人之间所订立的运输契约的证明（Evidence of Contract of Carrier），是承运人与托运人处理双方在运输中的权利和义务问题的主要依据。

（4）海运提单可以作为收取运费的证明，以及在运输过程中起到办理货物的装卸、发运和交付等方面的作用。

（5）海运提单是向船公司或保险公司索赔的重要依据。

二、海运提单的种类

（一）根据货物是否装船分为已装船提单和备运提单

1. 已装船提单（On Board B/L 或 Shipping B/L）

已装船提单是指提单上载明货物"已由某轮装运"的字样和装运日期的提单。

2. 备运提单（Received for Shipment B/L 或 Alongside Bills）

备运提单是指承运人在收到托运货物等待装船期间，向托运人签发的提单。待运的货物一旦装运后，在备运提单上加上"已装船"字样，这样备运提单就变成"已装船提单"。

（二）根据货物表面状况有无不良批注分为清洁提单和不清洁提单

1. 清洁提单（Clean B/L）

清洁提单是指货物交运时表面状况良好，承运人在签发提单时未加任何货损、包装不良等批注的提单。

《ISBP》第 91 段规定，即使信用证可能要求"清洁已装船提单"或注明"清洁已装船"的提单，提单也无须出现"清洁"字样。

2. 不清洁提单（Unclean B/L 或 Claused B/L 或 Foul B/L）

不清洁提单是指承运人在提单上加注货物及包装状况不良或存在缺陷等批语的提单。

《ISBP》第 92 段规定，如果提单下出现"清洁"字样，但又被删除，并不被视为有不清洁批注或不清洁，除非提单载有明确声明货物或包装的缺陷的条款或批注。

（三）根据收货人抬头分为记名提单、不记名提单和指示提单

1. 记名提单（Straight B/L）

记名提单亦称收货人抬头提单，是指填明收货人的姓名或名称的提单。

2. 不记名提单（Blank B/L 或 Open B/L 或 Bearer B/L）

不记名提单是指记载应向提单持有人交付货物的提单。

3. 指示提单（Order B/L）

指示提单是指按照记名人（Named Person）的指示或非记名人（To Order）的指示交货的提单。

（四）按运输过程中是否转船分为直达提单、转船提单

1. 直达（直运）提单（Direct B/L）

直达（直运）提单是指货物从装运港装船后，中途不经换船而直接驶达目的港卸货，按照这种条件所签发的提单。

2. 转船（转运）提单（Transhipment B/L）

转船（转运）提单是指船舶从装运港装货后不直接驶往目的港而在中途的港口换船把货物输往目的港，凡按此条件签发的包括运输全过程的提单。

（五）按海运提单内容的繁简分为全式提单和略式提单

1. 全式（繁式）提单（Long Form B/L）

全式（繁式）提单是指通常应用的、在提单背面列有承运人和托运人的权利、义务等详细条款的提单。

2. 略式（简式）提单（Short Form B/L）

略式（简式）提单是指仅保留全式提单正面的必要项目，例如船名、货名、标志、件数、重量或体积、装运港、托运人名称等记载，而略去提单背面全部条款的提单。

（六）其他分类

1. 过期提单（Stale B/L）

过期提单是指错过规定的交单日期或迟于货物到达目的港的提单。前者是指超过信用证规定的日期或者超过提单签发日期 21 天才提交的提单；后者是在近洋运输时，容易出现货物先于提单到达目的港的情况，故在近洋国家间的贸易合同中，一般都订有"过期提单可以接受"（Stale B/L is acceptable）的条款。

2. 倒签提单（Anti-dated B/L）

货物由于实际装船日期迟于信用证规定的装运日期，如仍按实际装船日期签署提单，可能影响结汇。为了使签发提单日期与信用证规定装运日期相符，以利于结汇，承运人应托运人的要求，在提单上仍按信用证规定的装运日期填写，这种提单称为倒签提单。

3. 预借提单（Advanced B/L）

由于信用证规定的装船日期已到期，货主因故未能及时备妥货物装船或尚未装船或因船期延误，影响货物装船，托运人要求承运人先行签发已装船提单，以便结汇。这种在货物装船前或开始装船前已为托运人借走的提单，称为预借提单。

必须注意，若倒签提单和预借提单与事实不符，受益人提交这两种提单属于欺诈行为，一旦被开证行发现，即使单证相符，开证行也可以通过法院申请止付令，拒付货款。

4．舱面提单（On Deck B/L）

有些货物如危险品、活牲畜，只能装在甲板上，有时因舱位拥挤，或货物体积过大也只能装在甲板上。对于装在甲板上的货物，承运人或其代理人出具的提单为舱面提单，又称甲板货海运提单。

装在甲板上的货物不仅遭受损失的可能性较大，而且承运人对货物的灭失或损坏不负赔偿责任，一旦发生共同海损也不能得到分摊。因此，货主一般都在合同中或信用证上规定不准将货物装在甲板上，如在非装不可的情况下则托运人或货主一定要投保甲板险。除非信用证另有规定，银行一般也不接受舱面提单。

必须注意，如果提单上说明货物有可能装于舱面，但未特别注明货物已装舱面或将装舱面，除非信用证另有规定，银行对该提单予以接受。

5．集装箱提单（Container B/L）

集装箱提单是指以集装箱装运货物所签发的提单。集装箱提单有两种形式：一种是在普通的海运提单上加注"用集装箱装运"（Containerized）字样；另一种是使用"多式联运提单"（Combined Transport B/L），这种提单的内容增加了集装箱号码（Container Number）和"封号"（Seal Number）。如使用多式联运提单代替集装箱提单，其前提是信用证上应有多式联运提单可以接受（Combined Transport B/L Acceptable）或类似的条款。

6．租船提单（Charter Party B/L）

租船提单是指承运人根据租船合同而签发的提单。在这种提单上注明"一切条件、条款和免责事项按照某年某月某日的租船合同"或批注"根据××租船合同出立"字样。这种合同受租船合同条款的约束。银行或买方在接受这种提单时，通常要求卖方提供租船合同的副本。

7．先期提单

先期提单是指提单的签发日期早于信用证开立日期的提单。过去一些银行也视这种提单为过期提单，根据《UCP600》中第 14 条 i 款的规定，单据日期可以早于信用证的开立日期，但不得晚于交单日期。因此，除非信用证另有规定，银行不得拒绝接受这种提单，但以在信用证的有效期内为限。

8．交换提单（Switch B/L）

交换提单是指在直达运输的条件下，应托运人要求，承运人同意在约定的中途港凭起运港签发的提单换发以该中途港为起运港的提单，并记载有"在中途港收回本提单，另换发以中途港为起运港的提单"或"Switch B/L"字样的提单。

9．顺签提单（Post-date B/L）

顺签提单是指在货物装船完毕后，承运人或其代理人应托运人的要求而签发的提单，但是该提单上记载的签发日期晚于货物实际装船完毕的日期。

10．联运提单（Through B/L 或 C. T. B/L）

联运提单是指需经两种或两种以上的运输方式（如海陆、海河、海空或海海等）联合运输的货物，托运人在办理托运手续并交纳全程运费之后，由第一承运人所签发的包括运输全程并能凭以在目的港提取货物的提单。联运提单的签发人应对第一程运输负责，联运提单的第一程运输是海洋运输。

11. 多式联运单据（Multimodal Transport Document，简称 MTD）

多式联运单据是指由联运人也就是经营运输的"无船承运人"签发的。货物从起运地（港）到最终目的地（港）的全程运输过程中需使用陆、海、空其中两种以上运输方式，由联运人作为全程运输的总承运人签发的这种联运单据，作为对托运人的总负责人。MTD既可用于海运与其他运输方式的联运，也可用于不包括海运的其他运输方式的联运。

12. 电子提单（Electric bills of Lading，简称 E - B/L）

电子提单是一种利用电子数据交换（EDI）系统对海洋货物运输中的货物支配权进行转让的电子数据。1990 年 6 月 29 日，国际海事委员会第三十四次大会通过《国际海事委员会电子提单规则》（Rules on Electric bills of Lading of CMI），根据该规则的规定，电子提单与纸质提单具有同等法律效力。

与传统提单相比，电子提单具有以下特点：

（1）整个过程都通过信息系统完成电子数据交换。货物运输过程中涉及的有关当事人如托运人、承运人、收货人等都是利用计算机系统或区块链技术，实现货物支配权的转移。

（2）以承运人（或船舶）为中心。电子提单以承运人（或船舶）为中心沟通有关当事人，告知运输途中货物所有权的转移时间和对象。承运人在收到托运人货物后，将一份货物收据连同一个密码传送给发货人，发货人就可以凭密码提货或指定收货人，达到谁持有密码，谁就持有货物所有权的目的。

三、海运提单的内容

海运提单内容可分为固定部分和可变部分。固定部分是指海运提单背面的运输契约，这一部分一般不做更改。可变部分是指海运提单正面的内容，主要包括船名、装运港、目的港、托运人名称、收货人名称、被通知人名称、货物名称、唛头、包装、件数、重量、体积、运费、海运提单正本份数、海运提单签发地点和日期、承运人或船长签字等。这些内容根据运输的货物、运输时间、托运人，以及收货人的不同而变化。

四、海运提单的缮制（参考样单 2 - 3 - 1）

填写海运提单本应是船公司或代理人经办的事，过去大多由出口公司填写。现在多由船公司或货代出单，传真给出口公司确认后出具正本提单。

（一）托运人（Shipper/Consignor）

托运人是指委托运输的人，在贸易中是合同的卖方。一般在填写海运提单 Shipper 栏目时，如信用证无特殊的规定，都填写卖方的名称。许多制单人是直接把公司的公章盖在这一栏目中。

《UCP600》第 14 条 k 款规定，在任何单据中注明的托运人或发货人无须为信用证的受益人。因此，除非信用证另有规定，银行将接受表明以信用证受益人以外的一方为发货人的运输单据。

如果信用证规定以第三者（Third Party）为发货人时，可以外运公司为发货人。

（二）收货人（Consignee）

与托运单"收货人"栏目的填写完全一致。根据信用证在记名收货人、凭指示和记名指示中选择一个：

例如，信用证或合同对提单的要求如下：

（1）"Full set of B/L consigned to ABC Co."——记名收货人。

（2）"Full set of B/L made out to order"——to order 凭指示，即"空白抬头"。

（3）"B/L issued to order of Applicant"——记名指示。

（4）"Full set of B/L made out to our order"——记名指示（our 指开证行 XYZ 银行）。

（5）"Full set of B/L made out to order of shipper"——to order of shipper 与 to order 没有区别。

提单"收货人"栏目填写如下：

（1）"Consigned to ABC Co."。

（2）"To order"。

（3）"To order of ABC Co."（注：ABC Co. 为 Applicant 的名称）。

（4）"To order of XYZ Bank" 或 "To XYZ Bank's order"（注：XYZ Bank 为开证行的名称）。

（5）"To order of shipper"。

（三）被通知人（Notify Party，Notify，Addressed to）

该栏目填写货物到达目的港（地）船公司需要通知的人，一般情况下，该栏目填写的内容与托运单内容一致。实务中主要有两种情况：

（1）如果来证没有说明哪一方为被通知人，《ISBP》第 86 段规定，提单中的该栏目可以空白或以任何方式填写，实务的处理是：将 L/C 中的申请人名称、地址填入副本 B/L 的这一栏目中，而正本的这一栏目保持空白。如"收货人"栏目已填"凭××人指定"，被通知人如另无规定，可以不填。

（2）如果来证要求两个或两个以上的公司为被通知人，出口公司应把这两个或两个以上的公司名称和地址完整地填写在这一栏目中。若这一栏目太小，填写不下，可在结尾部分做上记号"＊"，然后在海运提单中描述货物内容的空白地方做上同样的记号"＊"，接着填完应填写的内容。

（四）前段运输（Pre-carriage by）

如果货物需转运，在这一栏目中填写第一程船的名称；如果货物不需转运，空白这一栏目。但驳船用"Lighter"字样填入此栏目。如海运提单没有此栏目，应将驳船的名称写在大船名称之前如 Lighter/Beijing（北京轮），但对日本、美国不能用"Lighter"，须填驳船的具体名称，如"粤海 110"（YUE HAI 110）。对多式联运提单，此栏可填运输工具统称，如填写"Train"或"Truck"。

（五）收货地点（Place of Receipt）

如果货物需转运，则填写收货的港口名称或地点；如果货物不需转运，则空白这一栏目。

（六）海运船只、航次（Ocean Vessel Voy. No.）

如果货物需转运，则填写第二程船的船名；如果货物不需转运，则填写第一程船的船名。

（七）装运港（Port of Loading）

填写装运港名称。如果货物需转运，则填写装运港/中转港名称。如货物在广州装运，需在香港转船，则在此栏目填写"GUANGZHOU/HONGKONG"。

有时信用证或合同没有规定具体的装运港，只规定了装货港的地理区域或范围（如"China ports"），根据《ISBP》第83段的规定，实际出单时，提单必须表明实际的装运港，而且该港口必须位于信用证规定的地理区域或范围之内。

（八）卸货港（Port of Discharge）

填写卸货港（指目的港）名称。如货物需转运，装运港后面没有注明中转港，则可在目的港之后加注"WITH TRANSHIPMENT AT HONGKONG"简写为 W/T HONGKONG，如"SINGAPORE W/T HONGKONG"（目的港新加坡，在香港转船）。如货运目的港装运内陆某地，或利用邻国港口过境，须在目的港后加注"IN TRANSIT TO 某地"或"IN TRANSIT 某地"，如"KUWAIT IN TRANSIT SAUDI ARABIA"（目的港科威特转运沙特阿拉伯）。

有时信用证或合同没有规定具体的卸货港，只规定了卸货港的地理区域或范围（如"EMP"），根据《ISBP》第83段的规定，实际出单时，提单必须表明实际的卸货港，而且该港口必须位于信用证规定的地理区域或范围之内。

（九）交货地点（Place of Delivery）

填写最终目的地名称。如果货物的目的地就是目的港的话，则空白该栏。

（十）集装箱号（Container No.）

填写集装箱箱号。海运集装箱号码由四个字母箱主代码（第四位为海运集装箱代号 U）+ 顺序号六位数 + 核对数一位组成，如"KHLU620686 – 7"。

（十一）封箱号和唛头（Seal No. Marks & Nos.）

填写唛头和封箱号。封箱号一般由五位数组成，如"SEAL 08134"。

（十二）商品描述及数量

商品描述使用文字：①在没有特别说明时全部使用英文。②来证要求使用中文填写时，应遵守来证规定，用中文填写。

数量是指本海运提单项下的商品总包装件数。

（1）对于包装货物，本栏应注明包装数量和单位，例如"1,000 BALES"，"250 DRUMS"等。提单下面应加大写数量，大小写数量应一致。

（2）如是散装货，例如煤炭、原油等，此栏可加"IN BULK"，数量无须加大写。

（3）如是裸装货物，应加件数，如一台机器或一辆汽车，填"1 UNIT"，两架飞机应填"2 PLANES"，100头牛应填"100 HEADS"等。并加大写数量。

（4）如是集装箱运输，由托运人装箱的整箱货可只注明集装箱数量，如"2 CONTAINERS"等。只要海关已对集装箱封箱，承运人对箱内的内容和数量不负责任，提单内应加注"SHIPPER'S LOAD & COUNT"（托运人装货并计数）。如需注明集装箱箱内小件数量时，数量前应加"SAID TO CONTAIN..."。

（5）如是托盘装运，此栏应填托盘数量，同时用括号加注货物的包装件数，如

"5 PALLETS（60 CARTONS）"。提单内还应加注 "SHIPPER'S LOAD AND COUNT"。

（6）如是两种或多种包装，如 "5 CARTONS" "10 BALES" "12 CASES" 等，件数栏内要逐项列明，同时下面应注明合计数量，如上述包装数量可合计为 "27 PACKAGES"，在大写栏内应加大写合计数量。

（7）如件数栏注有 "20 CARTONS"，但同时提单内又注有 "SHUT OUT 2 CARTONS" 或 "SHORT LOADED（SHIPPED）2 CTNS" 等字样，表示少装 2 箱，发票和其他单据应注明 "18 CARTONS"。

（十三）毛重（Gross Weight）

填写承运货物的总毛重，该数据是船公司计算运费的根据之一。

（十四）尺码（Measurement）

填写承运货物的总尺码，该数据是船公司计算运费的根据之一。

（十五）特殊条款

提单特殊条款主要根据合同或信用证的要求，填写一些一般情况下不必填写的内容。提单中出现特殊条款的内容主要有：

（1）指定船名。

（2）强调运费的支付。

（3）出现 "预计" 的条款。

（4）不显示发票金额、单价、价格等的条款。或强调显示信用证号码、合同号码等的条款。

（5）限制使用班轮公会的条款或指定承运人的条款。

（十六）运费缴付方式

除非信用证有特别要求，几乎所有的海运提单都不填写运费的数额，而只是表明运费是否已付清或什么时候付清。主要有：

（1）运费已付——FREIGHT PAID。

（2）运费预付——FREIGHT PREPAID。

（3）运费到付——FREIGHT PAYABLE AT DESTINATION。

（4）运费待付——FREIGHT COLLECT。

如来证规定加注运费，一般可加注运费的总金额。如规定要详细运费，就必须将计算单位、费率等详细列明。

（十七）签发地点和时间（Place and Date of Issue）

海运提单签发时间表示货物实际装运的时间或已经接受船方、船代理的有关方面监管的时间。

有时，提单的签发日期与提单装船批注的日期不一致，《ISBP》第 78 段规定，如果提交的是预先印就 "已装运于船" 的提单，提单的出具日期即视为装运日，除非提单带有加注日期的单独装船批注，此时，该装船批注的日期即视为装运日期，而不论该批注日期是在提单签发日期之前还是之后。

海运提单签发地点，表示实际货物装运的港口或接受有关方面监管的地点。

（十八）正本的签发份数 [No. of Original B（s）/L]

承运人一般签发海运提单正本两份，也可应收货人的要求签发两份以上。签发的份数，应用大写数字（如 Two，Three 等），在栏目内标明。

信用证规定要求出口方提供"全套海运提单"（Full set or Complete set B/L），实务中一般提供三份或两份海运提单正本。

《ISBP》第 75 段规定，适用《UCP600》第 23 条的运输单据必须注明所出具的正本的份数。注明"第一正本""第二正本""第三正本""正本""第二份""第三份"等类似表述的运输单据都是正本。提单不一定非要注明"正本"字样才能被接受为正本。

（十九）有效的签章（Stamp & Signature）

海运提单必须经装载船只的船长或承运人签字才能生效，在没有规定非船长或承运人签字不可的情况下，船方或承运人代理可以代办。

来证规定手签的必须手签。印度、斯里兰卡、黎巴嫩、阿根廷等国港口，信用证虽未规定手签，但当地海关规定必须手签。有的来证规定海运提单须由中国贸促会签证，也可照办。

承运人或船长的任何签字或证实，必须表明"承运人"或"船长"的身份。代理人代表承运人或船长签字或证实时，也必须表明所代表的委托人的名称和身份，即注明代理人是代表承运人或船长签字或证实的。

按照上述规定，提单签字应根据签字人的不同情况批注不同内容，例如：

（1）承运人签字。

如果承运人为 COSCO，则提单上"提单签字"处显示：

COSCO

（承运人签字）As Carrier 或 The Carrier

（2）代理人签字。

如果承运人为 COSCO，代理人为 ABC SHIPPING CO.，则提单上"提单签字"处显示：

ABC SHIPPING CO.

（代理人签字）As agent for the Carrier COSCO

（3）船长签字。

如果承运人为 COSCO，则提单上"提单签字"处显示：

COSCO（注船名或不注）

（船长签字）As Master 或 The Master

（二十）已装船批注

信用证要求提交"清洁已装船"提单时，如果提单上没有事先印就的"已装船"字样，制单时，应加注"SHIPPED ON BOARD"和实际装船日期。实务中常采用盖"SHIPPED ON BOARD"印章并加注日期处理。

五、提单的修正和变更

当填制好的提单需要修正或变更时，可以进行相应的更改，但必须经过证实。《ISBP》第 94 段规定，提单上的修正和变更必须经过证实。证实从表面看来必须是由承运人、船长或其代理人所为（该代理人可以与出具或签署提单的代理人不同），只要表明其作为承运人或船长的代理人身份。

《ISBP》第 95 段又规定，对于正本可能已做的任何修正或变更，不可转让提单副本无须任何签字或证实。

六、海运提单上常见术语

表 2 - 1　海运提单上常见术语

术语	含义
BAF	Bunker Adjustment Factor 燃油附加费
CFS	Container Freight Station 集装箱货运站
C. O. C.	Carrier's Own Container 船主箱
CY	Container Yard 集装箱堆场
DC	Dry Container 干货集装箱
DDC	Destination Delivery Charge 目的地交货费
FCL	Full Fontainer Load 整箱货
FEU	Forty-foot Equivalent Unit 40 英尺标准箱
LCL	Less than Container Load 拼箱货
GP	General Propose Container 通用集装箱（干货箱）
GH（HC、HQ）	General High Container 通用高箱（干货高箱）
ORC	Original Receiving Charge 原产地接货费
OT	Open-top Container 敞顶集装箱
RF	Reefer Container 冷藏集装箱
RH	Reefer High Container 冷藏高箱
SBS	Said by Shipper 托运人申报
SLAC	Shipper's Load and Count 由托运人装箱和点数
SLACS	Shipper's Load and Count and Seal 由托运人装箱、点数和封箱
S. O. C.	Shipper's Own Container 货主箱
STC	Said to Contain 据称包括
TEU	Twenty-foot Equivalent Unit 20 英尺标准箱
THC	Terminal Handling Charge 码头作业费
TK	Tank Container 罐式集装箱

七、关于海运提单的背书

（一）背书的类型
（1）当收货人一栏填写凭指示（To order）时，由托运人（shipper）背书。
（2）当收货人一栏填写记名指示（To ×××'s order 或 To order of ×××）时，由记名

的一方背书。

①当收货人一栏填写凭托运人指示时（To shipper's order 或 To order of shipper），由托运人背书。

②当收货人一栏填写凭申请人或其他商号公司指示时，由申请人或其他商号公司背书。

③当收货人一栏填写凭某银行指示时，该银行应背书。

（二）背书方式

《ISBP》第 85 段规定，如果提单做成指示式抬头或做成凭托运人指示式抬头，则该提单必须由托运人背书。代理人代表托运人所做的背书是可以接受的。

（1）空白背书——书写背书人的名称、地址。

（2）记名背书——既书写背书人的名称、地址，又书写被背书人（海运提单转让对象）的名称与地址。

（3）记名指示背书——既书写背书人的名称、地址，又要书写"TO ORDER OF + 被背书人（海运提单转让对象）的名称与地址"。

八、信用证条款与海运提单举例

例 1

Full set of clean on board shipped bills of lading（3/3 negotiable copies minium and 5 non-negotiable copies）issued to the order of ABC Limited notify ABC Limited，mentioning destination Hong Kong. 该条款要求提供全套清洁已装船提单（至少三份可议付的正本和五份不议付的副本）做成"凭 ABC 有限公司指定"，通知 ABC 有限公司，标上目的港香港。

例 2

Full set of clean "Shipped on board" ocean bills of lading made out to the order of ABC Bank and notify applicant，showing "freight prepaid" mentioning L/C NO.. 该条款要求全套清洁已装船海运提单，做成以 ABC 银行指示为抬头并通知开证人，注明"运费预付"，标明信用证号码。

例 3

Full set clean on board ocean bill of lading，made out to the order and blank endorsed，evidencing shipment from Guangzhou to La Spezia port not later than April 05，2020，marked "freight prepaid" and notify to the applicant. 该条款要求全套清洁已装船海运提单，空白抬头并空白背书，证明运输从广州到拉斯佩齐亚，不迟于 2020 年 4 月 5 日装运，注明"运费预付"并通知开证人。

例 4

B/L showing invoice value，unit price，trade terms，contract No.，proforma invoice No.，and No. of this L/C unacceptable. 该条款要求不将发票金额、单价、价格术语、合同号码、形式发票号码和信用证号码打在提单上。

例 5

Full set of clean on board marine bills of lading，made out to order of ABC CO.，marked：

"freight prepaid"，notify：applicant. 该条款要求全套清洁已装船海运提单，做成以 ABC 公司指示为抬头，注明"运费预付"，通知开证人。

例 6

Full set of not less than two clean on board marine bills of lading marked "freight prepaid" and made out to order and endorsed to our order，showing ABC CO. as notifying party，short form bills of lading are not acceptable. Bill of lading to state shipment has been effected in containers and container numbers. 该条款要求全套不少于两份清洁已装船海运提单，注明"运费预付"，空白抬头并背书给开证行，通知 ABC 公司，不接受简式提单。提单声明集装箱运输并标明集装箱号码。

例 7

Bill of lading must specifically state that the merchandise has been shipped or loaded on board a named vessel and/or bill of lading must evidence that merchandise has been shipped or loaded on board a named vessel in the on-board notation. 该条款要求在提单上特别地注明货物装上一指定船名的船，制单时可在提单的空白处打上"We certify that the merchandise has been shipped on a ship name × × × "。

例 8

Bill of lading should mark freight payable as per charter party，evidencing shipment from Whampoa，China to US Gulfport. 该条款要求在提单上标明运费根据租船契约支付，并标明装运由中国黄埔至美国的格尔夫波特港。制单时应在提单的空白处打上"Freight has been payable as per charter party"，"The shipment has been made from Whampoa，China to US Gulf port"。

例 9

2/3 set of clean on board ocean bills of lading made out to order of shipper and blank endorsed and marked "freight prepaid" and notify ABC CO.. 该条款要求三份清洁已装船海运提单中的两份，空白抬头并空白背书，注明"运费预付"并通知 ABC 公司。

例 10

Full set of clean shipped on board marine bills of lading，made out to our order，marked："freight prepaid"，notify：opener，indicating L/C No. and S/C No.，"received for shipment" B/L not acceptable. 该条款要求全套清洁已装船海运提单，做成以开证行指示为抬头，注明"运费预付"，通知开证人，标明信用证号码和销货合同号码，不接受"备运提单"。

样单 2-3-1　多式联运提单

景 华 船 务 有 限 公 司　　　ORIGINAL
Kenwa Shipping Co., Ltd.　　BILL OF LADING

Shipper (1) GUANGDONG MACHINERY IMPORT AND EXPORT CORP. (GROUP) 726 DONG FENG ROAD EAST. GUANGZHOU, CHINA.	B/L No.　　COSU299120029

Combined Transport BILL OF LADING

Consignee (2) TO ORDER OF SHIPPER	RECEIVED in apparent good order and condition except as otherwise noted the total number of containers or other packages or units enumerated below for transportation from the place of receipt to the place of delivery subject to the terms and conditions hereof. One of the Bills of Lading must be surrendered duly endorsed to the Carrier by or on behalf of the Holder of the Bill of Lading, the rights and liabilities arising in accordance with the terms and conditions hereof shall, without prejudice to any rule of common law or statute rendering them binding on the Merchant, become binding in all respects between the Carrier and the Holder of the Bill of Lading as though the contract evidenced hereby had been made between them. IN WITNESS where of the number of original Bills of Lading stated under have been signed. All of this tenor and date, one of which being accomplished, the other(s) to be void.
Notify Address (3) SHITAYA KINZOKU CO., LTD. 6-11 7-CHOME UENO TAITO-KU TOKYO. JAPAN	

Pre-carriage by (4)	Place of receipt (5)	For delivery of goods please apply to :
Ocean Vessel (6)　Voy. No. JING AN CHENG V. 0224E	Port of Loading (7) GUANGZHOU	
Port of Discharg (8) YOKOHAMA	Place of Delivery (9) YOKOHAMA	Final Destination for the Merchant's Reference only

Container, Seal No. & Marks & Nos. (11) A98JP1990006 SHITAYA YOKOHAMA	No. of Package & Description of Goods (12) 400 BUNDLES　　RABBIT BRAND SHOVEL 　　　　　　　WITH METAL HANDLE	Gross Weight Kgs (13) 10,000KGS	Measurement m³ (14) 32.126CBMS
(10) JOHU2503651（20'）	TOTAL: FOUR HUNDRED BUNDLES ONLY. (15)　L/C NO. GD983212 (20) SHIPPED ON BOARD: JAN.25, 2020		

FREIGHT & CHARGES FREIGHT PREPAID (16)	Revenue Tons.	Rate　　Per	Prepaid	Collect
	Prepaid at	Payable at	Place and date of issue (17) GUANGZHOU　JAN. 25, 2020	
	Total Prepaid	No. of Original B(s)/L 3 (THREE)　　(18)	Stamp & Signature (19)	

LADEN ON BOARD THE VESSEL
Date

By...

(TERMS CONTINUED ON BACK HEREOF)　　　(KENWA STANDARD FORM 01)

样单 2 - 3 - 2　多式联运提单

Shipper
GUANGDONG TEXTILES IMP + EXP COTTON MANUF GOODS CY LTD.

SINOTRANS

B/L No.
SH98-209

中国外运广东公司
SINOTRANS GUANGDONG COMPANY

Consignee or order
TO ORDER

OCEAN BILL OF LADING

Notify address
BRUSSELS LACES AND GIFTS SERV.SA.
RUE DE LUSAMBO. 21/23.
1190 BRUXELLES.

SHIPPED on board in apparent good order and condition (unless otherwise indicated) the goods or packages specified herein and to be discharged at the mentioned port of discharge or as near thereto as the vessel may safely get and be always afloat.

The weight, measure, marks and numbers, quality, contents and value being particulars furnished by the Shipper, are not checked by the Carrier on loading.

The Shipper, Consignee and the Holder of this Bill of Lading hereby expressly accept and agree to all printed, written or stamped provisions exceptions and conditions of this Bill of Lading, including those on the back hereof.

IN WITNESS whereof the number of original Bills of Lading stated below have been signed, one of which being accomplished, the other (s) to be void.

Pre - carriage by	Port of loading GUANGZHOU, GUANGDONG
Vessel XING YE 57 CHO YANG ARK V. WN820	Port of transhipment HONGKONG
Port of discharge ANTWERP	Final destination

Container, seal No. or marks and Nos.	Number and kind of packages	Description of goods	Gross weight (kgs.)	Measurement (m³)
		SAID TO CONTAIN:	KGS	M3
BLGS VIA ANTWERP PO NO.970366 ART. NR.... BEACH TOWELS C.C. SIZE:75X150CM QTY:24PCS	164 CTNS	COTTON PRINTED VELVET TOWELS 75X150CM 350GR/M2. 4 DESIGNS	1,722.00	9.36
		TOTAL:ONE HUNDRED AND SIXTY-FOUR CARTONS ONLY		
ON BOARD 25 APR 2020			FREIGHT COLLECT	

Freight and charges	REGARDING TRANSHIPMENT
AGENT AT DESTINATION KERSTEN HUNK NV HAVEN 40.KATTENDIJKKOK.OOSTKAI 1 B-2030 ANTWERP BELGIUM.TEL.32-3-2331466 FAX.2319074	INFORMATION PLEASE CONTACT

Ex. rate	Prepaid at	Freight payable at	Place and date of issue GUANGZHOU 25 APR 2020
	Total Prepaid	Number of original Bs/L THREE	Signature SINOTRANS GUANGDONG COMPANY TELEX: 440464 CGTRS CN FAX: (20) 8696411 (C) AS AGENT FOR THE CARRIER: PACIFIC BRIDE SERVICE ZHOU YUAN DE as Ag

样单 2 - 3 - 3 多式联运提单

Ref. No.		B/L.No.
		OOLU26296910

1.Shipper

HOYA INTERNATIONAL GROUP LTD
RM513,BUILDING NO.1,XINGHENG PLAAZ
NANSHA DISTRICT,GUANGZHOU

2.Consignee

ABCD UNI LOGISTICS JSC#
TAX CODE#0102911111#
ROOM 601, 6 FL, YEN PHU, NGUYEN
TRUNG , DINH, HA ABC,VIETNAM#

3.Notify Party(Carrier not be responsible for failure to notify)

SAME AS CONSIGNEE

PCL

廣東鵬程國際貨運代理有限公司
PAN TRANS INTERNATIONAL LOGISTICS CO.,LTD.
www.gzlogistics.com.cn
Port-to-Port or Combined Transport

BILL OF LADING

RECEIVED in external apparent good order and condition. Except otherwise noted, the total number of containers or other packages or units shown in this Bill of Lading receipt, said by the shipper to contain the goods described above. Which description the carrier has no reasonable means of checking and is not part of the bill of lading. One original Bill of Lading should be surrendered,except clause22 paragraph 5, in exchange for delivery of the shipment.Signed by the consigned or duly endorsed by the holder in due course. Whereupon the other original(s) issued shall be void. In accepting this Bill of Lading. The Merchants agree to be bound by all the terms on the face and back hereof as if each had Personally signed this Bill of Lading.
WHEN the Place of Receipt of the Goods an inland point and is so named herein, any notation of "ON BOARD" "SHIPPED ON BOARD" or words to like effect on this Bill of Lading shall be deemed to mean on board the truck, trail car, air craft or other inland conveyance (as the case may be), performing carriage from the Place of Receipt of the Goods to the Port of Loading.
SEE clause 4 on the back of this Bill of Lading(Terms continued on the back hereof Read Carefully)

4.Pre-carriage by* *****	5.Place of Receipt* HUANGPU, CHINA
6.Ocean Vessel Voy. No JIN LONG 32 V.191029000000	7.Port of Loading HUANGPU, CHINA
8.Port of Discharge HAIPHONG,VIETNAM	9.Place of Delivery * HAIPHONG,VIETNAM

10.Final Destination(of the goods-not the ship)

11.Marks & Nos. Container seal No.	12.No.of containers or P'kgs	13.kind of Packages:Description of Goods	14.Gross Weight kgs	15.Measurement
N/M	900BAGS	SHIPPER'S LOAD&COUNT&SEAL S.T.C. WHITE CARBON# HS CODE:2811#	18180.00KGS	67.00CBM
CY/CY FCL OOCU7203818/40HQ/OOLEUF6467				
			SHIPPED ON BOARD DATE:OCT.,30, 2019	

Particulars Furnished by the merchants

ORIGINAL

16.Description of Contents for Shipper's Use Only (CARRIER NOT RESPONSIBLE)

17.TOTAL NO.CONTAINERS OR PACKAGES (IN WORDS) SAY ONE CONTAINER (1X40HQ) ONLY.

18.Freight and charges

FREIGHT COLLECT

19. IN WITNESS where of the number of original Bills of Lading stated above have been signed, one of which being accomplished, the other(s)to be void.

20.For delivery of goods please apply to

ABC FREIGHT LOGISTICS LTD.
NO. 4&5, LOT 20A, LE HONG PHONG
STREET, HAI PHONG CITY, VIETNAM
TEL:123321

21. Place and date of issue

GUANGZHOU OCT.,30, 2019

22. Signed for or on behalf of the Carrier

For and on behalf of
广东鹏程国际货运代理有限公司
PAN TRANS INTERNATIONAL LOGISTICS CO.,LTD.

Authorized Signature(s)

23. Number of original B(s)/L THREE(3)

SUBJECT TO THE TERMS AND CONDITIONS ON BACK

样单 2-3-4　多式联运提单

ORIGINAL

B/L NO.: COSU294898200

景華船務有限公司
Kenwa Shipping Co., Ltd.

YANGDONG IMPORT AND EXPORT TRADING
CORPORATION OF GUANGDONG
1,XIN CHANG ROAD, YANGDONG COUNTY
GUANGDONG,CHINA
TEL: (80-002)001-0050
FAX: (80-002)001-0000

2.Consignee Insert Name, Address and Phone.
(if consignee "to order" means 'To Order of Shipper')

TO ORDER OF INTERNATIONAL BANK OF
CALIFORNIA

3.Notify Party insert Name, Address and Phone
(It is agreed that no responsibility shall attach to the Carrier or his agents for failure to notify)

KAB TRADE CO 12953 E.GARVEY AVE.
BALDWIN PARK, CALIFORNIA 91706
TEL: (626)813-9995
FAX: (626)338-1202

Port-to-Port or Combined Transport
BILL OF LADING

RECEIVED in external apparent good order and condition except as otherwise noted. The total number of the packages or units stuffed in the container, the description of the goods and the weights shown in this Bill of Lading are furnished by the Merchants, and which the carrier has no reasonable means of checking and is not a part of this Bill of Lading contract. The carrier has issued the number of Bills of Lading stated below. all of this tenor and date. one of the original Bills of Lading must be surrendered and endorsed or signed against the delivery of the shipment and whereupon the other Original Bills of Lading shall be void. The Merchants agree to be bound by the terms and conditions of this Bill of Lading as if each had personally signed this Bill of Lading. SEE clause 4 on the back of this Bill of Lading (Terms continued on the back hereof, please read carefully)

10.For delivery of goods please apply to:
KENWA SHIPPING, USA INC.
701 S. Atlantic Blvd. Suite 200
Monterrey Park, CA 91754
Telephone: (818) 293 8811
Facsimile : (818) 588 2266

4.Combined Transport * Pre-carriage by	5.Combined Transport * Place of Receipt
6.Ocean Vessel Voy.No. JI WANG V.0129M	7.Port of Loading HUANGPU HARBOR,CHINA
8.Port of Discharge LOS ANGELES HARBOR, CALIFORNIA	9.Combined Transport * Place of Delivery

Marks & Nos. Container. Seal No.	No. of Containers or Pkgs	Description of Goods (If Dangerous Goods, See Clause 20)	Gross Weight kgs	Measurement
ITEM NO.: DESC: ORDER NO. CTN.NO.1-UP MADE IN CHINA 1X40'HQ FCL/FCL CY/CY TGHU7036445/54660	640CTNS	SHIPPER'S LOAD & COUNT & SEAL 1X40'HQ CONTAINER S.T.C. METAL FRUIT BASKET W/WOOD BASE D/C NO. 7911 SHIPMENT AS FULL CONTAINER LOAD IN 40'HQ CONTAINER FREIGHT PREPAID ORC PREPAID DDC COLLECT USD755.00/40'HQ BAF COLLECT USD82.00/40'HQ	14,160KGS	65.441CBM

Particulars Furnished by Merchants

Description of Contents for Shipper's Use Only (Not Part of This B/L Contract)

11.Total Number of containers and / or packages(in words) TOTAL: ONE (1X40'HQ) CONTAINER ONLY.
Subject to Clause 7 Limitation (STC. SIX HUNDRED AND FORTY CARTONS ONLY.)

12.Freight & Charges	Revenue Tons	Rate	Per	Prepaid	Collect
Declared Value Charge					

AS AGENT FOR THE CARRIER:
KENWA SHIPPING CO.,LTD.

SHIPPED ON BOARD
中国广州外运代理公司
GUANGZHOU NOV. 05,2020
Stamp & Signature

Ex. Rate: NOV. 05,2020	Payable at	Place and date of issue
	No. of Original B(s)/L THREE	

CHINA OCEAN SHIPPING AGENCY GUANGZHOU
AS AGENTS (12)

LADEN ON BOARD THE VESSEL
DATE
(KENWA STANDARD FORM 9802)
*Applicable Only When Document Used as a Combined Transport Bill Of Lading.

00331

样单 2-3-5　多式联运提单

CHRistal Lines ◈

Shipper/Exporter	Document No.
XINDONGFAN-MARKET NEW MATERIALS TECH CO., LTD ZHONGSHAN ROAD 100#, ZHONGSHAN, CHINA	324532569ZHN
	Export References 324532569ZHN

Consignee	Forwarding Agent - References
ABC CO., LTD NO. 128, ZHONGHE RD, DAYA DIST., TAICHUNG CITY 428, TAIWAN	C.H. Robinson Freight Services FMC 3282 CHB 11502 (China) Ltd. Zhongshan Branch Room 08-09, 33rd floor, International Finance Center,, NO.16 Zhongshan 3rd Road, BENJAMIN ZHAO T: 76023881777
	Point and Country of Origin

Notify Party	For Delivery Apply To:	Also Notify Party
ABC CO., LTD NO. 128, ZHONGHE RD, DAYA DIST., TAICHUNG CITY 428, TAIWAN	C.H. Robinson Freight Services (Taiwan) Ltd. 4TH Floor, Sec. 2 NO.145 Min Sheng East Road, TAIPEI, 10483 Taiwan	

Place of Receipt	
ZHONGSHAN,CN	**Terms:** PREPAID | Port to Port

Vessel/Voyage	Port of Loading	Pier/Terminal
EVER PRIMA/n295	HONGKONG,HK	

Port of Discharge	For Transhipment To	Place of Delivery	No. of Original BOL
TAICHUNG,TW		TAICHUNG,TW	

Particulars Furnished by Shipper

Container No. Marks and Numbers	No. of Packages	Description of Packages and Goods	Gross Weight	Measurement
TOTAL	1	*** DRAFT ***	19,900.000 KG	33.120 M3
THIS SHIPMENT CONTAINS NO SOLID WOOD PACKING MATERIAL. SHIPPER'S LOAD COUNT AND SEAL				
EGHU9310925 SN:EMCGKR5800 N/M	1	40' HIGH CUBE CONTAINER SLAC WPC DECKING (REDWOOD COLOR) 14 CTN	19,900.000 KG	33.120 M3
		Manifest Qty: 14 CTN		

Declared Value		See Clause 16(b)	Received by CHRistal Lines for shipment by ocean vessel, between port of loading and port of discharge, and from place of acceptance to place of final delivery as indicated above; the goods as specified above in apparent good order and condition unless otherwise stated. The goods to be delivered at the above-mentioned port of discharge or place of final delivery, whichever applies, subject to terms contained on the reversed side hereof, to which the shipper agrees by accepting this Bill of Lading. If shipped on deck then done so at shipper's risk and expense. In witness whereof three (3) original Bill of Lading have been signed, if not otherwise stated above, one of which accomplished the other(s) to be void.
Freight Charges	PPD	COL	
AS ARRANGED			

C.H. Robinson Freight Services (China) Ltd. Zhongshan Branch
As Agents for the Carrier CHRistal Lines

Date	Place	B/L No.
01-Jun-20	GuangDong, China	324532569ZHN

Terms of Bill of Lading continued on the reverse side or go to https://www.chrobinson.com/en-us/privacy-notice/

第四节　保险单

一、保险单的作用

保险单的作用是：在被保险货物遭受损失时，它是被保险人索赔的主要依据，也是保险公司理赔的主要依据。

二、保险单的分类

（一）保险单（Insurance Policy）

保险单俗称"大保单"，该保险单印有保险条款，它是一种独立的保险凭证，一旦货物受到损失，承保人和被保人都要按照保险条款和投保险别来分清货损，处理索赔。

（二）保险凭证（Insurance Certificate）

保险凭证俗称"小保单"，是一种简单的保险凭证，它不印刷保险条款，只印刷承保责任界限，以保险公司的保险条款为准。这种保险凭证格式简单，但其作用与保险单完全相同。

（三）联合保险凭证（Combined Insurance Certificate）

联合保险凭证是指在商业发票上面加盖保险章，注明保险编号、险别、金额、装载船名、开船日期等，以此作为保险凭证。它与保险单有同等效力，但不能转让。一般用于港澳地区中资银行开来的信用证项下业务。

（四）预约保险单（Open Policy）

预约保险单是保险公司承保被保险人在一定时期内发运的、以 CIF 价格条件成交的出口货物或以 FOB、CFR 价格条件成交的进口货物的保险单。预约保险单载明保险货物的范围、险别、保险费率、每批运输货物的最高保险金额，以及保险费的结付办法等。凡属于预约保险范围内的进出口货物，一经起运，即自动按预约保险单所列条件承保，但被保险人在获悉每批保险货物起运时，应立即以起运通知书或其他书面形式将该批货物的名称、数量、保险金额、运输工具的种类和名称、航程起讫地点、开航日期等情况通知保险公司。

三、险别

海洋运输货物保险主要有中国人民保险公司条款和伦敦学会条款（ICC），根据1981年1月1日中国人民保险公司修改的条款，有基本险别、一般附加险和特别附加险。

（一）基本险别

1. 海洋运输险（Ocean Transportation Risk）

（1）平安险（Free from Particular Average，简称 F. P. A.）。

（2）水渍险（With Particular Average or With Average，简称 W. P. A. 或 W. A.）。

（3）一切险（All Risks，简称 A. R.）。

2．陆上运输险（Overland Transportation Risk）

适用于火车、汽车等陆上运输。

3．航空运输险（Air Transportation Risk）

适用于航空运输。

4．邮包险（Parcel Post Risk）

适用于邮政包裹寄递。

（二）一般附加险

（1）偷窃及提货不着险（Theft Pilferage & Non-delivery，简称 T. P. N. D.）

（2）淡水雨淋险（Fresh &/or Rain Water Damage，简称 F. R. W. D.）

（3）碰损破碎险（Clash and Breakage Risk）

（4）渗漏险（Leakage Risk）

（5）钩损险（Hook Damage）

（6）混杂玷污险（Inter-Mixture and Contamination Risk）

（7）生锈险（Rust Risk）

（8）短量险（Shortage Risk）

（9）串味险（Taint of Odour Risk）

（10）包装破裂险（Breakage of Packing Risk）

（11）受潮受热险（Sweating and Heating Damage）

（三）特别附加险

（1）战争险（War Risks）

（2）罢工险（Strikes Risk）

（3）舱面险（On Deck Risk）

（4）进口关税险（Import Duty Risk）

（5）拒收险（Rejection Risk）

（6）海关检验险（Survey in Customs Risk）

（7）码头检验险（Survey at Jetty Risk）

（8）交货不到险（Failure to Delivery Risk）

"伦敦协会条款"得到了世界保险界和贸易界的广泛接受，资本主义国家保险业务大都采用伦敦协会条款。英国伦敦保险协会 1963.1.1 货物运输一切险、水渍险、平安险已修改为 1982.1.1 的 A、B、C 条款。1980.11.3 战争险条款修改为 1982.1.1 战争险条款。另增加恶意损害险条款（Malicious Damage Clauses）。

四、保险单的缮制（参考样单 2 - 4 - 1）

（一）发票号码（Invoice No.）

填写投保货物商业发票的号码。

（二）保险单号次（Policy No.）

填写保险单号码。

（三）　被保险人（Insured）

（1）　由于出口货物绝大部分均由外贸公司向保险公司投保，如信用证对被保险人无特别规定，按照习惯，被保险人一栏填写出口公司（即信用证的受益人）的名称，并由出口公司空白背书。

（2）　信用证要求保险单为 to order of ××× Bank 或 in favour of ××× Bank，可在被保险人处填写"出口公司名称 + held to order of ××× Bank（或 in favour of ××× Bank）"，并由出口公司空白背书。之所以该保险单要填写出口公司的名称，是从可保利益角度考虑，保证该保险单的承保人即保险公司真正承担"仓至仓"的保险责任。

（3）　信用证有特殊要求，所有单据以×××为抬头人，那么保险单的被保险人名称应直接填写×××，这种保险单就不要背书。

（4）　信用证规定，保险单抬头为第三者名称（third party）即中性名义（in neutral name），被保险人名称填写"To whom it may concern"。

（5）　信用证规定，保单为空白抬头（TO ORDER），被保险人名称应填写"TO OR-DER"，并由出口公司空白背书。

（6）　以 FOB、CFR、FCA 或 CPT 条件成交，且外商委托出口公司代办保险，如以托收、汇付方式支付，被保险人处的填写可采用第一种情况处理；如以信用证支付，被保险人名称可填写"受益人（即出口公司）名称 + on behalf of + 开证申请人（即进口公司）名称"。有的出口公司对于代办保险，保险单上的被保险人名称只填写"开证申请人（即进口公司）名称"，则货物从出口公司仓库运至装运港的风险，不能得到保险公司的承保，此填写方法不是最佳选项。

（四）　保险货物项目（Description of Goods）

与提单相同，填写货物的总称。

（五）　包装及数量（Quantity）

与提单相同，填写最大包装的总件数。裸装货物填写货物本身件数，散装货物填写货物净重，有包装但以重量计价的应同时填写总件数和计价总重量。

（六）　保险金额（Amount Insured）

一般按照发票金额加一成（即110%发票金额）填写。最终以双方商定的比例计算而成，但人保公司不接受保额超过发票总值30%，以防止个别买主故意灭损货物，串通当地检验部门取得检验证明，向保险公司索赔。《ISBP》第191段规定，保险金额货币单位应与信用证一致，并至少按信用证要求的金额出具。如发票已扣除佣金或折扣，应按扣佣金和折扣前的毛值投保。

当保险金额有小数出现时，可保留小数，也可采用进一法处理。如样单 2 - 4 - 2 中的保险金额，可以填"USD 20833.82"，也可以填"USD 20833"。注意进一法的原则：只要有小数都进一，不管小数后第一位数是否大于5。

（七）　承保险别

出口公司只需在副本上填写这一栏目的内容。当全套保险单填好交给保险公司审核、确认时，才由保险公司把承保险别的详细内容加注在正本保险单上。填制时应注意以下几方面的内容：

（1）　应严格按信用证规定的险别投保。并且为了避免混乱和误解，最好按信用证规定的顺序填写。

（2）如信用证没规定具体险别，或只规定"Marine Risk""Usual Risk"或"Transport Risk"等，则可投保一切险（All Risks）、水渍险（W. A. 或 W. P. A.）、平安险（F. P. A.）三种基本险中的任何一种。

（3）如信用证规定的险别超出了合同规定，或成交价格为 FOB 或 C & F，应由买方保险，但信用证规定由卖方保险，遇到这种情况应与买方交涉，在买方同意支付额外保险费的情况下，应按信用证规定的险别投保。否则，应要求取消此条款。

（4）如信用证规定使用伦敦协会条款，包括修订前的和修订后的，根据中国人民保险公司的现行做法，可以按信用证规定承保，保险单应按要求填制。

（5）如信用证要求投保转船险或无限转船险（Unlimited Transhipment Risk），即使直达提单也必须按规定保险，以防在运输途中由于特殊原因强迫或被迫转船而使货物受损。

（6）如果信用证没有规定"不计免赔率"（Irrespective of Percentage），则保险单内可以加注免赔率条款。

（7）投保的险别除注明险别名称外，还应注明险别适用的文本及日期。例如：Covering All Risks and War Risks as per Ocean Marine Cargo Clauses & Ocean Marine Cargo War Risks Clauses of the People's Insurance Company of China dated 1/1/1981（按照中国人民保险公司 1981 年 1 月 1 日海运货物条款和海运货物战争险条款承保一切险和战争险）。再如 "Covering Marine Risks Clause（A）as per Institute Cargo Clause（A）dated 1/1/1982"（按照伦敦协会 1982 年 1 月 1 日货物 A 条款承保海运险 A 条款）。

（8）在实际业务中，有些文句可采用缩略写的形式，例如上述第一个条款可写成 "... as per OMCC & OMCWRC of the PICC（CIC）dd 1/1/1981" 或 "... as per CIC. All Risks & War Risks"。上述第二个条款可写成 "... as per ICC（A）dd 1/1/1982" 等。

（八）标记（Marks & Nos）

与提单相同，也可以填写"AS PER INVOICE NO. ×××"。但如果信用证规定所有单据均要显示装运唛头，则应按实际唛头缮制。

（九）保险总金额（Total Amount Insured）

将保险金额以大写的形式填入。计价货币也应以全称形式填入。注意保险金额使用的货币应与信用证使用的货币一致，保险总金额大写应与保险金额的阿拉伯数字一致。

（十）保费（Premium）

一般已由保险公司在保险单印刷时填入"As arranged"字样。出口公司在填写保险单时无须填写。但如来证要求："Insurance Policy/Certificate endorsed in blank full invoice value Plus 10% marked Premium paid." 或 "Insurance Policy/Certificate endorsed in blank full invoice value Plus 10% marked Premium paid USD ×××." 对于上述要求，制单时应把原有的 "As arranged" 删去。加盖校对章后打上"Paid"或"Paid USD ×××"字样。

（十一）装载工具

填写装载船的船名。当运输由两程运输完成时，应分别填写一程船名和二程船名。如：一程船名：Mayer，二程船名：Dongfeng，该栏填写：Mayer/Dongfeng，如转运到内陆应加填 Other Conveyance。

（十二）开航日期

一般填写提单签发日期，也可填写提单签发日前后各 5 天之内的任何一天的日期，或填写"As Per B/L"。

（十三）起运港

填写起点即装运港名称。

（十四）目的港

填写讫点即目的港名称。

《UCP600》第 28 条 5 项 iii 款规定，保险单据须表明承保的风险区间至少涵盖从信用证规定的货物接管地或发运地开始到卸货地成最终目的地为止。

当一批货物经转船到达目的港时，这一栏填写：目的港 W/T（VIA）转运港。当一批货物到达目的港后须转运内陆某地买方仓库，如到达纽约港后转运芝加哥，保单目的港可填"NEWYORK AND THENCE TO CHICAGO"或"NEWYORK IN TRANSIT TO CHICAGO"。

（十五）保险单份数

根据《UCP600》第 28 条的规定，如果保险单据表明其以多份正本出具，所有正本均须提交。

当信用证没有特别说明保险单份数时，出口公司一般提交一套完整的保险单（一份 original，一份 duplicate）。

中国人民保险公司出具的保险单一套五份。由一份正本（original），一份复联（复本）（duplicate）和三份副本（copy）构成。

当来证要求提供的保险单"in duplicate/in two folds/in 2 folds/in 2 copies"时，出口公司提交给议付行的是正本保险单（original）和复联（复本）保险单（duplicate）构成全套保险单。其中的正本保险单可经背书转让。

（十六）赔付地点

一般地，将目的地作为赔付地点，将目的地名称填写入该栏。如买方指定理赔代理人，理赔代理人必须在货物到达目的港的所在国内，便于到货后检验。赔款货币一般为与投保额相同的货币。

（十七）日期

日期指保险单的签发日期。由于保险公司提供仓至仓（Warehouse to Warehouse）服务，所以要求保险手续在货物离开出口方仓库前办理。保险单的日期也应是货物离开出口方仓库前的日期。

《ISBP》第 189 段规定，保险单据的出具日期不得晚于货物在信用证规定的地点装船、发运或接管（如适用的话）的日期，除非保险单据表明保险责任最晚于货物在信用证规定的地点装船、发运或接管（如适用的话）之日起生效。

（十八）投保地点

填写投保地点的名称，一般为装运港（地）的名称。

（十九）背书

1. 空白背书（Blank Endorsed）

空白背书只注明被保险人（包括出口公司的名称和经办人的名字）的名称。

当来证没有明确使用哪一种背书时，也使用空白背书方式。《ISBP》第 194 段规定，如果信用证要求空白背书式的保险单据，则保险单据也可开立成来证式，反之亦然。

2. 记名背书

当来证要求"Delivery to（The order of）×××Co.（Bank）"或"Endorsed in the name of×××"，即规定使用记名方式背书。具体做法是：在保险单背面注明被保险人的名称和经办人的名字后，打上"Delivery to×××Co.（Bank）"或"in the name of×××"的字样。记名背书在出口业务中较少使用。

3. 记名指示背书

当来证要求"Insurance policy or certificate in negotiable form issued to the order of×××"，在制单时，具体做法是：在保险单背面打上"To order of×××"，然后签署被保险人的名称。

4. 特别情况

当被保险人不是出口公司而是进口方时（由出口人替进口方投保时），出口人无须背书。如果这时保险单需要转让，必须由被保险人背书才能转让。

当被保险人既不是出口人也不是进口方时，该保险单的转让不需要作任何方式的背书即可转让。当被保险货物损失（承保范围内）后，保险单的持有人享有向保险公司或其代理人索赔的权利并得到合理的补偿。

五、保险单据批单（参考样单 2 - 4 - 5）

批单（Endorsement）是专门用于修改保险单的一种修改书。当被保险人投保后，由于某种原因需要补充或修改保险单的内容，可向保险人提出修改申请，由保险人出具批单进行修改。实际操作中，批单应粘贴在保险单上，并加盖骑缝章，批单的效力优先于保险单。

批单的内容通常有：①更改被保险人名称；②更改货物名称；③更改货物包装或数量；④更改保险金额；⑤更改承保险别；⑥更改货物标记（唛头）；⑦更改船名、加注转船或内陆目的地；⑧更改开航日期；⑨更改起运港或目的港；⑩更改赔款偿付地点；⑪更改出单日期；⑫延长保险有效期（期限）等。

六、填制保险单应注意的事项

（1）如来证无其他规定，保险单的被保险人应是信用证上的受益人，并加空白背书，便于保险单办理过户转让。

（2）如果信用证对被保险人未作规定，则标明赔偿将付给托运人或受益人指定的人的保险单据不可接受，除非经过背书。

（3）保险险别和保险金额要与来证的规定相符。保险单上的运输标志、包装及数量、货名、船名、大约开航日期、装运港和目的港等项内容应与提单相一致。

（4）保险单签发的日期应早于提单日期。

（5）保险人不一定同意出具投保回执（Acknowledgement of Insurance Declaration），故如来证有此要求，受益人应要求对方改证。

（6）不能用保险经纪人开出的暂保单代替保险单议付，银行将不予接受。

七、信用证保险单条款举例

例 1

Insurance policies or certificate, name of assured to be showed: ABC Co. Ltd..

该条款要求保险单或保险凭证须以 ABC 有限公司为被保险人。

例 2

Insurance policies or certificate settling agent's name is to be indicated, any additional premium to cover uplift between 10% and 17% may be drawn in excess of the credit value.

该条款要求保险单或保险凭证须表明理赔代理人的名称，保险费如增加 10%～17%可在本证金额以外支付。

例 3

Insurance Policy/Certificate, issued to the applicant, covering risks as per "Institute Cargo Clauses (A)", and "Institute War Clauses (Cargo)" including Warehouse to Warehouse Clause up to final destination at Schorndorf for at least 110 pct of CIF-Value, marked: "Premium Paid", showing claims if any payable in Germany, naming settling agent in Germany.

该条款要求保险单或保险凭证签发给开证申请人，按照伦敦保险协会条款投保 ICC（A）和协会战争险，包括仓至仓条款到达最后目的地 Schorndorf，至少按 CIF 价发票金额的 110%投保，标明保费已付、注明在德国赔付，同时注明在德国理赔代理人的名称。

例 4

Insurance policies or certificate in two fold payable to the order of Commercial Bank of Ceylon Ltd., covering marine institute cargo clauses (A) (1/1/1982), Institute strike clauses (cargo) (1/1/1982), Institute war clauses (cargo) (1/1/1982) for CIF invoice value plus 10% covering duty, defence levy and GST 37.5% which should be shown separately. Insurance policy obtained from any of the Insurance Companied in the People's Republic of China which provides settlement of claims if any, through a recognized U. K. underwriting company in U. K. and also indicating name and address of the U. K. underwriters.

该条款要求保险单或保险凭证一式两份，凭锡兰商业银行的指示可赔付，按照 1982 年 1 月 1 日伦敦保险协会条款投保 ICC（A）、协会罢工险和协会战争险，按 CIF 价发票金额加成 10%，分列征收防卫税和消费税 37.5%。由中华人民共和国任何保险公司签发的保险单，必须提供由英国本地保险公司的验证声明，并注明英国保险公司的名称和地址。

例 5

Insurance Policy/Certificate endorsed in blank of 110% of invoice value covering All Risks & War Risks as per CIC with claims payable at Kuals Lumpur in the currency of draft (irrespective of percentage), including 60 days after discharge of the goods at port of destination (of at station of destination) subject to CIC.

该条款要求保险单或保险凭证空白背书，按发票金额的 110%投保中国保险条款的一切险和战争险，按汇票所使用的货币在吉隆坡赔付（无免赔率），并根据中国保险条款，保险期限在目的港卸船（或在目的地车站卸车）后 60 天为止。

例 6

Marine insurance policy or certificate in duplicate, indorsed in blank, for full invoice value plus 10 percent stating claim payable in Thailand covering FPA as per ocean marine cargo clause of the People's Insurance Company of China dated 1/1/1981, including TPND loss and/or damage caused by heat, ship's sweat and odour, hoop-rust, breakage of packing.

该条款要求保险单或保险凭证一式两份，空白背书，按发票金额加成 10% 投保，声明在泰国赔付，根据中国人民保险公司 1981 年 1 月 1 日的海洋运输货物保险条款投保平安险，包括偷窃提货不着，受热船舱发汗，串味，铁箍锈损，包装破裂所导致的损失。

例 7

Insurance effected by seller for account of buyer. We understand that the cost of insurance premium will be settled directly between buyer and seller outside the letter of credit.

该条款要求出口商代办保险，保险费的支付由买卖双方在信用证外自行解决，信用证内不得列支。

例 8

Air and war risks for full landed value of invoice.

该条款要求投保空运险和战争险，投保金额没有要求加成。所谓 landed value of invoice 实际上就是 CIF invoice value。

例 9

Negotiable insurance policy/certificate in duplicate by People's Insurance Co. of China incorporating their ocean marine cargo clauses (all risks) and war risks from China to Waterloo Ontario for 110% of invoice value, plus 23% for duty, additional cost of insurance is for buyer's account and to be drawn under this credit.

该条款要求出具可转让的保险单或保险凭证一式两份，投保中国人民保险公司的一切险和战争险，额外加保 23% 的关税险，连同原来保额共为发票金额的 133%，超额保险费可在信用证项下支付。

例 10

Insurance policy (or certificate or declaration under an open cover) issued in duplicate endorsed in blank of full invoice value plus 10 percent covering institute cargo clauses (A), institute strikes clauses (cargo), institute war clauses (cargo) with claims payable at destination in the currency of this credit.

该条款要求保险单或保险凭证或预约保险单的声明一式两份，空白背书，按发票的全额加 10% 投保 ICC（A）、协会罢工险和协会战争险，在目的地以信用证的货币赔付。

练习题

1. 练习目的：学习缮制保险单。

2. 资料：第一章"信用证范例一""信用证范例二""信用证范例三""信用证范例五""信用证范例七"和给定的其他条件。

3. 练习要求：根据信用证的要求和给定的资料缮制保险单。

样单 2-4-1 保险单

中保财产保险有限公司
The people insurance(Property) Company of China, Ltd.
PICC PROPERTY

发票号码 (1)	保险单号次 (2)
Invoice No. YSM1999C	Policy No. 0071925

海 洋 货 物 运 输 保 险 单
MARINE CARGO TRANSPORTATION INSURANCE POLICY

被保险人： GUANG DONG MACHINERY IMPORT AND EXPORT CORP. (GROUP) (3)
Insured: ...··

中保财产保险有限公司(以下简称本公司)根据被保险人的要求，及其所缴付约定的保险费，按照本保险单承担别和背面所载条款与下列特别条款承保下列货物运输保险，特签发本保险单。

This policy of Insurance witnesses that The People Insurance (Property) Company of China, Ltd. (herein after called "The Company"), at the reruest of the Insured and in consideration of the agreed premium paid by the Insured, undertakes to insure the undermentioned goods in transportation subject to the conditions of this Policy as per the Clauses printed overleaf and other special clauses attached hereon.

保险货物项目 Descriptions of Goods	包装 单位 数量 Packing Unit Quantity	保险金额 Amount Insured
(4) RABIT BRAND SHOVEL WITH METAL HANDLE TOTAL: 400 BUNDLES	(5) 400 BUNDLES	(6) USD 17,600. 00

承保险别 Conditions	货物标记 Marks of Goods
(7) COVERING ALL RISKS AND WAR RISKS AS PER OCEAN MARINE CARGO CLAUSES (WAREHOUSE TO WAREHOUSE CLAUSE IS INCLUDED) AND OCEAN MARINE CARGO WAR RISK CLAUSES OF THE PEOPLES INSURANCE COMPANY OF CHINA (1/1/1981).	(8) A98JP1990006 SHITAYA YOKOHAMA

总 保 险 金 额：. (9)
Total Amount Insured: U.S. DOLLARS SEVENTEEN THOUSAND SIX HUNDRED ONLY

保费 (10)	载运输工具 (11)	开航日期 (12)
Premium As arranged	Per conveyance S. S JING AN CHENG V. 0224 Slg.	on or abt JAN. 25, 2020

起运港 (13)	目的港 (14)
From GUANGZHOU To	YOKOHAMA

所保货物，如发生本保险单项下可能引起索赔的损失或损坏，应立即通知本公司下述代理人查勘。如有索赔，应向本公司提交保险单正本(本保险单共有 份正本)及有关文件。如一份正本已用于索赔，其余正本则自动失效。

In the event of loss or damage which may result in a claim under this Policy, immediate notice must be given to the Company Agent as mentioned hereunder. Claims, if any, one of the Original Policy which has been issued in (15) 1 Original(s) together with the relevant documents shall be surrendered to the Company, If one of the Original Policy has been accomplished, the others to be void.

中保财产保险有限公司
THE PEOPLE INSURANCE(PROPERTY) COMPANY OF CHINA, LTD.

赔款偿付地点 (16)
Claim payable at YOKOHAMA

日期 (17)	在 (18)
Date JAN. 25, 2020	at GUANGZHOU

地址：
Address:

样单 2-4-2　投保单

PICC 中国人民财产保险股份有限公司
PICC PROPERTY AND CASUALTY COMPANY LIMITED

货物运输保险投保单
PROPOSAL FOR CARGO TRANSPORTATION INSURANCE

投保人(APPLICANT): __*** New Materials Tech Co., ltd_____

被保险人（INSURED）: __*** New Materials Tech Co., ltd_____

地址(ADD): __***,JIANGNING DISTRICT, NANJING, CHINA_____

邮政编码(POST CODE): _210000_____

电话（TEL）: _***66011384_____　　联系人（Contact person）: __***___

发票号(INVOICE NO.): _ZSW20200***_____　合同号（CONTRACT NO.): __ZSW20200***_

信用证号（L/C NO.): _____

发票金额（INVOICE AMOUNT）: _$18,939.84_____　　投保加成（PLUS）: __10%___

兹有下列物品向中国人民财产保险股份有限公司广东省分公司国际部投保:

标　记 MARKS & NOS	包装及数量 QUANTITY	保险货物项目 DESCRIPTION OF GOODS	保险金额 AMOUNT INSURED
EGHU9590894 EMCGLA0180 N/M	16PKG	WPC DECKING (CHOCOLATE COLOR) WPC DECKING (CHOCOLATE COLOR) WPC DECKING (REDWOOD COLOR)	$20 833.82 USD

启运日期　　　　　　　　　　　　　　装载运输工具:

DATE OF COMMENCEMENT: May,11,2020　　　PER CONVEYANCE: __BAL PEACE N005_____

自　　　　　　　　　　　经　　　　　　　　　　　至

FROM___ZHONGSHAN,CN_____ VIA__HONG KONG,HK_____ TO__TAICHUNG,TW_____

提单号:　　　　　　　　　　　　　赔款偿付地点:

B/L NO.:_____ CLAIM PAYABLE AT: __TAICHUNG,TW_____

投保险别: （PLEASE INDICATE THE CONDITIONS &/ OR SPECIAL COVERAGES:）

ALL RISKS
_____

请如实告知下列情况:

1、货物种类: 袋装【　】　散装【　】　冷藏【　】　液体【　】　活动物【　】　机器/汽车【　】　危险品等级【　】
　　GOODS: BAG/JUMBO　BULK　REEFER　LIQUID　LIVE ANIMAL　MACHINE/AUTO　DANGEROUS CLASS

2、集装箱种类:　普通【√】　开顶【　】　框架【　】　平板【　】　冷藏【　】
　　CONTAINER: ORDINARY　OPEN　FRAME　FLAT　REFRIGERATOR

3、转运工具:海轮【√】　飞机【　】　驳船【　】　火车【　】　汽车【　】
　　BY TRANSIT: SHIP　PLANE　BARGE　TRAIN　TRUCK

4、船舶资料:　　　　　　　船籍【　】　　　　　船龄【　】
　　PARTICULAR OF SHIP:　REGISTRY　　　　AGE

5、货物是否装载于甲板上(ON DECK)【　】

6、其他要说明的情况:
_____

中国广州广州大道中 303 号　　　　303 Guangzhou Road Central, Guangzhou, China
TEL: 86 20 83969518-030101;　　Email: linxinbiao@guangd.picc.com.cn

样单 2 - 4 - 3 投保单

PICC 中国人民财产保险股份有限公司
PICC PROPERTY AND CASUALTY COMPANY LIMITED

货物运输保险投保单
PROPOSAL FOR CARGO TRANSPORTATION INSURANCE

投保人声明	保险人已向本人提供并详细介绍了条款内容，并对其中免除保险人责任的条款（包括但不限于责任免除、投保人被保险人义务、赔偿处理、其他事项等），以及本保险合同中付费约定和特别约定的内容向本人做了明确说明，本人已充分理解并接受上述内容，同意以此作为订立保险合同的依据，自愿投保本保险。
保费支付	保险合同自被保险人缴清保费之日起生效。被保险人未按合同约定缴付保费的，在此期间发生保险事故，保险人不承担保险责任。
保险销售事项确认书	本人就本货物运输保险，向中国人民财产保险股份有限公司广东省分公司，投保货物运输保险，确认以下事项：产险销售人员姓名：___***___，职业证号：***01205110000046723，已向本人详细解释有关保险条款内容，并清楚说明免除保险人责任的条款。 产险销售人员签字： 保险中介机构销售人员： 保险中介机构盖章： 　　　　　　　　　　　　　　　　　　投保人签章： 2019 年 05 月 05 日

中国广州广州大道中 303 号　　　　303 Guangzhou Road Central, Guangzhou, China
TEL: 86 20 83969518-030101;　　Email: linxinbiao@guangd.picc.com.cn

样单 2-4-4　保险单

PICC 中国人民财产保险股份有限公司
PICC Property and Casualty Company Limited

ORIGINAL

总公司设于北京 Head Office Beijing	一九四九年创立 Established in 1949	保险单号(Policy No.) PYIE202044942300E02780

货运运输保险 保险单 CARGO TRANSPORTATION INSURANCE POLICY

发票号(Invoice No.) ZSW20200326　　　　　　　　提单号(B/L NO.) 322945866ZHN
合同号(Contract No.) ZSW20200326　　　　　　　　信用证号(L/C No.)
被保险人(Insured)：　　　　　　＊＊＊　New Materials Tech Co., ltd

中国人民财产保险股份有限公司(以下简称本公司)根据被保险人要求，以被保险人向本公司缴付约定的保险费为对价，按照本保险单列明条款承保下述货物运输保险，特订立本保险单。
THIS POLICY OF INSURANCE WITNESSES THAT PICC PROPERTY AND CASUALTY COMPANY LIMITED (HEREINAFTER CALLED "THE COMPANY") AT THE REQUEST OF THE INSURED IN CONSIDERATION OF THE AGREED PREMIUM PAID TO THE COMPANY BY THE INSURED, UNDERTAKES TO INSURE THE UNDERMENTIONED GOODS IN TRANSPORTATION SUBJECT TO THE CONDITIONS OF THIS POLICY AS PER THE CLAUSES PRINTED BELOW.

标　记(MARKS & NOS)	包装及数量(PACKAGE &QUANTITY)	保险货物项目(GOODS)	保险金额(AMOUNT INSURED)
EGHU9590894 EMCGLA0180 N/M	16PKG	WPC DECKING (CHOCOLATE COLOR) WPC DECKING (CHOCOLATE COLOR) WPC DECKING (REDWOOD COLOR)	USD20,833.82

总保险金额(TOTALAMOUNT INSURED)：　USD TWENTY THOUSAND EIGHT HUNDRED AND THIRTY THREE AND EIGHTY TWO CENTS ONLY

保费(PREMIUM)：　AS ARRANGED　　　启运日期(DATE OF COMMENCEMENT)：May 11, 2020

装载运输工具(PER CONVEYANCE)：　BAL PEACE NO05

自(FROM)：　ZHONGSHAN, CN　　　　经(VIA)：　HONG KONG, HK　　至(TO)：　TAICHUNG, TW

承保险别(CONDITIONS)：
COVERING ALL RISKS AS PER OCEAN MARINE CARGO CLAUSES (2009) OF THE PICC PROPERTY AND CASUALTY COMPANY LIMITED.

USD200 OR 10% OF THE LOSS AMOUNT, WHICHEVER IS HIGHER.
裸装货物锈损、刮擦、凹瘪属于保单除外责任

所述货物如发生保险单项下可能引起索赔的损失，应立即通知本公司或下述代理人查勘。如有索赔，应向本公司提交正本保险单(本保险单共有贰份正本)及有关文件。如一份正本已用于索赔，其余正本自动失效。
IN THE EVENT OF LOSS OR DAMAGE WHICH MAY RESULT IN A CLAIM UNDER THIS POLICY, IMMEDIATE NOTICE MUST BE GIVEN TO THE COMPANY OR AGENT AS MENTIONED. CLAIMS, IF ANY, ONE OF THE ORIGINAL POLICY WHICH HAS BEEN ISSUED IN TWO ORIGINAL(S) TOGETHER WITH THE RELEVANT DOCUMENTS SHALL BE SURRENDERED TO THE COMPANY. IF ONE OF THE ORIGINAL POLICY HAS BEEN ACCOMPLISHED, THE OTHERS TO BE VOID.

宝岛海事检定有限公司 / TMS Global Survey Services Co., Ltd.
地址：435台中县梧栖镇四维中路246号4楼之7
电话：+886-(0) 4-26583761
传真：+886-(0) 4-26584209
联络人：林韦志、翁世孟
手机：+886-(0) 982-809277 , +886-(0)918-099239
邮箱：tms@tms.net.tw; freekite99@tms.net.tw

保险服务请联系：
CONTACT INFORMATION OF INSURANCE SERVICE:
中国人民财产保险股份有限公司广东省分公司
PICC Property and Casualty Company Limited, GUANGDONG Branch
电话(TEL)：020-95518
传真(FAX)：
EMAIL：
地址(ADD)：广东省广州市广州大道中303号3楼

赔款偿付地点(CLAIM PAYABLE AT)　TAICHUNG, TW IN USD

签单日期(Issuing DATE)　May 9, 2020

保险人：
UNDERWRITER:

PICC PROPERTY AND CASUALTY COMPANY LIMITED
GUANGDONG BRANCH

AUTHORIZED SIGNATORY

样单 2 - 4 - 5　保险批单

中国人民财产保险股份有限公司
PICC Property and Casualty Company Limited

ENDORSEMENT

Date: February 16, 2020

Endorsement No.:	EYII200744940400000006
Policy No.:	PYII200744940400000002
Name of the Insured:	Shandong Minmetals Co., Ltd.
Risk:	Marine Cargo and Inland Transit Insurance

It is hereby noted and agreed that with effect from inception, the above-mentioned policy shall be amended as below:

1) Slg. on or abt：February 17, 2020

   Per conveyance S.S：Maersk Aberdeen 0728/Emirates Kabir 706E Shippmented about 240mt

   From TUTICORIN Via COLOMBO To QINGDAO

2) Slg. on or abt：February 21, 2020

   Per conveyance S.S：Maersk Aberdeen 0728/Emirates Kabir 706E & Maersk Aberdeen 0730 Shippmented about 60mt

This Clause is subject otherwise to all terms and conditions of this Policy.

第五节　原产地证明书

一、产地证的作用及分类

产地证明书是证明货物原产地和制造地的文件，也是进口国海关采取不同的国别政策和关税待遇的依据。

日常使用较多的产地证明书主要有：①普通产地证（又称"原产地证"）（Certificate of Origin）；②普惠制产地证（Generalized System of Preference Certificate of Origin Form A）；③欧洲纺织品产地证；④中国东盟自由贸易区原产地证。

二、原产地证明书（CO）

通常不使用海关发票或领事发票的国家，要求提供产地证明以确定对货物征税的税率。有的国家为限制从某国家或地区进口货物，要求以产地证来确定来源国。

一般规定，CO产地证只签发一正三副，其中一份副本（黄色）为签证机构留存用。

（一）原产地证明书（CO）的申请

根据我国的规定，企业最迟于货物报关出运前3天向签证机构申请办理原产地证，并严格按照签证机构的要求，真实、完整、正确地填写以下材料：

（1）《中华人民共和国出口货物原产地证书/加工装配证明书申请书》（样单2-5-1）。

（2）《中华人民共和国出口货物原产地证明书》一式四份。

（3）出口货物商业发票。

（4）签证机构认为必要的其他证明文件。

（二）原产地证明书（CO）的填制（参考样单2-5-2）

1. 证书编号（Certificate No.）

此栏不得留空，否则证书无效。

2. 出口方（Exporter）

填写出口公司的详细地址、名称和国家（地区）名。如经其他国家或地区需填写转口商名称时，可在出口商后面加填英文VIA，然后再填写转口商名称、地址和国家。

例：

GUANGDONG TEXTILES IMPORT & EXPORT KNITWEARS

CO. LTD. , 15/F GUANGDONG TEXTILE MANSION

No. 168 XIAO BEI RD. GUANGZHOU, CHINA.

VIA HONGKONG DAMING CO. LTD.

No. 566, GUANGDONG ROAD, HONGKONG.

3. 收货方（Consignee）

填写最终收货人的名称、地址和国家（地区）名。通常是外贸合同中的买方或信用证上规定的提单通知人。如信用证规定所有单证收货人一栏留空，在这种情况下，此栏应加注"TO WHOM IT MAY CONCERN"或"TO ORDER",但不得留空。若需填写转口商名称时,可在收货人后面加填英文 VIA,然后再填写转口商名称、地址、国家。

例:

AL OTHAIMAN TRADING CO. LLC

P. O. BOX 23631 DUBAI,U. A. E.

VIA HONGKONG DAMING CO. LTD.

No. 566,GUANGDONG ROAD,HONGKONG.

4. 运输方式和路线（Means of Transport and Route）

填写目的港和装运港、运输方式。若经转运,还应注明转运地。

例:通过海运,于 2020 年 7 月 1 日由广州港经香港转运至鹿特丹港,应填为:

FROM GUANGZHOU TO HONGKONG ON JULY 1,2020,

THENCE TRANSHIPPED TO ROTTERDAM BY VESSEL

或

FROM GUANGZHOU TO ROTTERDAM

BY VESSEL VIA HONGKONG

5. 目的地国家（地区）（Country/Region of Destination）

填写目的地国家（地区）。一般应与最终收货人或最终目的港（地）国别一致,不能填写中间商国家名称。

6. 签证机构用栏（For Certifying Authority Use Only）

由签证机构在签发后发证书、补发证书或加注其他声明时使用。证书申领单位应将此栏留空。一般情况下该栏不填。

7. 运输标志（Marks and Numbers）

填写唛头。应按照出口发票上所列唛头填写完整图案、文字标记及包装号码,不可简单填写"按照发票（AS PER INVOICE NO）"或者"按照提单（AS PER B/L NO）"。货物无唛头时,应填写 N/M（NO MARK）。此栏不得留空。如唛头多,本栏不够填写,可填写在第 7、8、9 栏的空白处,如还不够,可用附页填写。

8. 商品名称、包装数量及种类（Number and Kind of Packages,Description of Goods）

填写商品名称及包装数量。商品名称要填写具体名称,不得用概括性表述,例如:服装（GARMENT）。包装数量及种类要按具体单位填写,例如:100 箱彩电,填写为"100 CARTONS（ONE HUNDRED CARTONS ONLY）OF COLOUR TV SET"。包装数量应在阿拉伯数字后加注英文表述。如货物为散装,在商品名称后加注"散装"（IN BULK）,例如:1 000 公吨生铁,填写为"1,000 M/T（ONE THOUSAND M/T ONLY）PIG IRON IN BULK"。有时信用证要求在所有单证上加注合同号、信用证号码等,可加注在此栏。本栏的末行要打上表示结束的符号（＊＊＊＊＊＊＊＊＊＊＊＊＊＊＊＊＊＊＊＊＊＊＊），以防持证人擅自加添内容。

例:

ONE HUNDRED AND FIFTY（150）CARTONS OF

MEN'S T/C PRINTED 2 PC SETS

SIXTY-SEVEN（67）CARTONS OF BOY'S T/C

PRINTED 2 PC SETS

＊＊＊＊＊＊＊＊＊＊＊＊＊＊＊＊＊＊＊＊＊＊＊＊＊＊

9. 商品编码（H. S. Code）

此栏要求填写 HS 编码，应与报关单商品编码的前四位数字一致。若同一证书包含有几种商品，则应将相应的商品编码全部填写。此栏不得留空。

10. 数量（Quantity）

此栏要求填写出口货物的数量以及商品的计量单位。如上述的 100 台彩电，此栏填"100 SETS"。1 000 公吨散装生铁，此栏填"N. W. 1,000 M/T"（净重 1 000 公吨）或"1,000 M/T（N. W.）"。如果只有毛重时，则需注明"G. W."。

11. 发票号码及日期（Number and Date of Invoices）

此栏填写出口货物的商业发票日期和号码。此栏不得留空。为避免对月份、日期的误解，月份一律用英文表述，如 2019 年 12 月 10 日，用英文表述为：DEC. 10，2019。

12. 出口方声明（Declaration by the Exporter）

填写申报地点及日期，并由已在签证机构注册的出口方人员签名，最后加盖出口方中英文的印章。

13. 签证机构签字、盖章（Certification）

填写签证地址、日期。签证机构签证人经审核后在此栏（正本）签名，并加盖签证印章。

（三）原产地证明书（CO）的更改或重发

对签证机构已签发的原产地证明书，当申请单位需要更改其内容时，申请单位应书面申明理由，提交已更改的 CO 产地证，并退回原证书正本。

对签证机构已签发的原产地证明书遗失或损毁，申请单位应书面说明遗失或损毁的原因，提交重新填制的 CO 产地证及原证书副本或复印件。

三、普惠制产地证明书格式 A（FORM A）

（一）普惠制及其原则

普惠制是普遍优惠制的简称，是发达国家对发展中国家出口产品所实行的一种关税优惠制度。其目的是使发展中国家的出口商品在发达国家具有竞争力，从而扩大发展中国家的出口贸易，增加外汇收入，促进工农业发展，加速国民经济增长。

普惠制的原则有普遍原则、非互惠原则和非歧视原则。普遍原则是指发达国家应对发展中国家的制成品和半成品给予普遍的优惠待遇。非互惠原则是指非对等的，发达国家应单方面给予发展中国家优惠关税待遇，而不要求发展中国家给予同等待遇。非歧视原则是指应对所有的发展中国家都给予优惠待遇，不应区别对待，不应有例外。

（二）普惠制原产地规则

普惠制原产地规则包括原产地标准、直接运输规则和书面证明三部分。

1. 原产地标准

符合原产地标准的产品主要有完全原产产品和含有进口成分的产品。完全原产产品是指该产品完全使用受惠国生产的原料、零部件，完全在受惠国生产和制造而成，不含有任何进口原料或部件。含有进口成分的产品是指全部或部分地使用进口（包括来源不明）的原料或零部件制成的产品。含有进口成分的产品按加工标准或百分比标准衡量：

（1）加工标准。

根据制成品中所含进口成分的 HS 税目号在受惠国加工后的变化来确定其是否经过实质性改变标准。如果进口成分与其制成品归入 HS 四位数字中的任何一位数字不同，即发生了变化，则进口成分达到了实质性改变的程度，符合加工标准；如果 HS 四位数字相同，则进口成分未经过实质性改变，不符合加工标准。

采用加工标准的国家和国家集团主要有日本、瑞士、挪威和欧盟十四国。

（2）百分比标准。

根据进口成分占制成品价值的百分比来确定其是否经过实质性改变的标准，称为百分比标准。

表 2 - 2　百分比标准

国别	百分比标准
加拿大	进口成分价值不得超过包装完毕待运加拿大的产品出厂价的 40%
澳大利亚	产品的最后加工工序应在受惠国进行，本国成分的价值不得小于产品出厂价的 50%
新西兰	产品的最后加工工序应在受惠国进行，本国成分的价值不得小于产品出厂成本（不包括一般行政费用）的 50%
波兰、俄罗斯、乌克兰等	进口（包括产地不明）的原材料、零部件要经过充分加工，且其海关价格不得超过该产品离岸价格（即 FOB 价格）的 50%

2．直接运输规则

直接运输规则是指受惠国的出口商品不但要原产于受惠国，还要直接运往给惠国，以确保受惠国产品的原有特性，防止在运输途中被伪造或再加工。

3．书面证明

受惠国的出口产品必须出具原产地的书面证明，方能得到普惠制待遇。其书面证明就是联合国贸发会议优惠问题特别委员会制定的原产地证明书格式 A。

（三）原产地证明书格式 A 的有效期

除下列国家有规定以外，其他给惠国未作具体规定：

表 2 - 3　原产地证明书格式 A 的有效期

国家	有效期
加拿大	自进口之日起 2 年内
欧盟十四国、瑞士	自签发之日起 10 个月内
日本	签发机关签发之日起 4 个月内

一般来讲，发货人应在货物抵达给惠国前将证书送达对方，以便海关审核，尽早取得

普惠制关税优惠。尤其对于有限额、配额的商品，大都遵循先来先得的原则，额满为止。

（四）原产地证明书格式 A 的填制（参考样单 2 - 5 - 3）

原产地证明书格式 A 是出口商的声明和官方机构的证明合二为一的联合单证。联合国贸发会议优惠问题特别委员会对原产地证明书格式 A 的印刷格式、填制方法都有严格明确的规定，对所需纸张的质量、重量、大小尺寸，使用文种作了规定，并要求正本加印绿色检索图案，防止涂改或伪造。因此，填制必须十分细心，本证书一律不得涂改，证书不得加盖校对章。本证书一般使用英文填制，应进口商要求，也可使用法文。特殊情况下，第二栏可以使用给惠国的文种。唛头标记不受文种限制，可据实填制。

1. 证书号码（Reference No.）

此栏不得留空，否则，证书无效。

2. 出口商名称、地址和国家（Goods Consigned from）

例：CHINA ARTEX （HOLDINGS） CORP.　GUANGDONG CO.

　　119 （2NDBUILDING）, LIUHUA ROAD, GUANGZHOU,

　　CHINA.

出口商的地址应填详细地址，包括街道名、门牌号码等。中国地名的英文译音应采用汉语拼音。如：GUANGZHOU（广州）、GUANGDONG（广东）、PANYU（番禺）等。

3. 收货人名称、地址和国家（Goods Consigned to）

例：JERSON & JESSEN, LANGE NEHREN9, F - 2000, HAMBURG,

　　GERMANY.

根据信用证要求应填写给惠国的最终收货人名称（信用证上规定的提单通知人或特别声明的受货人）。如果信用证未明确最终收货人，可以填写商业发票的抬头人，但不可填中间商的名称。

欧盟十四国、挪威对此栏有非强制性要求。如果商品直接运往上述给惠国，而且进口商要求将此栏留空时，则可以不填。

4. 所知的运输方式和航线（Means of Transport and Route）

例：ON/AFTER NOV. 6, 2019

　　FROM GUANGZHOU TO HONGKONG BY TRUCK,

　　THENCE TRANSHIPPED TO HAMBURG BY SEA.

一般应填装货、到货地点（始运港、目的港）及运输方式（如海运、陆运、空运）等内容，对转运商品应加上转运港，如 VIA HONGKONG。该栏还要填明预定自中国出口的地点和日期。

对输往内陆给惠国的商品，如瑞士、奥地利，由于这些国家没有海岸，因此，如系海运，都须经第三国，再转运至该国，填证时应注明。如：

ON/AFTER NOV. 6 2019

FROM GUANGZHOU TO HAMBURG

W/T HONGKONG BY VESSEL

IN TRANSIT TO SWITZERLAND.

5. 供官方使用（For Official Use）

此栏目正常情况下留空。下列特殊情况，签证当局在此栏加注：

（1）货物已出口，签证日期迟于出货日期，签发"后发"证书时，此栏盖上"IS-SUED RETROSPECTIVELY"红色印章。

（2）证书遗失、被盗或损毁，签发"复本"证书时盖上"DUPLICATE"红色印章，并在此栏注明原证书的编号和签证日期，并声明原发证书作废，其文字是"THIS CERTIFICATE IS IN REPLACEMENT OF CERTIFICATE OF ORIGIN NO. DATED WHICH IS CANCELLED"。

6. 商品顺序号（Item Number）

如同批出口货物有不同品种，则按不同品种、发票号等分列"1""2""3"……单项商品此栏填"1"。

7. 唛头及包装号（Marks and Numbers of Packages）

如果没有唛头应填写"N/M"或"NO MARK"。如唛头过多，此栏不够填写，可填写在第7、8、9、10栏之截止线以下的空白处。如果还不够，此栏打上（SEE THE ATTACH-MENT），用附页填写所有唛头（附页的纸张要与原证书一般大小），在右上角打上证书号，并由申请单位和签证当局授权签字人分别在附页末页的右下角和左下角手签、盖印。附页手签的笔迹、地点、日期均与证书第11、12栏相一致。

8. 包装件数、包装种类及商品的名称（Number and Kind of Packages；Description of Goods）

例如：

ONE HUNDRED AND FIFTY（150）CARTONS OF DOOR LOCKS

该栏目填写时应注意：

（1）包装件数必须用英文和阿拉伯数字同时表示。

（2）商品名称必须具体填写，不能笼统填写"MACHINE"（机器）、"GARMENT"（服装）等，对一些商品，如玩具电扇应载明为"TOYS：ELECTRIC FANS"，不能只列"ELECTRIC FANS"（电扇）；人造花类应载明"ARTIFICIAL FLOWERS"，不能只列具体的花名"玫瑰""兰花"等。

（3）商品的商标、品牌（BRAND）及货号（ART NO.）一般可以不填。本栏填写后，应在下一行加上表示结束的符号，以防止加填伪造内容。

（4）国外信用证有时要求填具合同、信用证号码等，可加填在此栏空白处。

9. 原产地标准（Origin Criterion）

此栏是国外海关审核的核心项目。对含有进口成分的商品，因情况复杂，国外要求严格，极易弄错而造成退证查询。

（1）如果本商品完全是出口国自产的，不含任何进口成分，出口到所有给惠国，填写"P"。

（2）如果出口商品有进口成分，出口到欧盟十四国、挪威、瑞士和日本，填"W"，其后加上出口产品的HS品目号，如"W42.02"。条件：①产品列入了上述给惠国的"加工清单"符合其加工条件；②产品未列入"加工清单"，但产品生产过程中使用的进口原材料和零部件要经过充分的加工，产品的HS品目号不同于所用的原材料或零部件的HS品目号。

（3）含有进口成分的产品，出口到加拿大，填"F"。条件：进口成分的价值未超过产品出厂价的40%。

（4）含有进口成分的产品，出口到波兰、俄罗斯、乌克兰、白俄罗斯、捷克、斯洛伐克六国，填"Y"，其后加上进口成分价值占该产品离岸价格的百分比，如"Y38%"。条件：进口成分的价值未超过产品离岸价的50%。

（5）输往澳大利亚、新西兰的商品，此栏可以留空。

（6）在一个受惠国生产而在另一个或一个以上受惠国制作或加工的产品，填写"PK"。

10. 毛重和其他数量（Gross Weight or Other Quantity）

此栏应以商品的正常计量单位填。如"只""件""双""台""打"等。以重量计算的则填"毛重"，只有"净重"的，填净重亦可，但要标上"N. W."（NET WEIGHT）。

例：3,200 DOZ 或 6,270 KGS.

11. 发票日期和号码（Number and Date of Invoices）

此栏不得留空。月份一律用英文（可用缩写）表示。此栏的日期必须按照正式商业发票的日期填制。

例：PHK 50016

NOV. 2，2019

12. 签证当局的证明（Certification）

签证单位要填写商检局的签证地点、日期。商检局签证人经审核后在此栏（正本）签名，盖签证印章。本栏日期不得早于发票日期（第10栏）和申报日期（第12栏），而且应早于货物的出运日期（第3栏）。

例：GUANGZHOU NOV. 3，2019

13. 出口商声明（Declaration by the Exporter）

在生产国横线上填"中国"（CHINA）。进口国横线上填最终进口国，进口国必须与第3栏目的港的国别一致，如转运内陆目的地，则应与内陆目的地的国别一致。凡货物运往欧盟十四国范围内，进口国不明确时，进口国可填"E. U."。

申请单位应授权专人在此栏手签，标上申报地点、日期，并加盖申请单位中英文印章，手签人手迹必须在商检局注册备案。

此栏日期不得早于发票日期（第10栏）（最早是同日）。盖章时应避免覆盖进口国名称和手签人姓名。

四、中国—东盟自由贸易区原产地证格式 E（FORM E）

中国—东盟自贸区原产地证全称"中国—东盟自由贸易区原产地证明书"，简称东盟证书，又称格式 E，或 FORM E。

目前，中国—东盟自贸区原产地证惠及文莱、柬埔寨、印度尼西亚、老挝、马来西亚、缅甸、菲律宾、新加坡、泰国、越南十个国家。FORM E 证书的签发，限于已公布的《中国—东盟全面经济合作框架协议货物贸易协定》项下给予关税优惠的产品。关税优惠是在最惠国税率的基础上实施的进一步减免，如果不能提供中国—东盟自由贸易区原产地证格式 E，对于 WTO 成员国，进口时只能按最惠国关税税率计征，不能享受中国—东盟自贸区的超低税率甚至"零关税"。因此，对上述十国的贸易涉及《中国—东盟全面经济合作框架协议货物贸易协定》项下关税优惠的产品，必须申请 FORM E 证书。

（一）原产地证格式 E 的申请

我国原产地证格式 E 的签证机构为海关和贸促会在各地的分支机构。企业自己申请办理原产地证格式 E 的，需要先在签证机构办理注册登记，经过原产地证格式 E 培训，申请人登录原产地证企业备案平台，上传中国—东盟自由贸易协定原产地声明电子资料，保存并提交申请，最后到签证机构打印原产地证格式 E。

（二）原产地证格式 E 的填制（参考样单 2 – 5 – 8）

FORM E 证书内容以英文填写。具体项目有：

1. 出口商名称、地址和国家［Goods consigned from（Exporter's business name，address，country）］

填写出口商名称及包括国别在内的详细、完整地址，包括街道名、门牌号码等。

2. 收货人名称、地址和国家［Goods consigned to（Consignee's name，address，country）］

填写给惠国最终收货人名称、地址，不能填写中间商名称或直接填写"TO ORDER"。如客户要求在证书中填写中间商及其他信息，可在第 7 栏结束符下面列示。

3. 所知的运输方式和航线［Means of transport and route（as far as known）］

填写装货、到货地点（起运港、目的港）名称及运输方式（如海运、陆运、空运）。对转运商品应加上转运港，如 VIA HONGKONG。海运去往无海港的内陆给惠国应填写须经的第三国。该栏还要填明预定自中国出口的日期。

4. 供官方使用（For official use）

此栏仅供进口国官方使用，不需填写。

5. 商品顺序号（Item number）

按序号"1""2""3"填写商品项目号，最多 20 项；单项商品，此栏填"1"。

6. 唛头及包装号（Marks and numbers of packages）

如果没有唛头填写"N/M"或"NO MARK"；如果唛头过多，此栏不够填写，可在第 7 栏结束符下面列示。如果货物无包装，应注明"散装（INBULK）"或"裸装（IN-NUDE）"。

7. 包装件数，包装种类及商品的名称（Number and kind of packages；description of goods）该栏目填写时应注意：

（1）包装件数必须用英文和阿拉伯数字同时表示。

（2）商品名称必须具体填写，不能笼统填写"MACHINE"（机器）、"GARMENT"（服装）等。

（3）商品名称等项列完后，应在下一行加上表示结束的符号，以防止加填伪造内容。

（4）如果合同或信用证要求在产地证上填具合同、信用证号码等内容时，可加填在此栏结束符的空白处。

8. 原产地标准［Origin criterion（see Notes overleaf）］

此栏是海关审核的核心项目。

（1）完全原产，填"WO"。

（2）含有进口成分的，主要分为三种情况：①如在出口方加工但并非完全获得的产品，填单一国家成分的百分比，例如 50%（需≥40%）。②在出口方加工但并非完全获得的产品，填中国—东盟累计成分的百分比，例如50%（需≥40%）。③符合产品特定原产地标准（PSR）的产品，填"PSR"。

9. 毛重和其他数量［Gross weight or other quantity and value（FOB）］

此栏一般填毛重，也可选择填净重或者数量，填写时应以商品的正常计量单位填。如"只""件""双""台""打"等。同时填写货物 FOB 金额（美元计算）。

10. 发票日期和号码（Number and date of invoices）

填写发票号和发票日期；如果货物在东盟海关报关时使用第三方发票，此处应填写第三方发票的发票号和发票日期。

11. 出口商声明（Declaration by the exporter）

在生产国横线上填"中国"（CHINA）。进口国横线上填最终进口国，进口国必须与第 3 栏目的港的国别一致，如转运内陆目的地，应与内陆目的地的国别一致。

申请单位应授权专人在此栏手签，标上申报地点、日期，并加盖申请单位中英文印章，手签人手迹必须在海关或贸促会注册备案。

12. 签证当局的证明（Certification）

此栏为签证机构确认栏。签证机构审核后在此栏（正本）签名，盖签证印章。

13. 此栏为 FORM E 特有，根据实际业务，在符合要求的"□"打钩。

□补发（Issued Retroactively）

□展览（Exhibition）

□流动证明（Movement Certificate）

□第三方发票（Third Party Invoicing）

五、信用证原产地证明书条款举例

例1

Certificate of origin in two fold indicating that goods are of Chinese origin issued by Chamber of Commerce.

该条款要求由商会签发的产地证一式两份，证明货物的原产地在中国。

例2

GSP Certificate of Origin，Form A，certifying goods of origin in China，issued by competent authorities.

该条款要求由授权机构签发普惠制原产地证明书格式 A，证明货物的原产地在中国。

例3

Certificate of origin GSP Form A，original and one copy，evidencing China as origin of goods. It must be marked "issued retrospectively" if issued after shipment date.

该条款要求正本和一份副本普惠制原产地证明书格式 A，证明货物的原产地在中国。如在装船日后签发须标明"回签"。

例4

Certificate of origin should state that the goods do not contain any component of an Israeli origin whatever the proportion of such component，the exporter or supplier has no direct or indirect connection whatsoever with Israeli.

　　该条款要求产地证声明货物中不含任何以色列的原料和加工成分，出口商或供应商不曾与以色列有任何直接或间接联系。

　　例5

Certificate of origin should state that the goods being exported are of a national origin of the exporting country and that the goods do not contain any component of an Israeli origin whatever the proportion of such components is. The certificate should also contain a declaration by the exporter or supplier stating that the company producing the respective commodity is not an affiliate to, or a mother of, any company that appears on The Israeli Boycott Black List and also stating that the exporter or supplier has no direct or indirect connection what so ever with Israel and that he will act in compliance with the principles and regulations of the Arab Boycott of Israel. The certificate of origin should be authenticated by the Chamber of Commerce &/or Union of Industry in exporting country and certified by the representative office of Socialist People's Libya Arab Jamahirya in the exporting country if available, otherwise, by the representative office of any Arab Country except Egypt.

　　该条款要求产地证内容除证明我国原产地外还须证明无以色列产品成分以及出口商与以色列厂商无直接或间接关系等事项，该证书须由中国贸促会或工业联合会签发，再由利比亚驻我国代表处认证。

　　例6

Photocopy of original certificate of Chinese origin or GSP Form A Required and such certificate combined with or referring to other documents not acceptable.

　　该条款要求提供中国产地证或普惠制原产地证格式 A 正本的影印本，并且该产地证必须是一种独立的、完整的、不依附于其他单证的格式。

练习题

　　1. 练习目的：学习缮制 CO 和 FORM A。

　　2. 资料：第一章"信用证范例一"至"信用证范例八"和给定的其他条件。

　　3. 练习要求：

　　（1）根据信用证的要求和给定的资料缮制 CO。

　　（2）根据"信用证范例二、四、六"的要求和给定的资料缮制 FORM A。

样单 2-5-1　一般原产地证明书/加工装配证明书申请书

一般原产地证明书/加工装配证明书申请书

证书号：

申请人郑重声明：

本人被正式授权代表本企业办理和签署本申请书。

本申请书及一般原产地证明书/加工装配证明书所列内容正确无误，如发现弄虚作假，冒充证书所列货物，擅改证书，本人愿按《中华人民共和国出口货物原产地证规则》的有关规定接受处罚。现将有关情况申报如下：

商品名称：_____　H.S税目号（六位数码）：_____

发票号：_____　　商品 FOB 总值（以美元计）：_____

最终目的地国家/地区：_____　　转口国（地区）：_____

包装数量：_____　毛重或其他数量：_____

拟出运日期：_____

贸易方式（画"√"）			企业性质（画"√"）		
一般贸易	三来一补	其他贸易方式	国有企业	三资企业	街道乡镇企业

证书种类（画"√"）	一般原产地证明书		加工装配证明书

现提交中国出口商业发票副本一份，一般原产地证明书/加工装配证明书一正三副，以及其他附件_____份，请予审核签证。

申请单位（盖章）

申请人：（签名）

电　话：

日　期：　　　年　月　日

进口商特殊要求或申请人备注：	领证人：（签名） 电　话： 年　月　日

样单 2-5-2　一般原产地证明书

ORIGINAL

1. Exporter　　　　　　　　　　(2) GUANG DONG TEXTILES IMPORT & EXPORT KNITWEARS COMPANY LIMITED 15/F., GUANGDONG TEXTILES MANSION 168 XIAO BEI ROAD GUANGZHOU, CHINA	Certificate No. 　　　　GZ45692　　　(1) **CERTIFICATE OF ORIGIN** **OF** **THE PEOPLE'S REPUBLIC OF CHINA**
2. Consignee　　　　　　　　　(3) JOHNSON'S S. A. NUMBLE 1034 SANTIAGO CHILE	
3. Means of transport and route　　(4) FROM GUANGZHOU TO SAN ANTONIO W/T HONGKONG BY VESSEL	5. For certifying authority use only 　　　　　　　　　　　　　(6)
4. Country/region of destination　(5) 　　SAN ANTONIO, CHILE	

6. Marks and numbers (7)	7. Number and kind of packages; description of goods (8)	8. H. S. Code (9)	9. Quantity (10)	10. Number and date of invoices (11)
JOHNSON'S 97KCS05107 SAN ANTONIO CHILE NO. 1-80 MADE IN CHINA JOHNSON'S 97KCS05111 SAN ANTONIO CHILE NO. 1-80 MADE IN CHINA	EIGHTY (80) CARTONS OF GARMENTS (100% COTTON JERSEY BABY'S OVERALL) EIGHTY (80) CARTONS OF GARMENTS (100% COTTON JERSEY BABY'S BEATLE WITH SNAP WITH A SMALL EMB ON NECK) **	6111 6110	4,000PCS 4,000PCS	YSM1999B OCT. 05, 2019

11. Declaration by the exporter 　　The undersigned hereby declares that the above details and statements are correct, that all the goods were produced in China and that they comply with the Rules of Origin of the People's Republic of China. 　　　　　　　　(12) 　GUANGZHOU　　OCT. 05, 2019 .... Place and date, signature and stamp of authorized signatory	12. Certification 　　It is hereby certified that the declaration by the export is correct. 　　　　　　　　(13) 　GUANGZHOU　　OCT. 07, 2019 .... Place and date, signature of authorized signatory

样单 2 – 5 – 3　　一般原产地证明书

ORIGINAL

1. Exporter GUANGDONG METALS AND MINERALS IMP AND EXP GROUP CORP. NO. 774 DONG FENG ROAD (E.), GUANGZHOU, CHINA	Serial No.　CCPIT620 1903924445 Certificate No.　19C4401A0005/00780
2. Consignee	**CERTIFICATE OF ORIGIN** **OF** **THE PEOPLE'S REPUBLIC OF CHINA**
3. Means of transport and route FROM HUANGPU CHINA TO KICT PAKISTAN BY SEA	5. For certifying authority use only CHINA COUNCIL FOR THE PROMOTION OF INTERNATIONAL TRADE IS CHINA CHAMBER OF INTERNATIONAL COMMERCE
4. Country / region of destination PAKISTAN	VERIFY URL:HTTP://CHECK.CCPITECO.NET/

6. Marks and numbers	7. Number and kind of packages; description of goods	8. H.S.Code	9. Quantity	10. Number and date of invoices
KHAS KARACHI	THREE THOUSAND TWO HUNDRED AND THIRTY EIGHT (3238) CARTONS OF ***	73239900	29968KGS	GMBLH2019340 NOV.09,2019

| 11. Declaration by the exporter
The undersigned hereby declares that the above details and statements are correct, that all the goods were produced in China and that they comply with the Rules of Origin of the People's Republic of China

廣東省五金矿産
進出口集团有限公司

GUANGZHOU CHINA　NOV 14,2019
Place and date, signature and stamp of authorized signatory | 12. Certification
It is hereby certified that the declaration by the exporter is correct.

中国国际贸易促进委员会
电路证明专用章
（粤）
CHINA COUNCIL FOR THE PROMOTION OF INTERNATIONAL TRADE (GUANG DONG)
ADDRESS FIRST FLOOR GOCTIC CENTRE, NO.450,
HUANSHIDONGLU, GUANGZHOU 510075
FAX:86-20-87618497　　TEL:020-87618827
GUANGZHOU,CHINA　NOV.14,2019
Place and date, signature and stamp of certifying authority |

page 1 of 1

样单 2 - 5 - 4　普惠制产地证明书申请书

普 惠 制 产 地 证 明 书 申 请 书

FORM A NO.

申请人郑重声明：

本人是被正式授权代表出口单位办理和签署本申请的。

本申请书及普惠制产地证书所列内容正确无误，如发现弄虚作假，冒充证书所列货物，擅改证书，自愿接受签证机关的处罚及负法律责任。现将有关情况申报如下：

商品名称：_____　　H.S 税目号（六位数码）：_____

发票号：_____　　　　商品 FOB 总值（以美元计）：_____

最终目的地国家 / 地区：_____　　预定自中国出口日期：20　　年　　月　　日

包装数量：_____　　　毛重或其他数量：_____

拟出运日期：_____

贸易方式（画"√"）				企业性质（画"√"）			
一般贸易	来料加工	零　售	展　卖	中　资	中外合资	中外合作	外商独资

原产地标准：

本项商品系在中国生产，完全符合给惠方案规定，其原产地情况符合以下第_____条：

1. "P"（完全中国产，不含有任何进口成分）。

2. "W" 其进口国税目号为_____，进口原材料占制成品出厂价的_____%。

3. "F"（对加拿大出口产品，其进口成分不超过产品出厂价值的 40%）。

4. "Y"（对俄罗斯、乌克兰、白俄罗斯、捷克及斯洛伐克出口产品，其进口成分不超过产品离岸价的 50%）。

现提交中国出口商业发票副本一份，普惠制产地证明书格式 A（FORM A）一正二副以及其他附件_____份，请予审核签证。

生产单位：	申请单位：（盖章） 申请人：（签名） 电　话： 日　期：　　　20　　年　　月　　日
生产单位联系人及电话：	
进口商特殊要求或申请人备注：	领证人：（签名） 电　话：　　　20　　年　　月　　日 日　期：　　　20　　年　　月　　日

样单 2-5-5 普惠制原产地证明书格式 A

ORIGINAL

1. Goods consigned from (Exporter's business name, address, county) (2) GUANG DONG TEXTILES IMPORT & EXPORT KNITWEARS COMPANY LIMITED 15/F., GUANGDONG TEXTILES MANSION 168 XIAO BEI ROAD GUANGZHOU, CHINA.	Reference No. GZ5/78954/3321 (1) GENERALIZED SYSTEM OF PREFERENCES CERTIFICATE OF ORIGIN (Combined declaration and certificate) FORM A issued in THE PEOPLE'S REPUBLIC OF CHINA (COUNTRY) See Notes overleaf
2. Goods consigned to (Consignee's name, address, country) (3) JOHNSON'S S. A. NUMBLE 1034 SANTIAGO CHILE	
3. Means of transport and route (as far as known) (4) ON/AFTER OCT. 10, 2019 FROM GUANGZHOU TO SAN ANTONIO W/T HONGKONG BY VESSEL	4. For official use (5)

5. item number (6)	6. Marks and numbers of packages (7)	7. Number and kind of packages; description goods (8)	8. Origin criterion (see Notes overleaf) (9)	9. Gross weight or other quantity (10)	10. Number and date of invoices (11)
1	JOHNSON'S 97KCS05107 SAN ANTONIO CHILE NO. 1-80 MADE IN CHINA	EIGHTY (80) CARTONS OF GARMENTS (100% COTTON JERSEY BABY'S OVERALL)	"P"	4,000PCS	YSM1999B OCT. 05, 2019
2		EIGHTY (80) CARTONS OF GARMENTS (100% COTTON JERSEY BABY'S BEATLE WITH SNAP WITH A SMALL EMB ON NECK) ***	"P"	4,000PCS	
	JOHNSON'S 97KCS05111 SAN ANTONIO CHILE NO. 1-80 MADE IN CHINA				

11. Certification It is hereby certified, on the basis of control carried out, that the declaration by the exporter is correct. (12) ......GUANGZHOU, OCT. 07, 2019.................... Place and date, signature and stamp of certifying authority	12. Declaration by the exporter (13) The ubdersigned hereby declares that the above details and statements are correct; that all the goods were produced in ....CHINA... (country) and that they comply with the origin requirements specified for those goods in the Generalized System of Preferences for goods exported to ....CHILE...................................... (importing country) ...GUANGZHOU OCT. 05, 2019................................ Place and date, signature of authorized signatory

样单 2 – 5 – 6　普惠制原产地证明书格式 A

ORIGINAL

1. Goods consigned from (Exporter's business name, address, country) GUANGDONG MACHINERY IMPORT AND EXPORT COMPANY LIMITED 726 DONGFENG ROAD EAST, GUANGZHOU, CHINA	Reference No. G202311126320132　　　　(PAGE 1 OF 2) **GENERALIZED SYSTEM OF PREFERENCES** **CERTIFICATE OF ORIGIN** (Combined declaration and certificate) **FORM A** Issued in...THE PEOPLE'S REPUBLIC OF CHINA (Country) See notes overleaf
2. Goods consigned to (Consignee's name, address, country)	

3. Means of transport and route (as far as known) ON/AFTER MAR. 26, 2020 FROM HUANGPU, CHINA TO GERMANY THROUGH ROTTERDAM, NETHERLANDS BY VESSEL	4. For official use ISSUED RETROSPECTIVELY Verification: origin.customs.gov.cn

5. Item number	6. Marks and numbers of packages	7. Number and kind of packages, description of goods	8. Origin criterion (see notes overleaf)	9.Gross weight or other quantity	10.Number and date of invoices
1		TWO HUNDRED AND FIFTY (250) CTNS OF ▬▬▬▬▬▬▬▬▬ LUX ITEM NO.: 116239	"P"	1000PCS	20INV020 MAR. 26, 2020
2		TWO HUNDRED AND FIFTY (250) CTNS OF ▬▬▬▬▬▬▬ LUX ITEM NO.: 116243 *** *** *** *** *** ORDER NO.: 381811	"P"	1000PCS	
	4 X 116239 (SCAN-ABLE BARCODE STICKER) LUX / EUROMATE / ROTTERDAM GROSS WEIGHT: KG NET WEIGHT: KG MEASUREMENT: X　　X CM ORDER NO.: 381811 CARTON NO.: OF				

11. Certification It is hereby certified, on the basis of control carried out, that the declaration by the exporter is correct. Guangzhou, China, NOV. 27, 2020 Place and date, signature and stamp of certifying authority	12. Declaration by the exporter The undersigned hereby declares that the above details and statements are correct; that all the goods were produced in CHINA (country) and that they comply with the requirements specified for those goods in the Generalized System of Preferences for goods exported to GERMANY (importing country) Guangzhou, China, MAR. 27, 2020 Place and date, signature of authorized signatory

191035467

样单 2 - 5 - 7　输欧盟纺织品产地证

输欧盟纺织品产地证

<table>
<tr>
<td colspan="2">1 Exporter (EID, name, full address, country)
Exportateur (EID, nom, adresse complète, pays)　　1400190340152

GUANGDONG TEXTILES I&E WOOLEN KNITWEARS CO.
LTD. 13/F., GUANGDONG
TEXTILES.MANSION.168 XIAO BEI ROAD　GUANGZHOU
CHINA</td>
<td>COPY</td>
<td colspan="2">2 No CN DE 3 19 18579</td>
</tr>
<tr>
<td colspan="3">3 Quota year
Année contingentaire

2020</td>
<td colspan="2">4 Category number
Numéro de catégorie

5</td>
</tr>
<tr>
<td colspan="2" rowspan="3">5 Consignee (name, full address, country)
Destinataire (nom, adresse complète, pays)

ESCADA AG
MARGARETHA-LEY-RING 1
85609 ASCHHEIM
GERMANY</td>
<td colspan="3">CERTIFICATE OF ORIGIN
(Textile products)

CERTIFICAT D'ORIGINE
(produits textiles)</td>
</tr>
<tr>
<td colspan="2">6 Country of origin
Pays d'origine　　CHINA</td>
<td>7 Country of destination
Pays de destination

F.R.G.</td>
</tr>
<tr>
<td colspan="3"></td>
</tr>
<tr>
<td colspan="2">8 Place and date of shipment - Means of transport
Lieu et date d'embarquement - Moyen de transport

FROM CHINA TO MUNSTER GERMANY
VIA H.K. BY SEA/AIR IN MAY/JUNE 2020</td>
<td colspan="3">9 Supplementary details
Données supplémentaires

CAT. 2050</td>
</tr>
<tr>
<td colspan="3">10 Marks and numbers - Number and kind of packages - DESCRIPTION OF GOODS
Marques et numéros - Nombre et nature des colis - DÉSIGNATION DES MARCHANDISES</td>
<td>11 Quantity (1)
Quantité (1)</td>
<td>12 FOB Value (2)
Valeur FOB (2)</td>
</tr>
<tr>
<td colspan="3">ESCADA AG　　　　2 CTNS
STYLE NO:

C/NO:

　　　　LADIES' 100% WOOL KNITTED PULLOVER
　　　　H.S.CODE:6110.11

　　　　LADIES' 35% CASHMERE 35% SILK 30% WOOL
　　　　KNITTED PULLOVER
　　　　H.S.CODE:6110.30</td>
<td>*36 PCS*
(8 KGS)

12 PCS
(3 KGS)

48 PCS
(11 KGS)
TTL:FORTY-EIGHT</td>
<td>USD
828.00

276.00

USD
1104.00
PCS ONLY</td>
</tr>
<tr>
<td colspan="5">M.I.D.　NAME:　LIHUANG KNIWEAR FACTORY CO LTD OF DONGGUAN
　　　　ADDR:　0002.CHANG PING ZHENDONG GUANGUANG DONGCHINA
　　　　CITY:　DONGGUAN
　　　　CODE:　CNLIHKNI0002DON　　　　　TOTAL: 1104.00USD　　**48.00*PCS</td>
</tr>
<tr>
<td colspan="5">13 CERTIFICATION BY THE COMPETENT AUTHORITY - VISA DE L'AUTORITÉ COMPÉTENTE
I, the undersigned, certify that the goods described above originated in the country shown in box No 6, in accordance with the provisions in force in the European Community.
Je soussigné certifie que les marchandises désignées ci-dessus sont originaires du pays figurant dans la case No 6, conformément aux dispositions en vigueur dans la Communauté Européenne.</td>
</tr>
<tr>
<td colspan="2">14 Competent authority (name, full address, country)
Autorité compétente (nom, adresse complète, pays)

THE DEPARTMENT OF FOREIGN TRADE AND ECONOMIC
COOPERATION OF GUANGDONG PROVINCE
351 TIANHE ROAD GUANGZHOU CHINA</td>
<td colspan="3">At-A　GUANGZHOU　　on-le May 01.2

(Signature)　　　　　(Stamp-Cachet)</td>
</tr>
</table>

样单 2 - 5 - 8 中国—东盟自由贸易区原产地证明书

Original

1. Products consigned from (Exporter's business name, address, country)	Reference No.
	(PAGE 1 OF 2)
	ASEAN-CHINA FREE TRADE AREA PREFERENTIAL TARIFF CERTIFICATE OF ORIGIN (Combined Declaration and Certificate)
2. Products consigned to (Consignee's name, address, country)	FORM E
	Issued in THE PEOPLE'S REPUBLIC OF CHINA (Country)
	See Overleaf Notes

3. Means of transport and route (as far as known)	4. For Official Use Verification:origin,customs.gov.cn
Departure date OCT. 15, 2022	☐ Preferential Treatment Given
Vessel's name / Aircraft etc FAR EAST CHEER/2235W	
Port of Discharge HAIPHONG, VIET NAM	☐ Preferential Treatment Not Given (Please state reason/s)
FROM SHEKOU, CHINA TO HAIPHONG, VIET NAM BY SEA	Signature of Authorised Signatory of the Importing Party

5. Item Number	6. Marks and numbers on packages	7. Number and type of packages, description of products (including quantity where appropriate and HS number in six digit code)	8. Origin criteria (see Overleaf Notes)	9. Gross weight or net weight or other quantity, and value (FOB) only when RVC criterion is applied	10. Number, date of Invoices
1	N/M	SENSITISING EMULSIONS AUTOTYPE FT 2005 HS CODE: 3707.10	"PE"	830KGS G.W.	20220919I SEP. 19, 2022
2		SENSITISING EMULSIONS AUTOTYPE LP-100 HS CODE: 3707.10	"PE"	425KGS G.W.	
3		SENSITISING EMULSIONS AUTOTYPE PLUS 7000 HS CODE: 3707.10	"PE"	1169KGS G.W.	
4		SENSITISING EMULSIONS OOTA DM-II HS CODE: 3707.10	"PE"	1020KGS G.W.	
5		SENSITISING EMULSIONS AUTOTYPE HR8-C HS CODE: 3707.10	"PE"	938KGS G.W.	
6		AUTOTYPE DIAZO H.S. CODE: 2927.00	"PE"	24KGS G.W.	
		TOTAL:NINE(9)PALLETS ONLY *** *** ***			

11. Declaration by the exporter	12. Certification
The undersigned hereby declares that the above details and statement are correct; that all the products were produced in CHINA (Country) and that they comply with the origin requirements specified for these products in the Rules of Origin for the ACFTA for the products exported to VIET NAM (Importing Country) Huangpu, China. OCT. 14, 2022 Place and date, signature of authorised signatory	It is hereby certified, on the basis of control carried out, that the declaration by the exporter is correct. Huangpu, China, OCT. 14, 2022 Place and date, signature and stamp of certifying authority

13.	
☐ Issued Retroactively ☐ Movement Certificate	☐ Exhibition 22520 0 0429008 ☐ Third Party Invoicing

2031063867

第六节　装箱单、重量单和尺码单

一、装箱单、重量单和尺码单的作用

装箱单的作用主要是补充商业发票内容之不足，通过表内的包装件数、规格、唛头等项目填制，明确阐明了商品的包装情况，便于买方对进口商品包装及数量的了解和掌握，也便于国外买方在货物到达目的港时，供海关检查和核对货物。

重量单和尺码单的作用与装箱单的作用基本相同，一般均列明每件货物的毛重和净重。在具体业务中，卖方提供装箱单、重量单和尺码单，或只提供其中一种，必须根据国外来证的规定、进口商的要求及不同商品性质来确定。

二、装箱单、重量单和尺码单的缮制（参考样单 2 - 6 - 1、2 - 6 - 2）

（1）出口公司中文、英文名称和地址。
（2）单据名称。填写装箱单、重量单和尺码单的中英文字样。中英文字样用粗体标出。常见的单据名称有：
PACKING LIST（NOTE）装箱单
WEIGHT LIST（NOTE）重量单
MEASUREMENT LIST 尺码单
PACKING LIST AND WEIGHT LIST 装箱单/重量单
PACKING NOTE AND WEIGHT NOTE 装箱单/重量单
PACKING LIST AND WEIGHT LIST AND MEASUREMENT LIST 装箱单/重量单/尺码单
PACKING NOTE AND WEIGHT NOTE AND MEASUREMENT NOTE 装箱单/重量单/尺码单
WEIGHT AND MEASUREMENT LIST 重量单/尺码单
WEIGHT AND MEASUREMENT NOTE 重量单/尺码单
PACKING AND MEASUREMENT LIST 装箱单/尺码单
PACKING AND MEASUREMENT NOTE 装箱单/尺码单
（3）填写出口公司的名称和地址。
（4）填写发票的开票日期。
（5）填写发票的号码。
（6）填写提单号码。
（7）填写合同号码或销售确认书号码。
（8）填写运输的装运港、目的港和中转港名称以及运输方式和船名。
（9）唛头。
（10）填写商品的数量。该数量为运输包装单位的数量，而不是计价单位的数量。
（11）填写商品的名称。

（12）填写商品的单位净重和总净重。

（13）填写商品的单位毛重和总毛重。

（14）填写商品的单位尺码和总尺码。

（15）填写数量的大写。

（16）特别说明。装箱单、重量单或尺码单可以出现特殊说明，是根据信用证要求填写的。如来证要求在装箱单中标明信用证号码、合同号码或特殊包装的说明文字等。

（17）出口公司落款。如来证对落款无特别要求，可以省略出口公司落款。

装箱单一般不显示收货人、价格和装运情况，对货物内容的描述一般都使用统称。

装箱单着重表现货物的包装情况，包括：从最小包装到最大包装所有使用的包装材料、包装方式。对于重量和尺码内容，在装箱单中一般只体现它们的累计总额。

包装条款一般包括包装材料、包装方式及包装规格等。

重量单在装箱单的基础上，详细表示货物的毛重、净重、皮重等。

尺码单要用"m^3"表示货物的体积，其他内容与重量单相同。

三、标准装箱单填制（参考样单 2 – 6 – 3）

（1）出口公司中文、英文名称和地址。

（2）单据名称。填写装箱单的中英文字样。

（3）填写出口公司的名称和地址。

（4）填写买方的名称和地址。

（5）填写发票的号码。

（6）填写发票的开票日期。

（7）唛头。

（8）填写商品运输包装的数量和商品的名称。

（9）填写商品的单位净重和总净重。

（10）填写商品的单位毛重和总毛重。

（11）填写商品的单位尺码和总尺码。

（12）填写数量的大写。

（13）特别说明。

四、包装的表示法举例

（一）只注明包装方式、造型等
PACKED IN CARTON（箱装）

PACKED IN BAG（袋装）

若为散装货，只注"IN BULK"。

（二）加注包装材料
PACKED IN WOODEN CASE（木箱）

PACKED IN GUNNY BAG（麻袋装）

（三）包装内加货物数量或重量

EACH CARTON CONTAINS 2 SETS（每箱装 2 套）

ONE DOZEN PER BAG（每袋一打）

2 KGS/CASE（每箱 2 千克）

（四）注明包装件数及每件内含量

PACKED IN 100 CARTONS OF 2 PIECES EACH（装 100 箱，每箱 2 件）

200 SETS ＝2 SETS/CTN ×100 CTNS（200 套＝每箱 2 套共 100 箱）

PACKED IN 160 EXPORT CARTONS EACH CONTAINING 5 PIECES OF 56 ×20 YARDS
（装于 160 个出口包装箱，每箱 5 匹，每匹 56 英寸 ×20 码）。

500 M/TONS NET PACKED IN 2,500 DRUMS OF 200 KGS NET EACH（净重 500 吨装
2 500 桶，每桶净装 200 千克）。

EACH PIECE IN A POLY BAG，1,000 PCS IN 200 CARTONS AND THEN IN CONTAIN-
ER（每件装在一个聚乙烯塑料袋内，1 000 件装 200 箱，然后装在集装箱内）。

（五）带附带说明的包装

25 KGS NET IN POLY WOVEN CLOTH LAMINATED WITH OUTER 1 – PLY KRAFT PA-
PER BAG（每个聚乙烯塑料袋内净装 25 千克，外套单层牛皮纸袋）。

ONE SET PACKED IN A BOX TIED UP WITH STRIPE，TWO BOXES PER CARTON（一
个盒子内装一套，用带子扎起来，2 套装一箱）。

EACH PIECE IN A POLY BAG WITH A HANGER，2,500 PCS HANGED IN ONE CON-
TAINER（每件带一个衣架装在塑料袋内，2 500 件挂在一个集装箱内）。

EACH PIECE/EXPORT CARTON CARRIES A STAMP/LABEL INDICATING THE NAME
OF COUNTRY OF ORIGIN IN A NON-DETACHABLE OF NON-ALTERABLE WAY（每件装在
一个出口包装箱内，并带有一个印章/标签，上面以不可分开或不能更改的方式注有产地
国名称）。

（六）包装相同，货物和货量不同的表示法

Art No.	Description of Goods	Quantity	G. W.	N. W.
SW0520	DINNER SET	300 CTNS	@18 KGS	@14.5 KGS
		2 SETS/CTN	5,400 KGS	4,350 KGS
TS0450	TEA SET	450 CTNS	@15 KGS	@12 KGS
		4 SETS/CTN	6,750 KGS	5,400 KGS
	TOTAL	750 CTNS	12,150 KGS	9,750 KGS

（七）纺织品货物型号相同，颜色及尺寸不同的表示法

MEN'S/WOMEN'S SWEATERS

STYLE NO.	C/NO.	COLOUR	SIZE/CTN（PCS）				@ QTY.
			S	M	L	X	（PCS）
22275	1 – 19	INDIGO	2	4	4	2	12
	20	– DO –		8	3	1	12
	21 – 42	CHARCOAL	2	4	4	2	12
	43 – 50	LT CHARCOAL	2	6	2	2	12
	51 – 63	OLIVE	2	4	5	1	12

- -

TTL	63 CTNS			756 PCS			

（八）信用证规定包装要求

有的信用证规定"SEAWORTHY PACKING"（适于海运的包装），"PACKING SUIT-ABLE FOR LONG DISTANT TRANSPORTATION"（适于长途运输的包装）或"STRONG WOODEN CASE PACKING"（坚固木箱装）等，发票和装箱单应照抄。

五、信用证装箱单条款举例

例1

Signed Packing List, original and nine copies.

该条款要求签名的正本装箱单和九份副本。

例2

Manually signed Packing List in triplicate detailing the complete inner packing specifications and contents of each package.

该条款要求手签装箱单一式三份，详注每件货物内部包装的规格和内容。

例3

Packing List in six fold.

该条款要求装箱单一式六份。

例4

Signed Packing List in quadruplicate showing gross weight, net weight, net/net weight, measurement, color, size and quantity breakdown for each package, if applicable.

该条款要求签名的装箱单一式四份，如果适用请标明每个包装的毛重、净重、净净重、尺码、颜色、尺寸和数量。

例5

Detailed weight and measurement list showing in detail the colors, sizes and quantities in each carton and also NT. WT and G. WT.

该条款要求明细重量和尺码单，详注每箱货物的颜色、尺寸和数量以及毛重和净重。

练习题

1. 练习目的：学习缮制装箱单。
2. 资料：第一章"信用证范例一"至"信用证范例八"和给定的其他条件。
3. 练习要求：根据信用证的要求和给定的资料缮制装箱单。

样单 2 - 6 - 1　装箱单

(1)

广 东 省 纺 织 品 进 出 口 针 织 品 有 限 公 司
GUANGDONG TEXTILES IMP. & EXP. KNITWEARS COMPANY LIMITED
15/F. , GUANGDONG TEXTILES MANSION 168 XIAOBEI ROAD GUANGZHOU CHINA

装　　　箱　　　单　(2)
PACKING LIST

Exporter:　　(3)	**DATE:**　　OCT. 05, 2019　(4)	
GUANGDONG TEXTILES IMP. & EXP.	**INVOICE No.:**　YSM1999B　(5)	
KNITWEARS　COMPANY LIMITED		
15/F. , GUANGDONG TEXTILES	**B/Lading　No.:** EWTE78125B　(6)	
MANSION 168 XIAOBEI ROAD		
GUANGZHOU CHINA	**S/C No.:**　　GD - 98TX2509　(7)	
	TRANSPORT DETAILS:　　(8)	
	FROM GUANGZHOU TO SAN ANTONIO.	
	W/T HONG KONG BY VESSEL	
	Shipped per: G. H. V.2111/SAN JOSE V.9205E	

标记 SHIPPING MARKS	件数 QUANTITY	货名 DESCRIPTION OF GOODS	净重 NET WEIGHT	毛重 GROSS WEIGHT	尺码 MEASUREMENT
(9)	(10)	(11)	(12)	(13)	(14)
JOHNSON'S 97KCS05107 SAN ANTONIO CHILE NO.1 - 80 MADE IN CHINA	50PCS/CARTON 80CARTONS	GARMENTS (100% COTTON JERSEY BABY'S OVERALL) 4,000PCS	@4.00KGS 320.00KGS	@5.00KGS 400.00KGS	@(42×23×25)CM 1.932CBMS
JOHNSON'S 97KCS05111 SAN ANTONIO CHILE NO.1 - 80 MADE IN CHINA	50PCS/CARTON 80CARTONS	GARMENTS (100% COTTON JERSEY BABY'S BEATLE WITH SNAP WITH A SMALL EMB ON NECK) 4,000PCS	@8.50KGS 680.00KGS	@10.00KGS 800.00KGS	@(55×30×34) CM 4.420CBMS
	160CARTONS		1,000.00KGS	1,200.00KGS	6.352CBMS

(15) TOTAL QUANTITY: 8,000PCS

　　　　TOTAL: ONE HUNDRED AND SIXTY CARTONS ONLY.

(16) L/C NO.: GDP976578.

(17)

GUANGDONG TEXTILES IMPORT &
EXPORT KNITWEARS COMPANY LIMITED

样单 2 - 6 - 2　装箱单

广东省机械进出口公司
GUANGDONG MACHINERY IMPORT AND EXPORT CORPORATION
726,DONG FENG ROAD EAST,GUANGZHOU CHINA.

装　箱　单
PACKING LIST

Exporter : GUANGDONG MACHINERY IMPORT AND EXPORT CORPORATION 726,DONG FENG ROAD EAST,GUANGZHOU CHINA.	Date　　　: Oct.09, 2020 Invoice No.: 97-380-2240 S/C No.　: A97SE38000217 FROM GUANGZHOU TO GOTHENBURG BY VESSEL Shipped per: HANJIN COLOMBO V.WN747

标记 Shipping Marks	件数 Quantity	货名 Description of goods	净重 NET WEIGHT	毛重 GROSS WEIGHT	尺码 MEASUREMENT
		GARDEN TOOLS			
		A601H Axe with Wooden Handle			
A97SE38000217	50CTNS	1+1/2 lbs　100DOZ	@ 24.00KGS	@ 25.00KGS	@(48x24x17)CM
—————	100CTNS	2 lbs　200DOZ	@ 27.00KGS	@ 28.00KGS	@(57x26x18)CM
R.A.	100CTNS	2+1/2 lbs　100DOZ	@ 19.00KGS	@ 20.00KGS	@(74x29x10)CM
		A613H Axe with Wooden Handle			
	75CTNS	600 g　150DOZ	@ 22.00KGS	@ 24.00KGS	@(52x25x16)CM
		A631H Axe with Metal Handle			
	100CTNS	400 g　200DOZ	@ 17.00KGS	@ 18.00KGS	@(50x24x24)CM
		BOW SAW			
	25CTNS	12"　250DOZ	@ 18.00KGS	@ 20.00KGS	@(47x37x28)CM
	450 CTNS		9600.00KGS	10150.00KGS	11.450M3

TOTAL QUANTITY: 1000DOZ

TOTAL:　FOUR HUNDRED & FIFTY CTNS ONLY.

GUANGDONG MACHINERY IMPORT AND EXPORT CORPORATION

样单 2 - 6 - 3　标准格式装箱单

Issuer　　　　（3）	广　东　省　纺　织　品 (1)
GUANGDONG TEXTILES IMP.& EXP. KNITWEARS COMPANY LIMITED 15/F.,GUANGDONG TEXTILES MANSION 168 XIAO BEI ROAD GUANGZHOU CHINA	进 出 口 针 织 品 有 限 公 司 GUANGDONG TEXTILES IMP.& EXP. KNITWEARS COMPANY LIMITED 15/F.,GUANGDONG TEXTILES MANSION 168 XIAO BEI ROAD GUANGZHOU CHINA

To （4） JOHNSON'S S.A. NUBLE 1034 SANTIAGO CHILE	装　箱　单（2） PACKING LIST

No.　（5） YSM1999B	Date　（6） OCT.5,2019

Marks and numbers （7）	number and kind of packages （8）	description of goods （9）	（10）	（11）
JOHNSON'S 97KCS05107 SAN ANTONIO CHILE NO.1−80 MADE IN CHINA	GARMENTS(100% COTTON JERSEY BABY'S OVERALL) 50PCS/CARTON　80CARTONS	@4.00KGS 320.00KGS	@5.00KGS 400.00KGS	@(42*23*25)CM*80 1.932CBMS
JOHNSON'S 97KCS05111 SAN ANTONIO CHILLE NO.1−80 MADE IN CHINA	GARMENTS(100% COTTON JERSEY BABY'S BEATLE WITH SNAP WITH A SMALL EMB ON NECK) 50PCS/CARTON　80CARTONS	@8.50KGS 680.00KGS	@10.00KGS 800.00KGS	@(55*30*34)CM*80 4.420CBMS
		1,000.00KGS	1,200.00KGS	6.352CBMS

（12）
TOTAL QUANTITY:8,000PCS PACKING:160CARTONS
TOTAL:ONE HUNDRED AND SIXTY CARTONS ONLY.
（13）
L/C NO.: GDP976578.

样单 2 - 6 - 4　进口装箱单

███████ LIMITED

Wah Sing Street, Kwai Chung, NT, Hong Kong (HK)
Incorporation Certificate ██████████████

30/3/2020

N.2 NANNING HIGH-TECH AV. EAST NANNING

PACKING LIST　装箱单

PRODUCT 产品	NET WEIGHT 净重	QUANTITY 数量	TOTAL NET WEIGHT 总净重	TOTAL GROSS WEIGHT 总毛重
SETA 1L	1.1	60.00	66	73.2
SETA 4L	4.4	61.00	268.4	295.3
SAMPLE PANEL	0.90	1.00	0.9	1
BROCHURE	0.28	10.00	2.8	3.1
			338.1	372.6
1 PLS WEIGHT 19.2 KG, TOTAL GROSS WEIGHT: 391.8 KG				

For and on behalf of
██████ **LIMITED**

NET WEIGHT : 338.1 KG

GROSS WEIGHT: 391.8 KG

Authorized Signature(s)

FREIGHT TERM: CIF GUANGZHOU

PORT OF DESTINATION : GUANGZHOU

第三章
其他结汇单据

第一节　商检证书

一、检验证书的作用

（1）作为议付货款的一种单据，如果检验证书中所列的项目或检验结果和信用证的规定不符，有关银行可以拒绝议付货款。

（2）作为证明交货的品质、数量、包装以及卫生条件等是否符合合同规定的依据。

（3）如交货品质、数量、包装以及卫生条件与合同规定不符时，买卖双方可以凭此作为拒收、索赔或理赔的依据。

二、检验证书的分类

（1）品质检验证书（INSPECTION CERTIFICATE OF QUALITY）。

（2）重量/体积检验证书（INSPECTION CERTIFICATE OF WEIGHT/MEASUREMENT）。

（3）数量检验证书（INSPECTION CERTIFICATE OF QUANTITY）。

（4）兽医检验证书（VETERINARY CERTIFICATE）。

（5）卫生（健康）检验证书（INSPECTION CERTIFICATE OF SANITARY OR CERTIFICATE OF HEALTH）。

（6）消毒检验证书（INSPECTION CERTIFICATE OF DISINFECTION）。

（7）产地检验证书（CERTIFICATE OF ORIGIN）。

（8）温度检验证书（INSPECTION CERTIFICATE OF TEMPERATURE）。

（9）验舱证书（INSPECTION CERTIFICATE OF HOLD）。

如国外商人要求提供其他名称的证明时，可建议对方采用上述的证书，不另出其他名称的证书。

三、检验证书的缮制

公司和厂家出具的检验证书，其具体的填写内容为：

（1）填写出口厂家或出口公司的名称和地址。

（2）填写商检证的名称，如品质检验证书、数量检验证书。

（3）填写发票号码。

（4）不迟于提单签发日的日期。

（5）填写商品名称。

（6）填写唛头，无唛头时，填写"N/M"。

（7）填写计算单价时使用的计量单位的数量，也可以填写与提单或其他运输单据相同栏目中最大包装的件数。

（8）填写净重和毛重。

（9）按已检验的结果填写详细内容。

（10）经办人签字并加盖公章。

注：

商检局商品检验证书的大部分栏目的填写方法和上面的基本一致。不同的有：

（1）编号由商检局编制。

（2）增加发货人和收货人两个栏目，发货人栏目填写受益人名称，收货人栏目与发票抬头人相同。

（3）由商检局官员签字并盖商检局公章。

四、商检证书制作中应注意的问题

（一）出证机关、地点及证书名称

如来证未规定出具证书的机关，则由出口人决定。如信用证规定由"有关当局"（COMPETENT AUTHORITY）出证，则应根据情况由有关的商检机构出具。出证地点除信用证有特别规定外，原则上应在装船口岸。证书名称应与信用证的规定相符。

（二）证书日期

商检证书（产地证除外）出具日期最好应与提单日期相同；个别商品，如食盐由于需在装船之后进行公估，出证日期可迟于提单日期；其他商品也不能过早于提单日期，以免收货人因从检验到装运的时间太长而怀疑货物质量是否仍符合证书中的检验结果。信用证如规定在装船时出证（ISSUED AT THE TIME OF SHIPMENT），则商检证书的签发日期原则上应与提单日期相同，如证书日期与提单日期相差超过3天，容易遭到开证行或开证人拒付，议付时也会发生困难。

（三）证书内容

证书所表示的商检结果要与信用证上的要求和发票等各项单据所列商品的规格、状况等一致。如检验结果所列明的规格项目超过来证规定者，应以该货物本身的正常规格为限。

五、"出境货物检验检疫申请"的填制（参考样单3-1-3）

"出境货物检验检疫申请"所列各栏必须填写完整、准确、清晰，没有内容填写的栏目应以斜杠"/"表示，不得留空。

（1）申请单位：指向检验检疫机构申报检验、检疫、鉴定业务的单位。申请单应加盖申请单位公章。

（2）申请单位登记号：指在检验检疫机构登记的号码。

（3）发货人：指本批货物贸易合同中卖方名称或信用证中受益人名称。如需要出具英文证书的，则填写中英文。

（4）收货人：指本批出境货物贸易合同中或信用证中买方名称。如需要出具英文证书的，则填写中英文。

（5）货物名称：按贸易合同或发票所列的货物名称，根据需要可填写型号、规格或牌号。货物名称不得填写笼统的商品类，如"陶瓷""玩具"等。货物名称必须填写具体的类别名称，如"日用陶瓷""塑料玩具"。位置不够填写的，可用附页的形式填报。

（6）H. S. 编码：指货物对应的海关商品代码，填写 8 位数或 10 位数。

（7）产地：指货物生产/加工的省（自治区、直辖市）以及地区（市）名称。

（8）数/重量：填写报检货物的数/重量，重量一般填写净重。如填写毛重，或以毛重作净重则需注明。

（9）货物总值：按本批货物合同或发票上所列的总值填写（以美元计）。如同一报检单报检多批货物，须列明每批货物的总值（注：如申报货物总值与国内、国际市场价格有较大差异，检验检疫机构保留核价权力）。

（10）包装种类及数量：指本批货物运输包装的种类及件数。

（11）运输工具名称号码：填写货物实际装载的运输工具类别名称（如船、飞机、货柜车、火车等）及运输工具编号（船名、飞机航班号、车牌号码、火车车次）。报检时，未能确定运输工具编号的，可只填写运输工具类别。

（12）贸易方式：①一般贸易；②来料加工；③进料加工；⑨其他。

（13）货物存放地点：指本批货物存放的地点。

（14）合同号：指本批货物贸易合同编号。

（15）信用证号：指本批货物的信用证编号。

（16）用途：指本批出境货物用途，如种用、食用、奶用、观赏或演艺、伴侣、实验、药用、饲用及其他。

（17）发货日期：按本批货物信用证或合同上所列的出境日期填写。

（18）输往国家（地区）：指贸易合同中买方（进口方）所在的国家或地区。

（19）许可证/审批号：对实施许可证制度或者审批制度管理的货物，报检时填写许可证编号或审批单编号。

（20）启运地：指装运本批货物离境的交通工具的启运口岸/地区城市名称。

（21）到达口岸：指装运本批货物的交通工具最终抵达目的地停靠的口岸名称。

（22）生产单位注册号：指生产/加工本批货物的单位在检验检疫机构的注册登记编号。

（23）集装箱规格、数量及号码：填写装载本批货物的集装箱规格（如 40 英尺、20 英尺等）以及分别对应的数量和集装箱号码。若集装箱太多，可用附单形式填报。

（24）合同、信用证订立的检验检疫条款或特殊要求：指贸易合同或信用证中贸易双方对本批货物特别约定而订立的质量、卫生等条款和报检单位对本批货物检验检疫的特别要求。

（25）标记及号码：按出境货物实际运输包装标记填写。如没有标记，则填写 N/M。标记栏位置不够填写时，可用附页填写。

（26）随附单据：按实际提供的单据，在对应的"□"内打"√"。对报检单上未标出的，须自行填写提供的单据名称。

（27）需要证单名称：按需要检验检疫机构出具的证单，在对应的"□"内打"√"，并对应注明所需证单的正副本的数量。对报检单上未标出的，如"通关单"等，须自行填写所需证单的名称和数量。

（28）报检人郑重声明：必须有报检人的亲笔签名。

六、信用证商检证书条款举例

例1

Inspection Certificate of quality and weight issued by China Commodity Inspection Bureau.

该条款指定由中国商品检验局签发质量和重量检验证书。

例2

Inspection Certificate signed by Mr. Henry Nassen is required（The gentleman is applicant's representative）.

该条款指定由开证人的代表签署。代表有的是常驻在我国，有的是临时派遣来工作的，应视具体情况，决定是否接受。

例3

Inspection Certificate issued and signed by Miss ×××, holder of Hong Kong I. D. Card No. G522089（A）and British Pass-port No. 662319 of Bravery Co. Ltd. , Hong Kong whose signature must be verified by Bank of China, Shanghai.

该条款要求把其指定检验人员的香港身份证和英国护照号码告诉中国银行和受益人，要求中国银行审核检验证书上的签名与证件上的签名是否相符。

例4

Inspection Certificate issued and signed by Lee Yao Shan of No. 1 Boutique which is to be verified by the advising bank（whose signature to follow and to be retained by the advising bank）stating that the goods have been inspected and found in conformity with the conditions of the relative contract.

该条款指定对方派员检验，检验人员的签字样将通过开证行寄给通知行，以备议付时银行核验检验证书上的签字是否相符。

例5

Clean report of finding issued by Societe Generale de Sureillance, Hong Kong Evidencing that quality, quantity and packing of goods conform with the terms and conditions of the relative contract.

该条款要求由香港的日内瓦通用鉴定公司出具检验报告证明货物的品质、数量和包装都符合有关合同条款的规定。

例6

Inspection Certificate of rice issued by Gvt. Recognized agency.

该条款要求证明上述提到的货物不受放射性污染，适合人类食用。

练习题

1. 练习目的：学习缮制出境货物报检单。
2. 资料：第一章"信用证范例一"至"信用证范例八"和给定的其他条件。
3. 练习要求：根据信用证的要求和给定的资料缮制出境货物报检单。

样单 3 – 1 – 1　进口商验货证明书

Reference P

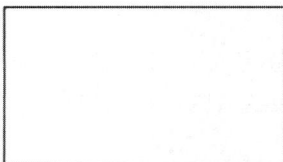

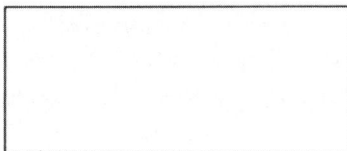

Certificate of approval for samples for

Date:　　　　15.11.2018

Supplier:　　GUANGDONG Machinery Imp. & Exp. Co Ltd

726 Dongfeng Road East,

Guangzhou,

China

Agent:

___ Reference sample　　　　　　　X Shipment sample

Article	PARASOL COVER UV THREATMENT / FURNITURE COVER/CUSHION BAG/COVER FOR HANGING PARASOL/COVER FOR CHAIR
Article no.	45081001 / 45081002 / 45081003 / 45081004 / 45081005
Order no.	4512771419 / 4512771424 / 4512771422 / 4512771421 / 4512771423
L/C no.	28064010038394 / 28064010038465 / 28064010038456 / 28064010038492 / 28064010038544
Date of shipment	14/12-18 & 31/12-18

The above sample has been approved.

Date:　　　　　　　　　　Signature and stamp:

- A copy of this signed Reference must be presented with the original documents to our bank -

样单 3 - 1 - 2　出口商签发的检验证书

CERTIFICATE OF INSPECTION

DATE: Jul. 19, 2019
RE: L/C NO. ILCT507553
　INV. NO. 2000057WBS-5

DESCRIPT. OF GOODS: MEN'S WOMEN'S SWEATERS

STYLE NO.	QUANTITY	NO. OF CTN.
22275	758 PCS	63 CTNS
22277	441 PCS	37 CTNS
22292	383 PCS	32 CTNS
22328	140 PCS	12 CTNS
22332	143 PCS	12 CTNS
52281	300 PCS	25 CTNS
52281BH	132 PCS	11 CTNS
TTL.	2,297 PCS	192 CTNS

THIS IS TO CERTIFY THAT WE HAVE INSPECTED OF CAPTIONED
MERCHANDISES AND THE (CONTROL OF) QUALITY ARE IN CONFORMITY
WITH S/C NO. 2000CA44GMWBS11033

CERTIFIED BY:

_____
INSPECTOR

广东省纺织品进出口毛织品有限公司
GUANGDONG TEXTILES
IE   WOOLEN
KNITWEARS CO.   LTD.

样单 3 - 1 - 3　　出境货物检验检疫申请

2020/06/16

中华人民共和国海关
出境货物检验检疫申请

|||||||| 220000001689428

电子底账数据号：447400220007171000

* 编号：220000001689428

申请单位（加盖公章）：广州市████有限公司

申请单位登记号：4424████　　联系人：████　　电话：1360████　　申请日期：2020 年 06 月 11 日

发货人	（中文）广州市████有限公司
	（外文）GUANGZHOU CITY ████████' LIMITED

收货人	（中文）████有限公司
	（外文）████NEERING CO.,LTD

货物名称（中/外文）	H.S.编码	产地	数/重量	货物总值	包装种类及数量
木墙身板	4418990090(P/Q)	广州市番禺区	169千克	2281.5美元	其他/9

运输工具名称号码	公路运输		贸易方式	一般贸易	货物存放地点	本厂
合同号	H190328		信用证号		用途	其他
发货日期	***	输往国家（地区）	中国香港	许可证/审批号	***	
启运地	番禺沙湾车检场	到达口岸	中国香港	生产单位注册号	4424████/广州市████材有限公司	

集装箱规格、数量及号码	

合同、信用证订立的检验检疫条款或特殊要求	标记及号码	随附单据（画"√"或补填）	
	N/M	☑合同	☐包装性能结果单
		☐信用证	☐许可/审批文件
		☑发票	☐
		☐换证凭单	☐
		☑装箱单	☐
		☑厂检单	☐

需要证单名称（画"√"或补填）				*检验检疫费	
☐品质证书	正 副	☐植物检疫证书	正 副	总金额	
☐重量证书	正 副	☐熏蒸/消毒证书	正 副	（人民币/元）	
☐数量证书	正 副	☐出境货物换证凭单	正 副		
☐兽医卫生证书	正 副	☐		计费人	
☐健康证书	正 副	☐			
☐卫生证书	正 副	☐		收费人	
☐动物卫生证书	正 副	☐			

申请人郑重声明：	领取证单	
1、本人被授权申请检验检疫。		
2、上列填写内容正确属实，货物无伪造或冒用他人的厂名、标志、认证标志，并承担货物质量责任。	日期	
签名：_____	签名	

注：有"*"号栏由海关填写。

样单 3 - 1 - 4 通关无纸化出口放行通知书

通关无纸化出口放行通知书

广州市艺骏国际货运代理有限公司：

你公司以通关无纸化方式向海关发送下列电子报关单数据业经海关审核放行，请携带本通知书及相关单证至港区办理装货/提货手续。

广州机场海关审单中心

2020年 5月 15日

|||||||||||||||||| *51412020041030309553*

预录入编号： 51412020041030 ███		海关编号： 51412020041030 ███					
出口关别((5141)) 广州机场		备案号		出口日期 20200519		申报日期 20200515	
收发货人 广州 ███ 进出口贸易有限公司		运输方式(5) 航空运输	运输工具名称 QR8941		提运单号 15726539273_CNSZX157484		
生产销售单位(91430181MA4L6TBA7J) 湖南 ███ 医疗器械有限公司		监管方式 (0110) 一般贸易		征免性质 (101) 一般征税		结汇方式	
许可证号		运抵国(地区)(FRA) 法国		指运港(地区)(FRA000) 法国		境内货源地(43202) 浏阳经济技术开发区	
批准文号		成交方式(3) FOB	运费(FRA000)		保费(FRA000)	杂费(43202)	
合同协议号 20200424B		件数 50	包装种类 纸制或纤维板制盒/ 箱		毛重（千克） 390	净重（千克） 335	
集装箱号		随附单证				生产厂家	
序号	商品名称、规格型号	数量及单位	原产国（地区）	单价		币值	
1	一次性使用医用口罩（非无菌型）1 0 成分含	100000个 335千克 100000个	法国(FRA) 原产国:中国	1.8160		HKD (港币)	

兹申明，以上通知由我公司根据海关电子回执打印，保证准确无讹。

广州市 ███ 国际货运代理有限公司(签印)

2020年05月22日

第二节　受益人证明书

受益人证明书（BENEFICIARY'S CERTIFICATE）是一种由受益人自己出具的证明，以便证明自己履行了信用证规定的任务或证明自己已按信用证的要求办事，如证明所交货物的品质、证明运输包装的处理、证明按要求寄单等。

一、受益人证明书的种类

1. 寄单证明

寄单证明是根据信用证的规定，在货物装运前后的一定期限内，由发货人邮寄给信用证规定的收货人全套或部分副本单据（个别的要求寄送正本单据），并单独出具寄单证明书，或将寄单证明内容列明在发票内，作为向银行议付的单证。

2. 电抄本

电抄本是根据信用证规定，在货物出运前后的一定期限内，由发货人按信用证规定的内容，用电报、电传通知信用证规定的收电人，并以电报、电传的副本，或另缮制发电证明书，作为已发电的证明，交银行作为议付的单证。

3. 履约证明

证实某件事实、货物符合成交合约或来自某产地。如交货品质证明，由发货人按信用证的规定，证明所交货物的品质。该证明书可直接作为银行议付的单证。交货品质证明书中所证明的内容一般在发票或其他单据中已表明，但信用证要求单独出具该证明书，表明开证人对货物品质的关切程度。又如生产过程证明，由生产厂家说明产品的生产过程。该证明书可直接作为银行议付的单证。

二、受益人证明书的缮制（参考样单 3 - 2 - 1）

受益人证明书的特点是自己证明自己履行某项义务。一份受益人证明书一般有几个栏目：

（1）受益人中文、英文名称。

（2）单据名称。一般标明"BENEFICIARY'S CERTIFICATE"（受益人证明）或"BENEFICIARY'S STATEMENT"（受益人声明）。

（3）发票号码。

（4）信用证号码。

（5）出证日期。

（6）证明内容。

（7）受益人名称及签字。

三、信用证受益人证明书条款举例

例 1

One copy of invoice and packing list to be sent direct to applicant immediately after shipment, and beneficiary's certificate to be effect is required.

该条款要求装运后立即将发票和装箱单副本寄给开证人，并出具受益人证明书。

例 2

One full set of N/N documents should be sent to buyer by regd. Airmail and certificate to this effect together with the relative postal receipt should be accompanied with the documents.

该条款要求提供寄送一套副本单据的证明，并要提供邮电局的航空挂号收据。

例 3

Certificate in duplicate issued by the beneficiary to the effect that 1/3 original B/L, 1 invoice, 1 packing list have been sent by regd. Airmail to the above mentioned shipping agent with irrevocable instructions to reforward the goods up to Bujumbura to the order of ×××bank and notify buyer ×××.

该条款要求发货人除须出具上述寄单证明一式两份外，还须将证明内容的要求，函告该运输代理行照办。

例 4

Beneficiary's certificate certifying that the following documents have been sent to applicant by expressed airmail or handed to applicant's representative after shipment effected：

① Certificate of weight issued by CCIB/CCIC in quadruplicate.

② Certificate of origin issued by CCIB/CCIC in quadruplicate.

③ Certificate of quality issued by CCIB/CCIC in quadruplicate and showing the actual value of rofat and moisture.

④ One full set of non-negotiable shipping documents.

该条款要求出具受益人证明书证明受益人已在装船后把重量证书、产地证书、质量证书和一套装运单据寄交开证人。

例 5

Beneficiary's certificate stating that certificate of manufacturing process and of the ingredients issued by Guangdong Yue Feng Trading Co., should be sent to SUMITOMD CORP. ESCLZ SECTION.

该条款要求出具受益人证书说明出口货物的生产过程，并提交作为议付的单证。

例 6

Beneficiary's declaration stating that the original of export licence has been sent to applicant by express courier.

该条款要求受益人声明书表明正本的出口许可证已通过快递方式寄给开证人。

例 7

Beneficiary's certificate certifying that one full set of N/N copies of documents has been sent to applicant by fax within 2 days after shipment date.

该条款要求受益人证明书证明一整套不可议付的单据副本在装运日后两天内已通过传真发送给开证人。

例 8

Beneficiary's certificate certifying that all items must have "Made in China" label.

该条款要求受益人证明书证明所有项目须有"中国制造"标志。

例 9

Certificate from the beneficiary to the effect that:

A. In case of transhipment the following details are advised to the applicant by fax (fax No. 0094 – 1 – 421058) within 3 days of shipment.

a. Where the consignment is being re-transported to;

b. Arrival date of the vessel;

c. Local agent's name and address of the carrier.

B. Two sets of copy documents together with four copies of manually signed Invoices, non-negotiable Bills of Lading, Packing List and Insurance Policy were airmailed to the applicant within 2 days of shipment.

C. Copy of each of the documents called for under the credit were faxed (fax No. 421058) couriered and airmailed to the applicant within 3 days of shipment. The relevant courier receipt and transmission activity report should accompany the original documents.

D. Goods are packed in seaworthy wooden cases and or in strong seaworthy cartons and on pallets as usual to Colombo market and each and every case and/or carton clearly indicates the shipping marks and Nos.

该条款要求受益人证明书表明:

A. 如果转运,下列详细资料须在装运后 3 天内通过传真(传真号:0094 – 1 – 421058)告知开证人。

a. 转运地点;

b. 船舶的到达日期;

c. 承运人当地代理的名称和地址。

B. 两套副本单据和手签发票副本四份、不可议付提单、装箱单和保险单在装运后两天内航邮给开证人。

C. 信用证项下要求的每份单据副本须在装运后 3 天内传真(传真号:421058)并通过航空快递寄给开证人。相关的快递收据和传送报告应随附于正本单据。

D. 货物应装于适合航海的木箱或坚固适合航海的纸箱,并装在惯常的托盘上运至科伦坡市场,每个木箱或纸箱须清晰标明唛头及号码。

练习题

1. 练习目的:学习缮制受益人证明书。

2. 资料:第一章"信用证范例三""信用证范例四""信用证范例五""信用证范例七"和给定的其他条件。

3. 练习要求:根据信用证的要求和给定的资料缮制受益人证明书。

样单 3 - 2 - 1　受益人证明书

中国五金矿产进出口公司广东省分公司

CHINA NATIONAL METALS AND MINERALS IMPORT AND EXPORT CORPORATION GUANGDONG BRANCH
BUILDING MATERIALS DEPT GUANGZHOU P. R. OF CHINA

BENEFICIARY'S CERTIFICATE

JUNE 23， 2020

RE：INVOICE NO.：EIEOW2284 LC NO. R7456G9C

WE HEREBY CERTIFY THAT THE CARRYING STEAMER IS NOT A BLACKLISTED SHIP NOR OF ISRAELI NATIONALITY AND SHE IS NOT SCHEDULED TO CALL AT ANY IS-RAELI PORTS.

CHINA NATIONAL METALS AND MINERALS
IMPORT AND EXPORT CORPORATION
GUANGDONG BRANCH

样单 3 - 2 - 2　受益人证明书

中国五金矿产进出口公司广东省分公司

CHINA NATIONAL METALS AND MINERALS IMPORT AND EXPORT CORPORATION GUANGDONG BRANCH
NO. 774， DONGFENG ROAD （EAST）， GUANGZHOU， CHINA

BENEFICIARY'S CERTIFICATE

DEC. 10， 2019

RE：INVOICE NO.：6039/24941 LC NO. GMS119T

WE HEREBY CERTIFY THAT SHIPPED GOODS HAVE KEPT THE SIZE WITH 400 × 400 × 200MM TILES， DIMENSIONAL TOLERANCE + OR-1MM， DIAGONAL TOLERANCE + OR-1MM THICKNESS + OR-1MM.

CHINA NATIONAL METALS AND MINERALS
IMPORT AND EXPORT CORPORATION
GUANGDONG BRANCH

样单 3 - 2 - 3　生产过程证明书

广东省粤丰贸易公司

GUANGDONG YUE FENG TRADIG CO.

NO. 31 ZHEN AN ROAD GUANGZHOU, CHINA

CERTIFICATE OF MANUFACTURING PROCESS AND OF THE INGREDIENTS

ORIGINAL

To Messrs. SUMITOMO CORPORATION. OSAKA　　　RE: Date: Nov. 18, 2019

Invoice No. 98IN - C314

L/C No. LC - 410 - 046405

DESCRIPTIONS OF GOODS: HALF DRIED PRUNE 2019 CROP

GRADE		SPEC.		QNTY (CASE)
A	L:	700 CASE	M: 700 CASE	1,400
B	L:	700 CASE	M: 700 CASE	1,400

TOTAL QNTY: 2,800 CASE

PACKING: IN WOODEN CASE, 12 KGS PER CASE (N. W.)

MANUFACTURING PROCESS:

+ SALT 28% ~ 30%

MATURE PLUM FRUITS→GRADING AND WASHING→SALTING POOL - - - - →

50 - 60 DAYS

SUN DRY

PLUM IN BRINE (SALT DEGREE 21℃ ~ 24℃ BRIX) - - - - →HALF DRIED PRUNE

INSPECTING

INGRIDIENTS: HALF DRIED PRUNE

WATER CONTENT: 58% ~ 60%

SALT CONTENT: ABOUT 30%

ORGANIC ACID CONTENT: 4. 5% ~ 4. 9%

第三节 航空运单

航空运单（Airway Bill）简称为 AWB，是航空运输公司及其代理人签发给发货人表示已收妥货物并接受托运的货物收据。航空运单不是物权凭证，不能通过背书转移货物的所有权。航空运单不可转让，持有航空运单并不能说明可以对货物要求所有权。

航空运单正本按国际惯例为一式三份，每份都印有背面条款。第一份"ORIGINAL 1（FOR ISSUING CARRIER）"，由航空公司留存，作为记账凭证；第二份"ORIGINAL 2（FOR CONSIGNEE）"，随货同行，在货物到达目的地交付给收货人时，作为核收货物的依据；第三份"ORIGINAL 3（FOR SHIPPER）"，交给托运人，是承运人或其代理人接收货物的依据。虽然正本签发三份，但银行允许只提交一份正本。航空运单副本 9 份，由航空公司按规定和需要分发。

一、航空运单的作用

1. 航空运单是航空运输承运人与托运人之间的运输合同

海运提单只是运输合同的证明，它本身不是运输合同。但航空运单不仅是航空运输合同的证明，而且航空运单本身就是托运人与航空运输承运人之间签订的货物运输合同。

2. 航空运单是航空公司或其代理人收运货物的证明文件

在托运人将货物托运后，航空公司或其代理人就会将其中一份交给托运人，作为已按航空运单所列内容收妥货物的证明。

3. 航空运单是承运人核收运费的依据

航空运单分别记载着属于收货人负担的费用，属于应支付给承运人的费用和应支付给代理人的费用，并详细列明费用的种类、金额，因此可作为运费账单和发票。承运人往往也将其中的承运人联作为记账凭证。

4. 航空运单是进出口货物办理清关的证明文件

当货物通过航空运输，出口时报关必须提交航空运单。在货物到达目的地机场进行进口报关时，海关也是根据航空运单查验放行货物的。

5. 航空运单是承运人处理货物运输过程情况的依据

航空运单中的一份随货同行，用于记载有关该票货物发送、转运、交付的事项，是承运人处理货物运输过程情况的依据。

6. 航空运单是收货人核收货物的依据

航空运单的正本一式三份，其中一份交给托运人，是承运人或其代理人接收货物的依据；第二份由承运人留存，作为记账凭证；最后一份随货同行，用于记载有关该票货物发送、转运、交付的事项，在货物到达目的地时，交付给收货人作为核收货物的依据。

二、航空运单的种类

航空运单可分为出票航空公司（Issue Carrier）标志的航空货运单和无承运人任何标志的中性货运单两种。

三、航空运单的缮制

1. 航空公司数字代号（Airline Code Number）

填写航空公司的代号，如中国民航的代号为999，日本航空公司的代号为131等。

2. 始发站机场（Airport of Departure）

填写始发站机场的IATA三字代号。

3. 货运单序号及检验号（Serial Number）

填写货运单号及检验号共八位数字。

4. 托运人名称和地址（Shipper's Name and Address）

填写托运人名称、地址、国家（或国家两字代号）以及托运人的电话、传真、电传号码。

托运人的名称依据不同的支付方式确定填写内容。信用证结算方式，当信用证有特殊规定时按信用证要求填写，否则，一般填写受益人名称；托收结算方式，一般填写合同中卖方的名称。

必须注意，一张航空运单只能用于一个托运人在同一时间、同一地点托运的由承运人承运的，运往同一目的站同一收货人的一件或多件货物。

5. 托运人账号（Shipper's Account Number）

除非承运人需要，此栏一般空白不填。

6. 收货人名称和地址（Consignee's Name and Address）

填写收货人的名称、地址、国家（或国家两字代号）以及收货人的电话、传真、电传号码。

收货人的名称依据不同的支付方式确定填写内容。信用证结算方式，根据信用证的规定填写，有时以买方为收货人，有时以开证行为收货人；托收结算方式，一般填写合同中的买方。

7. 收货人账号（Consignee's Account Number）

除非承运人需要，此栏一般空白不填。

8. 签发航空运单的承运人的代理人名称和城市（Issuing Carrier's Agent Name and City）

如果航空运单由承运人的代理人签发时，填写收取佣金的代理人名称及城市名；如果航空运单直接由承运人本人签发，此栏空白不填。

9. 代理人国际航协代号（Agent's IATA Code）

IATA是International Air Transport Association（国际航空运输协会）的缩写，国际航协的代号为7位数字，如34-41234。实务中本栏一般不需填写，有时航空公司要求其代理人在此栏填写相应的代码。

10. 账号（Account NO.）

填写代理人账号，供承运人结算时使用。实务中除非承运人需要，一般不需填写。

11. 始发站机场和指定航线（Airport of Departure and Requested Routing）

填写始发站机场名称和所要求的运输路线。实务中一般仅填写起航机场名称或所在城市的全称。

12. to（by First Carrier）

填写目的站机场或第一个转运点的 IATA 三字代号，当该城市有多个机场，不知道机场名称时，可填写该城市代号。

13. By First Carrier

填写第一承运人的名称或 IATA 两字代号。

14. to（by Second Carrier）

填写目的站机场或第二个转运点的 IATA 三字代号，当该城市有多个机场，不知道机场名称时，可填写该城市代号。

15. by（Second Carrier）

填写第二承运人的 IATA 两字代号。

16. to（by Third Carrier）

填写目的站机场或第三个转运点的 IATA 三字代号，当该城市有多个机场，不知道机场名称时，可填写该城市代号。

17. by（Third Carrier）

填写第三承运人的 IATA 两字代号。

18. 目的地机场（Airport of Destination）

填写货物运输的最终目的地机场全称，当该城市有多个机场，不知道机场名称时，可填写该城市代号。

19. 航班/日期（仅供承运人使用）（Flight/Date for Carrier's Use only）

飞机航班号及其实际起飞日期，本栏一般不需填写。本栏即使填写，其所填内容只能供承运人使用，该起飞日期不能视为货物的装运日期，货物的装运日期一般以航空运单的签发日期为准。

20. 财务说明（Accounting Information）

填写运费缴付方式及其他财务说明事项。如 FREIGHT PREPAID（运费预付）、FREIGHT COLLECT（运费到付）或托运人结算使用信用卡号、账号。货物到达目的站无法交付收货人而需退运的，应将原始货运单号码填入新货运单的本栏内。

21. 货币（Currency）

填写始发国支付费用使用的 ISO（国际标准组织）的货币代号，如 USD、HKD 等。

22. 费用代码（CHGS Code）

本栏一般不需填写，仅供电子传送货运单信息时使用。

23. 航空运费/声明的价值及其他费用（WT/VAL and Other）

WT（Weight Charge）航空运费是指根据货物计费重量乘以适用的运价收取的运费。

VAL（Valuation Charge）声明的价值费是指下列第 17 栏向承运人声明了价值时，必须与运费一起交付声明价值费。在"PPD"（Prepaid）栏下打"×"表示预付。在

"COLL"（Collect）栏下打"×"表示到付。

OTHER（Other Charges at Origin）其他费用是指在始发站的其他费用预付或到付。在"PPD"（Prepaid）栏下打"×"表示预付。在"COLL"（Collect）栏下打"×"表示到付。

24．运输申报价值（Declared Value for Carriage）

填写托运人声明的托运货物总价值，一般按发票的总额填写，如果托运人没有声明价值，此栏必须填写"NVD"（No Value Declared），即没有声明价值。

25．海关申报价值（Declared Value for Customs）

填写报关货物的商业价值金额。此栏所填价值是提供给海关的征税依据。当以出口货物报关单或商业发票征税时，本栏可空白不填或填"AS PER INVOICE"，如果货物没有商业价值（如样品等），此栏必须填"NCV"（No Commercial Value），即没有商业价值。

26．保险金额（Amount of Insurance）

如果承运人向托运人提供代办货物保险业务，则在本栏内填写托运人货物的保险金额；如果承运人不提供此项服务或托运人不要求投保，则此栏必须填写"×××"符号，或填写"NIL"（Nothing）。

27．运输处理注意事项（Handling Information）

填写出票航空公司的注意事项。

（1）当货物为危险货物时，分两种情况处理：①需要附托运人的危险品申报单，则填写"DANGEROUS GOODS AS PER ATTACHED SHIPPER'S DECLARATION"，对于要求装货上机的危险货物，还应再加填"CARGO AIRCRAFT ONLY"。②不要求附危险品申报单的危险货物，则填写"SHIPPER'S DECLARATION NOT REQUIRED"。

（2）当一批货物既有危险货物又有非危险货物时，危险货物必须填写在第一项。一般情况下，此类危险货物应属于不要求托运人附危险品申报单、不是放射性物质且数量有限的危险货物。

（3）其他注意事项：①包装情况如唛头、包装方法等；②飞机随带的有关商业单据名称如商业发票、装箱单等；③被通知人的名称、地址、国家、电话等；④托运人对货物在途时的某些特别处理规定等；⑤海关规定等。

28．件数（No. of Pieces RCP）

填写托运货物的总包装件数。"RCP"（Rate Combination Point）即运价组合点，如果使用非公布直达运价计算运费时，在件数的下面应填写运价组合点城市的IATA三字代号。

29．毛重（Gross Weight）

填写托运货物的实际毛重。以千克为单位时可保留小数后一位。

30．千克/磅（kg/Lb）

填写重量的计量单位。以千克为单位用代号"K"；以磅为单位用代号"L"。

31．运价等级（Rate Class）

根据航空公司的有关资料，按实际填写运价等级的代号，运价等级代号有：

（1）M：代表Minimum Charge（最低运费），即货物的起运运价。

（2）N：代表Normal under 45kgs Rate（45千克以下运价），即45千克以下的普通货物的运价。

（3）Q：代表 Quantity over 45kgs Rate（45 千克以上运价），即 45 千克以上普通货物的运价。45 千克被称为重量分界点（Weight Break Point）。

（4）C：代表 Special Commodity Rate（特种货物运价）。

（5）R：代表 Class Rate Reduction（折扣运价），即对少数货物，可按"N"运价给予一定百分比的折扣。

（6）S：代表 Class Rate Surcharged（加价运价），即对少数货物，可按"N"运价加一定的百分比。

（7）U：代表 Unit load Device Basic Charge or Rate（集装化设备基本运费或运价）。

（8）E：代表 Unit load Device Additional Rate（集装化设备附加运价）。

（9）X：代表 Unit load Device Additional Information（集装化设备附加说明）。

（10）Y：代表 Unit load Device Discount（集装化设备折扣）。

32．商品编号（Commodity Item No.）

使用指定商品运价时，按运价等级填写托运货物的商品编号。填写时应注意商品编号应与运价代号保持水平。

使用等级货物运价时，填写附加或附减运价的比例（百分比）。

当托运的货物是集装货物时，填写集装货物运价等级。

33．计费重量（Chargeable Weight）

填写托运货物的实际毛重，若属于"M"运价等级和以尺码计费者，则此栏可空白。

如果托运货物是集装货物，则：

（1）与运价代号"U"对应打印适合集装货物基本运费的运价点重量；

（2）与运价代号"E"对应打印超过使用基本运费的重量；

（3）与运价代号"X"对应打印集装器空重。

34．运价/运费（Rate/Charge）

填写实际计费的运价。对折扣运价或加价运价，此栏与运价等级对应填写附加或附减后的运价。

35．运费总额（Total）

填写计收运费的总额，即计费重量与适用运价的乘积。如果是最低运费或集装货物基本运费时，本栏与"运价/运费（Rate/Charge）"填写的金额相同。

36．货物品名和数量（包括体积或容积）[Nature and Quantity of Goods（incl. Dimensions or Volume）]

填写合同或信用证中规定的货物名称、数量及尺码等内容应注意以下几方面的内容：

（1）当托运货物中含有危险货物时，应分别填写，并把危险货物填列在第一项。

（2）当托运货物为活动物时，应根据 IATA 活动物运输规定填写。

（3）对于集合货物，填写"Consolidation as Per Attached List"。

（4）货物的体积，表示为"长×宽×高"，例如："DIMS：30×30×20cm"。

（5）当合同或信用证要求标明产地国时，可在此栏中标出货物的产地国。

37．计重运费（Weight Charge）（Prepaid /Collect）

在对应的"预付"或"到付"栏内填入按重量计算的运费额。其运费额与上面"运费总额（Total）"中的金额一致。

38. 声明价值附加费（Valuation Charge）

如果托运人对托运货物声明价值，则在对应的"预付"或"到付"栏内填入声明价值附加费金额，其公式为：

声明价值附加费金额 =（声明价值 − 实际毛重 × 最高赔偿额）× 0.5%

若托运人无声明价值，本栏一般空白不填。

39. 税款（Tax）

在对应的"预付"或"到付"栏内填入适用的税款。

40. 由代理人收取的其他费用（Total Other Charges Due Agent）

在对应的"预付"或"到付"栏内填入由代理人收取的其他费用总额。

41. 由承运人收取的其他费用（Total Other Charges Due Carrier）

在对应的"预付"或"到付"栏内填入由承运人收取的其他费用总额。一般填写"AS ARRANGED"。

42. 预付费用总额（Total Prepaid）

填写前面 37、38、39、40、41 等栏有关预付费用之和，也可在相应栏内填列"AS ARRANGED"。

43. 到付费用总额（Total Collect）

填写前面 37、38、39、40、41 等栏有关到付费用之和，也可在相应栏内填列"AS ARRANGED"。

44. 货币兑换比价（Currency Conversion Rate）

填写目的站国家货币代号及兑换比率。

45. 用目的站国家货币付费（CC Charges in Dest. Currency）

填写目的站国家货币到付的费用总金额。

46. 仅供承运人在目的站使用（For Carrier's Use only at Destination）

本栏一般不填。

47. 在目的站的费用（Charges at Destination）

填写最后承运人将在目的站发生的费用金额包括利息等。

48. 到付费用总额（Total Collect Charges）

填写到付费用总额。

49. 其他费用（Other Charges）

填写始发站运输中发生的其他费用，如集中货物服务费、货运单费、危险品处理费、始发站保管费、目的站保管费等。各种其他费用填写时应冠以代号，具体为：

AC—Animal Container 动物容器租费

AS—Assembly Service Fee 集中货物服务费

AT—Attendant 押运员服务费

AW—Air Waybill 货运单费

BR—Bank Release 银行放行

DB—Disbursement Fee 代垫付款手续费

DF—Distribution Service 分发服务费

FC—Charges Collect Fee 运费到付手续费

GT—Government Tax 政府捐税

HR—Human Remains 尸体、骨灰附加费

IN—Insurance Premium 代办保险服务费

LA—Live Animals 动物处理费

MA—Miscellaneous—Due Agent 代理人收取的杂项费用

MZ—Miscellaneous—Due Carrier 填开货运单的承运人收取的杂项费用

PK—Packaging 包装服务费

RA—Dangerous Goods Surcharge 危险品处理费

SD—Surface Charge Destination 目的站地面运输费

SI—Stop In Transit 中途停运费

SO—Storage Origin 始发站保管费

SR—Storage Destination 目的站保管费

SU—Surface Charge 地面运输费

TR—Transit 过境费

TX—Taxes 税捐

UH—ULD Handling 集装设备操作费

承运人收取的其他费用用"C"表示，代理人收取的其他费用用"A"表示。若无"其他费用"，本栏空白不填。

50. 托运人或其代理人签名（Signature of Shipper or his Agent）

签名后以示保证所托运的货物并非危险品。

51. 运单日期［Executed on（date）］

签单以后正本航空运单方能生效。本栏所表示的日期为签发日期，也就是本批货物的装运日期。如果信用证规定运单必须注明实际起飞日期，则以所注的实际起飞日期作为装运日期。本栏的日期不得晚于信用证规定的装运日期。

《ISBP》第151段规定，如果信用证不要求单据显示实际的发运日期，则空运单据的出具日期将被视为发运日期，即使单据在"仅供承运人使用"或类似用语的栏位中标明了航班日期及/或航班号。如果实际的航班日期在单据上被单独批注，但信用证并未要求，则该日期将不被用来确定装运日期。

52. 签发运单地点［at（place）］

53. 承运人或其代理人签字（Signature of Issuing Carrier or its Agent）

以代理人身份签章时，如同提单一样，需在签章处加注"AS AGENTS"；承运人签章则加注"AS CARRIER"。

《ISBP》第147段规定，正本空运单据签署时，承运人的名称必须出现在空运单据的表面，并表明承运人身份。如果由代理人代表承运人签署空运单据，则必须表明其代理人身份，且必须注明被代理的承运人，除非空运单据表面的其他地方注明了承运人。

样单 3 - 3 - 1　航空货运单

航空货运单

① 999 ② | ③		999—
Shipper's Name and Address　Shipper's Account Number ⑤ ④	NOT NEGOTIABLE **中国民航**　**CAAC** AIR WAYBILL AIR CONSIGNMENT NOTE ISSUED BY: THE CIVIL AVIATION ADMINIASTRATION OF CHINA BEIJING CHINA Copies 1 , 2 and 3 of this Air Waybill are originals and have the same validity.	

Consignee's Name and Address　Consignee's Account Number ⑦

⑥

It is agreed that the goods described herein are accepted in apparent good order and condition　(except as noted) for carriage SUBJECT TO THE CONDITIONS OF CONTRACT ON THE REVERSE HEREOF. THE SHIPPER'S ATTENTION IS DRAWN TO THE NOTICE CONCERNING CARRIER'S LIMITATION OF LIABILITY. Shipper may increase such limitation of liability by declaring a higher value for carriage and paying a supplemental charge if required.

ISSUING CARRIER MAINTAINS CARGO ACCIDENT LIABILITY INSURANCE

Issuing Carrier's Agent Name and City　⑧

Agent's IATA Code　⑨　Account No.　⑩

Accounting Information

⑳

Airport of Departure(Addr. of First Carrier) and Requested Routing ⑪

to	By First Carrier	Routing and Destination	to	by	to	by	Currency	CHGS Code	WT/VAL		Other		Declared Value for Carriage	Declared Value for Customs
									PPD	COLL	PPD	COLL		
⑫	⑬		⑭	⑮	⑯	⑰	㉑	㉒					㉔	㉕

Airport of Destination	Flight/Date	For Carrier's Use only	Flight/Date	Amount of Insurance	INSURANCE If carrier offers insurance, and such insurance is requested in accordance with conditions on reverse here of, indicate amount to be insured in figure in box marked amount of insurance.
⑱	⑲			㉖　㉓	

Handling Information　㉗

(for USA only) Those commodities licensed by U.S. for ultimate destination...Diversion contrary to U.S.law is prohibited.

No. of Pieces RCP	Gross Weight	kg Lb		Rate Class Commodity Item No.	Chargeable Weight	Rate	Charge		Total		Nature and Quantity of Goods (incl. Dimensions or Volume)
㉘	㉙	㉚	㉛	㉜	㉝	㉞			㉟		㊱

㊲ Prepaid \ Weight Charge / Collect	Other Charges
㊳ Valuation Charge	
㊴ Tax	㊾
㊵ Total Other Charges Due Agent	
㊶ Total Other Charges Due Carrier	Shipper certifies that the particulars on the face hereof are correct and that insofar as any part of the consignment contains dangerous goods, such part is properly described by name and is in proper condition for carriage by air according to the applicable Dangerous Goods Regulations. ㊿ Signature of Shipper or his Agent
㊷ Total Prepaid　㊸ Total Collect	
㊹ Currency Conversion Rate　㊺ CC Charges in Dest. Currency	51　52　53 Executed on (date)　at (place)　Signature of Issuing Carrier or its Agent
㊻ For Carrier's Use only at Destinaion	㊼ Charges at Destination	48 Total Collect Charges 999—

样单 3 - 3 - 2　航空货运单

089 CAN	00570003		089-00570003

Shipper's Name and Address	Shipper's Account Number	Not Negotiable	
GUANGZHOU HONGHEGU INTERNATIONAL TRADE COMPANY LTD. 128 DONG FENG ROAD, GUANGZHOU CHINA		**Air Waybill** Issued by Spring Airlines Co., Ltd. Copies 1, 2 and 3 of this Air Waybill are originals and have the same validity.	春秋航空有限公司 SPRING AIRLINES CO.,LTD. 中国 上海 虹桥路2550号 Shanghai Bldg.,2550 Hongqiao Road Shanghai, China 邮政编码 Post Code: 200335

Consignee's Name and Address	Consignee's Account Number
LUCKY DOG INTERNATIONAL STUTTGAURTE STR. 5 SCHORNDORF/GERMANY	

It is agreed that the goods described herein are accepted in apparent good order and condition (except as noted) for carriage SUBJECT TO THE CONDITIONS OF CONTRACT ON THE REVERSE HEREOF. ALL GOODS MAY BE CARRIED BY ANY OTHER MEANS INCLUDING ROAD OR ANY OTHER CARRIER UNLESS SPECIFIC CONTRARY INSTRUCTIONS ARE GIVEN HEREON BY THE SHIPPER, AND SHIPPER AGREES THAT THE SHIPMENT MAY BE CARRIED VIA INTERMEDIATE STOPPING PLACES WHICH THE CARRIER DEEMS APPROPRIATE. THE SHIPPER'S ATTENTION IS DRAWN TO THE NOTICE CONCERNING CARRIER'S LIMITATION OF LIABILITY Shipper may increase such limitation of liability by declaring a higher value for carriage and paying a supplemental charge if required.

Issuing Carrier's Agent Name and City	Accounting Information
SPF/CAN	VALID ON 9C FLIGHT ONLY CAN2003-GJ03 FREIGHT PREPAID

Agent's IATA Code	Account No.	

Airport of Departure (Addr. of First Carrier) and Requested Routing			Reference Number	Optional Shipping Information
GUANGZHOU				

To	By First Carrier	Routing and Destination	to	by	to	by	Currency	CHGS Code	WT/VAL PPD COLL	Other PPD COLL	Declared Value for Carriage	Declared Value for Customs
BKK	9C						CNY		PP	PP	N.V.D.	N.C.V.

Airport of Destination	Requested Flight/Date		Amount of Insurance	INSURANCE - If carrier offers insurance, and such insurance is requested in accordance with the conditions thereof, indicate amount to be insured in figures in box marked "Amount of Insurance"
BANGKOK	9C6315	2020-03-23	NIL	

Handling Information

THIS SHIPMENT DOES NOT CONTAIN LITHIUM BATTERIES OR OTHER DANGEROUS GOODS.

							SCI

No. of Pieces RCP	Gross Weight	kg lb	Rate Class Commodity Item No.	Chargeable Weight	Rate Charge	Total	Nature and Quantity of Goods (incl. Dimensions or Volume)
10	500	K	Q	500	17.15	8,575.00	IRON DEXTRAN
							DIMS:
							VOL: 1.336CBM
10	500					8,575.00	

Prepaid	Weight Charge	Collect	Other Charges
8,575.00			AWC: 50.00
Valuation Charge			MYC: 1,033.50
			MSC: 344.50
Tax			
Total Other Charges Due Agent			

Shipper certifies that the particulars on the face hereof are correct and that insofar as any part of the consignment contains dangerous goods, such part is properly described by name and is in proper condition for carriage by air according to the applicable Dangerous Goods Regulations.

Total Other Charges Due Carrier	
1,428.0	

SPF/CAN

Signature of Shipper or his Agent

Total Prepaid	Total Collect
13,244.35	

Currency Conversion Rates	CC Charges in Dest Currency

2020/03/23　GUANGZHOU,CHINA　LI

For Carrier's Use only at Destination	Charges at Destination	Total Collect Charges

Executed on (date)　　at (place)　　Signature of Issuing Carrier or its Agent

089- 00570003

ORIGINAL 3 (FOR SHIPPER)　A

样单 3 – 3 – 3　航空货运单

DYN	BLQ	00072095		356 / 51476692			DYN / 00072095

Shipper's name and Address		Shipper's Account Number	Not negotiable Air Waybill Issued by	DYNAMIC FREIGHT SRL VIA DEL CAMPO, 2/B 40012 CALDERARA DI RENO	**DYNAMIC** freight

91028 PARTANNA (TP) ITALY
EURODESIGN LTD./ MR. MALFATTI***
RM 502,5/F BL.A WAH TAK IND. CNT.8
WAH SING STR.,KWAI CHUNG,HONG KONG

Copies 1, 2 and 3 of this Air Waybill are originals and have the same validity

Consignee's Name and Address　　　Consignee's Account Number

It is agreed that the goods described herein are accepted in apparent good order and condition (except as noted) for carriage SUBJECT TO THE CONDITION OF CONTRACT ON THE REVERSE HEREOF. ALL GOODS MAY BE CARRIED BY ANY OTHER MEANS INCLUDING ROAD OR ANY OTHER CARRIER UNLESS SPECIFIC CONTRARY INSTRUCTIONS ARE GIVEN HEREON BY THE SHIPPER, AND SHIPPER AGREES THAT THE SHIPMENT MAY BE CARRIED VIA INTERMEDIATE STOPPING PLACES WHICH THE CARRIER DEEMS APPROPRIATE. THE SHIPPER'S ATTENTION IS DRAWN TO THE NOTICE CONCERNING CARRIER'S LIMITATION OF LIABILITY. Shipper may increase such limitation of liability by declaring a higher value for carriage and paying a supplemental charge if required.

SCIENCE AND TECHNOLOGY PARK,
INCUBATOR A,PRODUCTION RESEARCH,
BUILDING NO.2,NANNING HIGH-TECH AVENUE**

Issuing Carrier's Agent Name and City		Accounting Information	Not CEE traffic

DYNAMIC FREIGHT SRL
VIA DEL CAMPO, 2/B
40012 CALDERARA DI RENO (BO)

Agent's IATA Code	Account No.	Contratto

Airport of Departure (Addr. Of First Carrier) and Requested Routing	Codice Fiscale / Partita IVA del Mittente	Imprenditore	Non Imprenditore	PF

BOLOGNA, ITALY　　　　　　　　　　　　　　XX　　　SD

to	By First Carrier　Routing and Destination	to	by	to	by	Currency	CHGS Code	WT/VAL		Other		Declared Value for Carriage	Declared Value for Customs
								PPD	COLL	PPD	COLL		
HKG	CARGOLUX ITALIA SPA	CAN	C8			EUR		XX		XX		N.V.D.	N.V.D.

Airport of Destination	Flight/Date	For Carrier Use only	Flight/Date	Amount of insurance
CANTON GUANGZHOU CHINA	C85717 12/04/20	CV3300 14/04/20		N.V.D.

INSURANCE – If offers insurance, and such insurance is requested in accordance with conditions on reverse hereof, indicate amount to be insured in figures in box marked "Amount of insurance"

Handling Information　**NO COD**　　　　　　　NOTIFY:　　CO.,LTD.

ADD 1/1 - 1 PLT. MARKS ADDRESS
SHIPPING DOCS ATTACHED

02085820204
USCI: 91440101MA5CMBXU4W　　　　SCI

No of pieces RCP	Gross Weight	Kg lb	Rate Class / Commodity	Chargeable Weight	Rate / Charge	Total	Nature and Quantity of Goods (incl. Dimension or Volume)
1	391,80	K		392,00		AS AGREED	WATER BASED PAINTS AND ADVERTISING MATERIALS

DELIVERY TERMS: CIF CAN AIRPORT - *** MR. MALFATTI / +8618276350805
** FINAL DESTINATION:

PARK INCUBATOR A, PRODUCTION RESEARCH BLDG. NO.2,
NANNING HIGH-TECH AVENUE EAST,HIGH-TECH ZONE,
NANNING 530000,CHINA
USCI CODE: 91450100MA5MWRL163 / GABBY 180 0773 3341

DIMS: MC3 1,008
120 X 80 X 105 CM X 1

| 1 | 391,80 | | | | | AS AGREED | |

Prepaid	Weight Charge	Collect
	AS AGREED	

Valuation Charge

Tax

Total Other Charges Due Agent

Shipper certifies that the particulars on the face hereof are correct and that insofar as any part of the consignment contains dangerous goods, such part is properly described by name and is in proper condition for carriage by air according to the applicable Dangerous Goods Regulations.

Total Other Charges Due Carrier

004EHK0067　　　COLORIFICIO ATRIA SRL A/C

PNICCOLO　　　　　Signature of Shipper or his Agent

Total Prepaid	Total Collect
AS AGREED	

DYNAMIC FREIGHT SRL
CARGOLUX ITALIA SPA　　　AS AGENT OF CARRIER

7 APR 2020　　　CALDERARA DI RENO

Currency Conversion Rates	CC Charges in Dest. Currency	Executed on	(Date)	at	(Place)	Signature of Issuing Carrier or its Agent

For Carriers Use only at Destination	Charges at Destination	Total Collect Charges

IATA　CASS ITALY　　　**ORIGINAL 1 (FOR ISSUING CARRIER)**　　　DYN/00072095

样单 3 - 3 - 4　航空货运单

| 232 | CAN | 8652 2026 | | | | | | | HAWB NO.:MAN-0503221 | | | |

Air Waybill Not Negotiable
Issued by GUANG ZHOU WIL-CAN CARGO AGENCY LTD.
WIL-CAN Rm.B2020,Airfreight Business Center,61-63 Yun Xiao Street, Guangzhou Baiyun International Airport, Guangzhou, China
TEL:(8620)86131792 86131797　FAX:(8620)86131797
e-Mail:will-can@yeah.net

Shipper's Name and Address / Shipper's Account Number
GUANGDONG TEXTILES IMPAND EXP COTTON MANUFACTURED GOODS CO. LTD

Copies 1,2 and 3 of this Air Waybill are originals and have the same validity.

Consignee's Name and Address / Consignee's Account Number
BARCLAYS BANK PLC MANCHESTER CITY OFFICE

It is agreed that the goods described herein are accepted in apparent good order and condition (except as noted) for carriage SUBJECT TO THE CONDITIONS OF CONTRACT ON THE REVERSE HEREOF. ALL GOODS MAY BE CARRIED BY ANY OTHER MEANS INCLUDING ROAD OR ANY OTHER CARRIER UNLESS SPECIFIC CONTRARY INSTRUCTIONS ARE GIVEN HEREON BY THE SHIPPER,AND SHIPPER AGREES THAT THE SHIPMENT MAY BE CARRIED VIA INTERMEDIATE STOPPING PLACES WHICH THE CARRIER DEEMS APPROPRIATE.THE SHIPPER'S ATTENTION IS DRAWN TO THE NOTICE CONCERNING CARRIER'S LIMITATION OF LIABILITY.Shipper may increase such limitation of liability by declaring a higher value for carriage and paying a supplemental charge if required.

Issuing Carrier's Agent Name and City
GUANGZHOU WIL-CAN CARGO AGENCY LTD.

Accounting Information
FREIGHT PREPAID

Agent's IATA Code / Account No.

Airport of Departure (Addr. of First Carrier) and Requested Routing
GUANGZHOU

To	By First Carrier	Routing and Destination	to	by	to	by	Currency	CHGS Code	WT/VAL PPD COLL	Other PPD COLL	Declared Value for Carriage	Declared Value for Customs
KUL	MH		MAN	MH			CNY	PP	X	X	NVD	NCV

Airport of Destination: MANCHESTER | Flight/Date: MH377/MAR 23,2005 | Amount of Insurance: NIL
INSURANCE - If carrier offers insurance, and such insurance is requested in accordance with the conditions thereof, indicate amount to be insured in figures in box marked "Amount of Insurance"

Handling Information
NOTIFY PARTY:SANJEEV 1979 LIMITED T/A INFLUENCE,140 CHEETHAM HILL ROAD, MANCHESTER M8 8PZ
TEL:0044-161-8345288 FAX:0044-161-8352064　　SCI

No. of Pieces RCP	Gross Weight	kg lb	Rate Class / Commodity Item No.	Chargeable Weight	Rate / Charge	Total	Nature and Quantity of Goods (incl. Dimensions or Volume)
21	319.2	K Q		319.2	AS ARRANGED		LADIES WOVEN PANTS MARK: SANJEEV 1979 LTD T/A INFLUENCE DOCKET NO. STYLE NO. BOX QUANTITY BOX NO. TATAL BOXES
21	319.2						

Prepaid	Weight Charge	Collect	Other Charges
AS ARRANGED			ACTUAL FLIGHT DATE AND NUMBER MAR 23,2005/MH377
	Valuation Charge		
	Tax		
	Total Other Charges Due Agent		Shipper certifies that the particulars on the face hereof are correct and that insofar as any part of the consignment contains dangerous goods, such part is properly described by name and is in proper condition for carriage by air according to the applicable Dangerous Goods Regulations.
	Total Other Charges Due Carrier		GUANGZHOU WIL-CAN CARGO AGENCY LTD. AS AGENT FOR THE CARRIER:MALAYSIA AIRLINES
			Signature of Shipper or his Agent
Total Prepaid	Total Collect		22MAR2005 GUANGZHOU
Currency Conversion Rates	CC Charges in Dest. Currency		Executed on (date)　　at (place)　　Signature of Issuing Carrier or its Agent
For Carrier's Use only at Destination	Charges at Destination	Total Collect Charges	

ORIGINAL FOR SHIPPER

第四节　装船通知

一、装船通知的作用

以 FOB、CFR 或 FCA、CPT 条件成交的合同，装船通知为买方提供办理货物保险的具体资料，以 CIF 或 CIP 价格成交，装船通知可使买方了解货物装运情况、准备接货或筹措资金。

买方为了避免卖方因疏忽未及时通知买方货已装船，经常在信用证中明确规定，卖方必须按时发出装船通知，并规定通知的内容，而且在议付时必须提供该装船通知的副本，与其他单据一起向银行议付，基于此，装船通知也是提交银行结汇的单据之一。

二、装船通知的主要内容

装船通知（Shipping Advice 或 Advice of Shipment）或称"装船声明"（Shipping Statement 或 Shipment Declaration）即按信用证或合同规定，发货人通常在装船后将装船情况通知进口商，以便及时办理保险或准备提货租仓等。接受通知的一般是进口商，也有的是进口商指定的保险公司。通知的方式通常为电报通知，电报抄本随其他单据交银行议付。

装船通知的主要内容有：收件人名称和地址、合同号或信用证号、货名、数量、金额、船名、开航日期、提单号码、发电日期等。

发电日期不能超出信用证规定的时限，如信用证规定"within Two Days after Shipment"（装船后两天内），假如提单日为 21 日，最晚发电不能超过 23 日午夜 12 点，如信用证规定"Immediately after Shipment"（装船后立即），应掌握在提单日之后 3 天之内。

三、装船通知的缮制（参考样单 3 – 4 – 1）

1. 装船通知制作人名称和地址

一般情况下，装船通知的制作人就是出口公司，制作通知时标出出口公司的中文和英文名称。

2. 电报挂号或电传号码

3. 参考号码一般为商业发票号码

4. 抬头人名称和地址

（1）填写保险公司的名称和地址，即与买方签发了预约保险单的保险人名称与地址。有些进口国家规定保险须在进口国投保，进口商与保险人签订预保合同，要求我方公司在装运时直接向进口国的保险人发出装船通知。这种装船通知（Shipping Advice）在上述预保合同业务中，又叫保险声明（Insurance Declaration）。该装船通知没有固定格式，主要内容包括保险人名称、信用证号、预保合同号、出口公司、发票号、船名、装船通知、品名、数量、重量、发票、金额等装运项目。当保险人直接收到装船通知后，可以将预约保单及时转成为一份正式的保险单。

（2）填写开证人名称与地址。

（3）填写信用证规定的代理人的名称与地址。代理人收到通知后，可及时通知保险公司实际装船情况以便及时投保，同时方便收货人准备收货或卖出在途货物。代理人可以是保险公司的代理人，也可以是开证人的代理人，甚至可以是收货人本人。

5. 单据名称

单据名称常用"ADVICE OF SHIPMENT"或"SHIPPING ADVICE"表示。

6. 商品名称

商品名称填写商品的总称即可。

7. 数量

该处填写商品的包装总数量，而不是计价单位的总数量。

8. 发票总金额

9. 船名

当需要转船时，必须填写第一程和第二程的船名。

10. 开航日期

11. 唛头

12. 信用证号码

13. 预约保单号码

该预约保单的号码是由开证人通过信用证条款或其他方式通知卖方。

14. 出口公司名称及签章

四、信用证装船通知条款举例

例1

Insurance covered by buyers, Shipping Advice must be sent to Credit & Commercial Insurance Co. Ltd. P. O. Box No. 397, Aden, By registered airmail immediately after shipment, advising full detailed shipping particulars and Cover Note No. ×××, such copy of shipping advice to accompany the documents for negotiation.

该条款要求由买方投保，装船通知必须在货物装船后立即通过挂号航空寄给指定的保险公司，告知全部的装运情况和预约保单号码，该装船通知副本议付时必须与其他单据一起提交银行。

例2

Certificate from beneficiary stating that they have advised applicant by cable date of shipment, number of packages, name of commodity, total net and gross weight, name of vessel and number of voyage within 5 days after shipment.

该条款要求出口人出具证明书声明在装船后5天内即以电报通知开证人装运日期、包装数量、商品名称、总净重和总毛重、船名和航号等有关事项。

例3

Beneficiary's certified copy of telex despatched to the accountee within 3 days after shipment advising number and date of B/L, quantity and value of shipment, name of vessel, sailing date and estimated time of arrival.

该条款要求交单时须向银行提交受益人签字证明的电传副本。该电传必须在货物装船3天内发给开证人，告知提单号码与日期、货物数量和金额、装运船名、开航日期以及预计到达目的港的日期。

例4

Shipment advice in full details including shipping marks, carton numbers, vessel name, B/L number, value and quantity of goods must be sent on the date of shipment to the following parties：①Consignee, ②Applicant, ③Notify party. Copy of this telex required for negotiation.

该条款要求提供的装船通知必须具备详细内容，包括唛头、箱号、船名、提单号码、货值和货量，于装船日以电传告：①收货人；②开证人；③被通知人。凭电传副本议付。

例5

Copy of cable stamped by post office, sent to Pila/Lyon indicating name of carrying vessel, actual date of shipment and amount of goods.

该条款要求提供由邮电局加盖印戳的，发给 Pila/Lyon 的电报副本，注明船名、实际装运日期及货物总额。

例6

Beneficiary cable applicant shipment particulars before shipment and copy of the cable should be presented for negotiation.

该条款要求电抄本必须早于提单日期，并在议付时提交电抄本。

例7

Shipment advice must be sent by telex to × × × Ins. Co. （Telex No. 11125 Sanaa）with details of shipment including value, name of vessel and date of shipment quoting their Policy No. H/MAR/23371. Copy of this telex to be presented with documents upon negotiation.

该条款要求装船通知以电传方式将货物装运情况及预约保单号码通知保险公司，并在议付时提交电传抄本。

练习题

1. 练习目的：学习缮制装船通知。
2. 资料：第一章"信用证范例一"至"信用证范例八"和给定的其他条件。
3. 练习要求：根据信用证的要求和给定的资料缮制装船通知。

样单 3 - 4 - 1　装船通知

广 东 轻 工 家 电 有 限 公 司

GUANGDONG LIGHT ELECTRICAL APPLIANCES COMPANY LIMITED
52，DEZHENG ROAD SOUTH GUANGZHOU，CHINA.

传真 FAX：+86 - 20 - 8331 6675
编号 OUR REF. NO.：　　GDP982653
To Messrs：　　　　　　A. B. C. CORP. AKEDSANTERINK AUTO
　　　　　　　　　　　P. O. BOX. 9，FINLAND

ADVICE OF SHIPMENT

（1）Name of Commodity：　　HALOGEN FITTING W500
（2）Quantity：　　　　　　800 CARTONS
（3）Invoice Value：　　　　USD36,480.00
（4）Name of Carrying Steamer：　DONGFANGHONG/SUISUN 103
（5）Date of Shipment：　　MAY 20，2020
（6）Shipping Marks：　　　N/M
（7）Credit No.：　　　　　LRT9802457
（8）Port of Loading：　　　GUANGZHOU
（9）Port of Discharge：　　HELSINKI

GUANGDONG LIGHT ELECTRICAL
APPLIANCES CO.，LTD.

样单 3 - 4 - 2　装船通知（电传）

VG80271703 +

71703 CONTA HX

33055 SHTEX C CN

TO CONTA HX

T10880/Z1293 26/4/20

6A002S LCM - 010D - 02395 SHANGHAI RAW COTTON 236148LBS = 107116KGS

889BLS USD37,783. 68 G. W. 110,278. 5 N. W. 107,017. 5 KGS TARE

WT. 3,261KGS SHIPPED NEWHAILEE V11 W/T HK B/L111 ETD27/4 INV 21512

71703 CONTA HX

33055 SHTEX C CN

001'18 04/26 15:14

CERTIFIED TRUE COPY

中国纺织品进出口公司上海分公司

CHINA NATIONAL TEXTILES IMP. AND EXP. CORP.

SHANGHAI BRANCH

样单 3 - 4 - 3　装运声明

中 国 轻 工 业 品 进 出 口 公 司
CHINA NATIONAL LIGHT INDUSTRIAL PRODUCTS IMPORT AND EXPORT CORP.

BY AIR MAIL

Shanghai,

DECLARATION OF SHIPMENT

Messrs. ：The Norwich Winterthur Insurance （Gulf） Ltd.
　　　　　P. O. Box. 290. Dubai.

Dear Sirs：

　　　　　　　　　　Re：　　8967

In accordance with the stipulations of the above credit， we hereby declare that the goods have been shipped. The details of the shipment are stated below. Please send your acknowledgement direct to the insured party and favour us with a copy there of quoting.

The number of the above-mentioned L/C.

Commodity：	Powder Compact
Quantity：	20 Cartons
Value：	CFR Dubai USD2，119. 20
Means of Conveyance：	NEW HWANING
Date of Sailing：	On/or about 23th Aug. 2020
Port of Loading：	SHANGHAI
Destination：	Dubai
Marine Cover Note：	Open Policy No. 50270D0121

中国轻工业品进出口公司上海市分公司
CHINA NATIONAL LIGHT INDUSTRIAL PRODUCTS IMP. AND EXP. CORP.
SHANGHAI BRANCH

第四章
托运单

托运单（Shipping Note，简称 S/N，或 Booking Note，简称 B/N）是出口企业在报关前向船公司或船方代理申请租船订舱的一张单据，是日后制作提单的主要背景材料。如果缮制错漏、延误等，就会影响结汇单证的正确制作、快速流转，从而影响安全结汇。

一、海运出口托运单

（一）海运出口托运单的内容

海运出口托运单共有一式十二联单据，其各联用途如下：

第一联　货主（一般为出口人）留底；

第二联　船代理留底；

第三联　运费通知（1）；

第四联　运费通知（2）；

第五联　装货单，此联经船代理盖章后即确认货已配定船只，船上工作人员凭此收受货物；

第六联　收货单（即大副收据），货物装上船后，大副在此联上签收，凭此向船公司或船代理换取全套正本提单；

第七联　外运公司或承办货运的单位留底；

第八、九联　配船回单，由货运代理在船只配定后填好船名、关单号退回出口人；

第十联　缴纳港务费申请书，又称"硬卡联"，由港务部门留存，凭此计算港务费用；

第十一、十二联　备用联，空白格式。

（二）海运出口托运单的缮制（参考样单 4－1）

1. 托运人（Shipper 或 Consignor）

一般情况下，填写出口公司的名称和地址。如果是由中国对外贸易运输公司代理货主办理租船订舱的，此栏应填"中国对外贸易运输公司×××分公司"。

2. 收货人（Consignee）

在信用证支付的条件下，对收货人的规定常有以下两种表示方法。

（1）记名收货人。

记名收货人是直接将收货人的名称、地址完整地表示出来的方法。这时，收货人即是合同的买方。但记名收货人的单据不能直接转让，这给单据的买卖流通设下障碍。故记名收货人的表示方法不常使用。

（2）指示收货人。

指示收货人是将收货人以广义的形式表示出来。常用空白指示和记名指示两种表达法。指示收货人掩饰了具体的收货人的名称和地址，使单据可以转让。在空白指示（不记名指示）情况下，单据的持有人可自由转让单据。在记名指示情况下，记名人有权控制和转让单据。指示收货人的方法弥补了记名收货人方法的缺陷，但也给船方通知货方提货带来了麻烦。对此被通知人栏目作出补充。

3. 通知人（Notify）

这一栏中应填写接受船方发出货到通知的人的名称与地址。

通知人的选择与确定的权力是合同的买方或买方代理人。有时买方确定本人为通知人，有时将自己的代理人或其他与买方联系较密切的人确定为通知人。通知人的职责是及时接受船方发出的到货通知并将该通知转告真实的收货人。通知人无权提货。

在托收支付的条件下，一般合同不规定收货人和通知人。这时可以有两种填写方法：

（1）空白收货人栏目，通知人栏填写买方名称与地址。

（2）收货人栏中空白抬头，通知人栏目填写买方的名称与地址。在托收或其他支付方式下，也可能出现与信用证内容相同情况，在这时，填写方法可参照信用证情况下的填写方法。

在极少数的交易中，可能出现要求空白收货人栏目和通知人栏目。这是因为提出要求的一方准备买卖在途货物。制作单据时要在副本单据的通知人栏中填写买方或开证申请人的名称与地址。承运该批货的船方将承担货物实际卖出前的风险。货物说明（DESCRIPTION OF GOODS）类包括运输标志、重量、货物说明、数量和尺码与部分内容。

4. 托运单编号（No.）

一般填写商业发票的号码。

5. 目的地（Place of Delivery）

由出口企业按信用证的目的港填写。填写时注意港口重名的现象，一般将目的港所在的国家名称一起填写在这一栏目中。

如果目的地是一内陆城市，应该在这一栏目内填写货物卸下最后一艘海轮时的港口名称。在船方或其代理人计算运费时，是根据托运单的本项内容计算航程的。

6. 运输标志（Shipping Marks）

如果买卖合同或是信用证都规定了唛头。填写这一栏目时，要求填写的内容和形式与所规定的完全一致。

如果买卖合同和信用证中没有规定唛头，可填写"N/M"（无唛头），也可自行选择一个合适的唛头。在选择唛头时，要充分考虑买方提货方便、买方利益和买方所在国要求，包括商业习惯、港口规定、文化传统以及政府的有关政策。

7. 数量（Quantity）

托运单中的数量指最大包装的件数。

例如出口10万码花布，分别用粗坯布捆成100捆。填写这一栏目时应填写100捆而不是10万码。

如果出口货物有若干种，包装方式和材料完全不同，则应先填写每种货物的最大包装件数。例如：20个托盘、10个集装袋、25个捆包布匹，然后合计总件数：55件。

8. 货物说明（Description of Goods）

对这一栏内容的填写允许只写大类名称或统称。但是，如果同时出口不同的商品，应分别填写，而不允许只填写其中一种数量较多或金额较大的商品。

9. 重量（Gross Weight/Net Weight）

重量应分别计算毛重和净重。

毛重是指包括包装材料在内的货物重量。

净重是指扣除包装材料的货物实际重量。

如果一次装运的货物中有几种不同的包装材料或完全不同的货物，那么在填写这一栏目时，应先分别计算并填写每一种包装材料或每一种货物毛重或净重，然后合计全部的毛重和净重。在计算重量时，要求使用统一的计量单位。常用的计量单位是公吨或千克。

10. 尺码（Measurement）

该栏目填写一批货物的尺码总数，一般单位为立方米。总尺码不仅包括各件货物尺码之和，还应包括件与件之间堆放时的合理空隙所占的体积。

11. 装运期（Time of Shipment）

装运期的表示可以全部使用阿拉伯数字，也可以使用英文与阿拉伯数字一起表示。如：6/5/2020 或 MAY 6，2020。

装运期还可以表示为一段时间，如 2020 年 9—10 月，或"装运期不迟于……"

12. 期满日（Expiry Date）

该栏目的填写一般按信用证规定，但如果装运期空白不填的话，这一栏目也可不填。

13. 存货地点

内容用中文填写。

14. 转船（Transhipment）

填写要求与分批一致，只能在"允许"和"不允许"中取一。

15. 分批（Partial Shipment）

应严格按照合同或信用证条款填写。填写的内容限在"允许"和"不允许"两者中取一。

如果合同或信用证规定分若干批，或对分批有进一步说明，不要将这些说明填入本栏目，而应将这些说明填入"特别条款类"的栏目中。

16. 运费

提单一般不显示具体运费，只填写"运费待付"或"运费预付/已付"。

17. 托运单日期

托运单日期填写与发票日期一样的内容，即开立发票的日期。

18. 提单正本份数

"3 Original Bills of Lading"指 3 份正本提单。

"Original Bill of Lading in 3"指 3 份正本提单。

"Full set of Bill of Lading"指全套提单。按照惯例解释指 2 份正本提单。

19. 提单副本份数

提单副本份数 = 出口企业留底份数 + 寄单所需份数 + 信用证对正本提单要求的份数。

20. 特别条款

填写信用证或合同中有关运输方面的特殊要求。

21. 签字

经办人签字，出口企业盖章。

其他项目如船名、提单号码等由船方或其代理人填写。

（三）杂货班轮货运及主要货运单证的流转程序

（1）托运人向船公司在装货港的代理人（也可直接向船公司或其营业所）提出货物装运申请，递交托运单（Booking Note，B/N），填写装货联单〔主要由装货单（Shipping Order，S/O）、收货单和留底联（Counterfoil）组成〕。

（2）船公司同意承运后，其代理人指定船名，核对装货单与托运单上的内容无误后，签发 S/O，将留底联留下后退还给托运人，要求托运人将货物及时送至指定的码头仓库。

（3）托运人向检验检疫机构报检，经检验检疫后出具商检证书或"通关单"。

（4）托运人持 S/O 及有关单证向海关办理货物出口报关、验货放行手续，海关在 S/O 上加盖放行图章后，货物准予装船出口。

（5）船公司在装货港的代理人根据留底联编制装货清单（Loading List，L/L）送船舶及理货公司、装卸公司。

（6）大副根据 L/L 编制货物积载计划（Stowage Plan）交代理人分送理货、装卸公司等按计划装船。

（7）托运人按要求将货物送至指定的码头仓库准备装船。

（8）货物装船后，现场理货员核对，在 S/O 上签注实装数量、装船位置、装船日期并签名，再由理货长审查并签名后，将 S/O 交大副，大副核实无误后留下 S/O 并签发收货单（Mate's Receipt，M/R）。

（9）理货长将大副签发的 M/R 转交给托运人。

（10）托运人持 M/R 到船公司在装货港的代理人处付清运费（预付运费情况下），船公司在装货港的代理人审核无误后，留下 M/R 签发正本已装船提单（B/L）给托运人。

（11）托运人持 B/L 及有关单证到议付银行结汇（在信用证支付方式下），取得货款，议付银行将 B/L 及有关单证邮寄开证银行。

（12）货物装船完毕后，船公司在装货港的代理人编妥出口载货清单（Manifest，M/F）送船长签字后向海关办理船舶出口手续，并将 M/F 交船随带，船舶起航。

（13）船公司在装运港的代理人根据 B/L 副本（或 M/R）编制出口载货运费清单（Freight Manifest，F/M）连同 B/L 副本、M/R 送交船公司结算代收运费，并将卸货港需要的单证寄给船公司在卸货港的代理人。

（14）船公司在卸货港的代理人接到船舶抵港电报后，通知收货人船舶到港日期，做好提货准备。

（15）收货人到开证银行付清货款取回 B/L（在信用证支付方式下）。

（16）卸货港船公司的代理人根据装货港船公司的代理人寄来的货运单证，编制进口载货清单及有关船舶进口报关和卸货所需的单证，约定装卸公司、理货公司，联系安排泊位，做好接船及卸货准备工作。

（17）船舶抵港后，船公司在卸货港的代理人随即办理船舶进口手续，船舶靠泊后即开始卸货。

（18）收货人持正本 B/L 向船公司在卸货港的代理人处办理提货手续，付清应付的费用后，换取代理人签发的提货单（Delivery Order，D/O）。

（19）收货人办理货物检验检疫及报关等进口手续，支付进口关税。

（20）收货人持 D/O 到码头仓库或船边提取货物。

二、集装箱货物托运单

（一）集装箱货物托运单的内容及缮制（参考样单4-3）

集装箱货物托运单又称"场站收据"，是集装箱运输专用出口单证，共有一式十二联单据。

集装箱货物托运单的缮制与海运出口托运单基本相同，只是增加了托运货物的交接方式，如 CY - CY、CFS - CFS 等和集装箱货物的种类，如普通、冷藏、液体等。

（二）集装箱货物整箱货出口货运代理业务的流转程序

（1）货主与货代建立货运代理关系。

（2）货代填写托运单证，及时订舱。

（3）订舱后，货代将有关订舱信息通知货主或将"配舱回单"转交货主。

（4）货代申请用箱，取得 EIR 后就可以凭此到空箱堆场提取所需的集装箱。

（5）货主"自拉自送"时，先从货代处取得集装箱发放/设备交接单（Equipment Interchange Receipt，EIR），然后提空箱，装箱后制作集装箱装箱单（Container Load Plan，CLP），并按要求及时将重箱送码头堆场，即集中到港区等待装船；

或货代提空箱至货主指定地点装箱，制作 CLP，然后将重箱"集港"；

或货主将货物送到货代集装箱货站（CFS），货代提空箱，并在 CFS 装箱，制作 CLP，然后"集港"。

（6）货主委托货代代理报关、报检，办妥有关手续后将单证交货代现场；

或货主自行报检、报关，并将单证交货代现场。

（7）货代现场将办妥手续后的单证交码头堆场配载。

（8）配载部门制订装船计划，经船公司确认后实施装船作业。

（9）货物装船后取得场站收据（Dock Receipt，D/R）正本。

（10）货代凭 D/R 正本到船方签单部门换取 B/L 或其他单据。

（11）货代将 B/L 等单据交货主。

练习题

1. 练习目的：学习缮制托运单。
2. 资料：第一章"信用证范例一"至"信用证范例八"和给定的其他条件。
3. 练习要求：根据信用证的要求和给定的资料缮制托运单。

样单 4 – 1 托运单

中 国 外 运 广 东 公 司
出口货物托运单

提单编号＿＿＿＿＿＿＿＿＿ 托运日期MAY. 12，2020 托运单位编号YSM202005
　　　　　　　　　　　　　　　　　　　　　　　　　合约编号20SGQ468001

船　　名＿＿＿＿＿＿＿＿＿ 船期＿＿＿＿＿＿＿ 运往地点　HELSINKI

托运人　GUANGDONG LIGHT ELECTRICAL APPLIANCES CO.，LTD.
受货人　TO ORDER
通　知　A. B. C. CORP. AKEDSANTERINK AUTO P. O. BOX 9，FINLAND

标记及号码	件　数	货　名	重量（公斤）		容积吨
			净	毛	
N/M	800CTNS	HALOGEN FITTING W500	11,200.00	13,600.00	41.04m³

合计：800CTNS　　　　　　　　　　　　　共重：13,600.00KGS

特约事项	①请配一个40尺集装箱，并标出集装箱号码 ②承运货物的船龄不得超过20年	

可否转船	允许	（托运人盖章）
可否分批	不允许	需要提单正本　3　份副本　3　份
货物堆存地点	罗涌仓　装船期限　MAY 30,2020　结汇期限	JUN. 16，2020
运费缴付方式	FREIGHT PREPAID　　运费账单开送	
信用证号码	LRT2002457　货　价　F. O. B.	C. I. F. USD36,480.00
运往香港船名	实际装船日期	

运费吨：　　　　　　运费率：　　　　　　运费金额：

样单 4 - 2　托运单

广 东 省 机 械 进 出 口（集团）公 司
GUANGDONG MACHINERY IMPORT AND EXPORT CORP.（GROUP）
726 DONG FENG ROAD EAST，GUANGZHOU，CHINA.

托 运 单
SHIPPING NOTE

托运单：GUANG DONG MACHINERY IMP. AND Exporter：EXP. CORP.(GROUP)	托运单号 NO.　　：YSM199901 日期 Date　　　：NOV.11，2019 装运港 Loading Port：GUANGZHOU 目的港 Destination：MELBOURNE W/T HONGKONG 提单号 B/L No.　　：MANE97/2435
收货人：TO ORDER OF K-MART AUSTRALIA Consignee LIMITED 800 TOORONGA VIC 3416 　　　　AUSTRALIA	通知人：K-MART AUSTRALIA LIMITED 800 TOORAK Notify　ROAD，TOORONGA VIC 3416 AUSTRALIA.

标记 Shipping Marks	件数 Quantity	货名 Description of Goods	净重 NET WEIGHT	毛重 GROSS WEIGHT	尺码 MEASUREMENT
KMART CTN NO.1-120 AUSTRALIA MELBOURNE KEYCODE：18000467 MADE IN CHINA	120 BAGS	EDGING KNIFE WITH METAL HANDLE	10,800.00KGS	12,000.00KGS	3.672CBMS
TOTAL：　120BAGS			10,800.00KGS	12,000.00KGS	3.672CBMS

可否分批 Partial Shipment	：不允许	正本 Original　B/L　：　2		
可否转船 Transhipment	：不允许	副本 Copy of B/L　：　3		
装船期限 Latest Shipment Date	：2019.11.15	货存地点 Goods in：大松岗		
结汇期限 Expiry Date	：NOV.25，2019	发票金额 Amount　：USD6,000.00		
运费缴付方式	：FREIGHT COLLECT	L/C 号　　　　　：T/T		
发票号 Invoice NO.	：YSM199901	合同号 S/C　NO.　：A97AU22300287		
货证情况	：			
运输方式	：江海运			

运费吨：　　　　　　　　　运费率：　　　　　　　运费金额：

特殊条款：

GUANGDONG MACHINERY IMPORT

AND EXPORT CORP.(GROUP)

样单4－3　集装箱货物托运单

Shipper（发货人） GUANGDONG LONGHUA TRADING CO., LTD. 152 ZHENGLONG ROAD, GUANGZHOU, CHINA				**B/L No.**	

Consignee（收货人）
TO ORDER

中远集装箱运输有限公司
COSCO CONTAINER LINES

Notify Party（通知人）
ABC COMPANY LIMITED, FINLAND
AKEDSANTERINK AUTO P. O. BOX 9, FINLAND

集装箱货物托运单

Pre-carriage by（前程承运人）	Place of Receipt（收货地点）	装货单 SHIPPING ORDER
Ocean Vessel(船名)Voy.No.(航次)	Port of Loading（装运港） GUANGZHOU	
Port of Discharge（卸货港） HELSINKI	Place of Delivery（交货地点）	Final Destination for the Merchant's Reference （目的地）

Container No. （集装箱号）	Seal No(铅封号) Marks & Nos. (标记与号码)	No. of contai- ners or p'kgs （箱数或件数）	Kind of Package; Description of Goods （包装种类与货名）	Gross Weight 毛重（公斤）	Measurement 尺码(立方米)
	ABC HELSINKI NO. 1－400	400 CTNS	TRIANGLE BRAND 3U－SHAPE ELECTRONIC ENERGY SAVING LAMP FREIGHT PREPAID	3,600 KGS	28CBM

TOTAL NUMBER OF CONTAINERS OR PACKAGES （JIN WORDS） 集装箱数或件数合计（大写）	ONE （20'） CONTAINER ONLY.				
FREIGHT & CHARGES （运费与附加费）	Revenue Tons（运费吨）	Rate（运费率）	Per（每）	Prepaid（运费预付）	Collect（运费到付）

Service Type on Receiving	Service Type on Delivery	Reeter Temperature Requred （冷藏温度）	°F	℃

TYPE OF GOODS （货类）	☑Ordingary（普通）　☐ Reeger（冷藏）　☐ Dangerous（危险品）　☐ Auto（裸装车辆） ☐Liquid（液体）　☐ Live Animal（活动物）　☐ Bulk（散货）	危险品	IMCO Class: UN No.: IMDG Code Page: Property:

可否转船： ALLOWED	可否分批： ALLOWED	装期： LATEST DEC. 28, 2019	Received by the Carrier the total number of containers or other packages or units stated above to be transported subject to the terms
货价：	信用证号码： LRT9802457	No. of original B（S）/L THREE	and conditions of the Carrier's regular form of Bill of Lading (for combined Transport to Port shipment) which shall be deemed to be
特约事项：	合同号码： 98SGQ468001	托运人盖章：	incorporated herein Date:　　　　　　　　　as Agent only

第五章
报关单

为规范进出口货物收发货人的申报行为，统一进出口货物报关单填制要求，海关总署对《中华人民共和国海关进出口货物报关单填制规范》（海关总署 2019 年第 18 号公告）进行了修订，自 2019 年 2 月 1 日起执行。

一、报关应提交的单证

办理报关，必须填写出口货物报关单，提供出口合同副本、发票、装箱单或重量单、商检书及其他有关证件。具体为：

1. 进出口货物报关单

一般进口货物应填写一式两份；需要由海关核销的货物，如加工贸易货物和保税货物等，应填写专用报关单一式三份；货物出口后需国内退税的，应另填一份退税专用报关单。

2. 货物发票

要求份数比报关少一份，对货物委托国外销售，结算方式是待货物销售后按实销金额向出口单位结汇的，出口报关时可准予免交。

3. 陆运单、空运单和海运进口的提货单及海运出口的装货单

海关在审单和验货后，在正本货运单上签章放行退还报关，凭此提货或装运货物。

4. 货物装箱单

其份数同发票，但散装货物或单一品种且包装内容一致的件装货物可免交。

5. 出口收汇核销单

一切出口货物报关时，应交验外汇管理部门加盖"监督收汇"章的出口收汇核销单，并将核销编号填在每张出口货物报关单的右上角处。

6. 海关认为必要时，还应交验贸易合同、货物产地证书等

7. 其他有关单证

包括：

（1）经海关批准准予减税、免税的货物，应交海关签章的减免税证明，北京地区的外资企业需另交验海关核发的进口设备清单。

（2）已向海关备案的加工贸易合同进出口的货物，应交验海关核发的"登记手册"。

二、报关单的缮制（参考样单 5 - 1）

（一）预录入编号

预录入编号指预录入报关单的编号，一份报关单对应一个预录入编号，由系统自动生成。

报关单预录入编号为 18 位，其中第 1～4 位为接受申报海关的代码（海关规定的《关区代码表》中相应海关代码），第 5～8 位为录入时的公历年份，第 9 位为进出口标志（"1" 为进口，"0" 为出口；集中申报清单 "I" 为进口，"E" 为出口），后 9 位为顺序编号。

（二）海关编号

海关编号指海关接受申报时给予报关单的编号，一份报关单对应一个海关编号，由系统自动生成。

报关单海关编号为 18 位，其中第 1～4 位为接受申报海关的代码（海关规定的《关区代码表》中相应海关代码），第 5～8 位为海关接受申报的公历年份，第 9 位为进出口标志（"1" 为进口，"0" 为出口；集中申报清单 "I" 为进口，"E" 为出口），后 9 位为顺序编号。

（三）境内收发货人

境内收发货人填报在海关备案的对外签订并执行进出口贸易合同的中国境内法人、其他组织名称及编码。编码填报 18 位法人和其他组织统一社会信用代码，没有统一社会信用代码的，填报其在海关的备案编码。

特殊情况填报要求如下：

（1）进出口货物合同的签订者和执行者非同一企业的，填报执行合同的企业。

（2）外商投资企业委托进出口企业进口投资设备、物品的，填报外商投资企业，并在标记唛码及备注栏注明"委托某进出口企业进口"，同时注明被委托企业的 18 位法人和其他组织统一社会信用代码。

（3）有代理报关资格的报关企业代理其他进出口企业办理进出口报关手续时，填报委托的进出口企业。

（4）海关特殊监管区域收发货人填报该货物的实际经营单位或海关特殊监管区域内经营企业。

（5）免税品经营单位经营出口退税国产商品的，填报免税品经营单位名称。

（四）进出境关别

根据货物实际进出境的口岸海关，填报海关规定的《关区代码表》中相应口岸海关的名称及代码。

特殊情况填报要求如下：

进口转关运输货物填报货物进境地海关名称及代码，出口转关运输货物填报货物出境地海关名称及代码。按转关运输方式监管的跨关区深加工结转货物，出口货物报关单填报转出地海关名称及代码，进口货物报关单填报转入地海关名称及代码。

在不同海关特殊监管区域或保税监管场所之间调拨、转让的货物，填报对方海关特殊监管区域或保税监管场所所在海关的名称及代码。

其他无实际进出境的货物，填报接受申报海关的名称及代码。

部分关别代码及关别名称举例：

5100	广州海关	5101	广州新凤	5102	新凤罗冲	5103	清远海关
5104	清远英德	5107	肇庆封开	5108	肇庆德庆	5109	新凤窖心
5110	南海海关	5111	南海官窖	5112	南海九江	5113	南海北村
5130	广州石牌	5143	广州车站	5146	穗交易会	5142	民航快件
5200	黄埔关区	5201	埔老港办	5202	埔新港办	5203	新塘海关
5204	东莞海关	5205	太平海关	5206	惠州海关	5208	埔开发区
5209	埔保税区	5211	河源海关	5210	埔红海办	5213	埔长安办
6000	汕头关区	6011	榕城海关	6012	汕头普宁	6014	广澳海关
6015	南澳海关	6018	汕头惠来	6021	潮州海关	6022	饶平海关
6028	潮阳海关	6032	汕尾海关	6032	汕头海城	6033	汕头陆丰
6041	梅州海关	6042	梅州兴宁	5300	深圳海关	5301	皇岗海关
5302	罗湖海关	5310	惠州港关	5320	文锦渡关	5700	拱北海关

（五）进出口日期

进口日期指运载进口货物的运输工具申报进境的日期。出口日期指运载出口货物的运输工具办结出境手续的日期，在申报时免予填报。无实际进出境的货物，填报海关接受申报的日期。

进出口日期为 8 位数字，顺序为年（4 位）、月（2 位）、日（2 位）。如 2020 年 1 月 15 日应填写为 20200115。

（六）申报日期

申报日期指海关接受进出口货物收发货人、受委托的报关企业申报数据的日期。以电子数据报关单方式申报的，申报日期为海关计算机系统接受申报数据时记录的日期。以纸质报关单方式申报的，申报日期为海关接受纸质报关单并对报关单进行登记处理的日期。本栏目在申报时免予填报。

申报日期为 8 位数字，顺序为年（4 位）、月（2 位）、日（2 位）。如 2020 年 1 月 15 日应填写为 20200115。

（七）备案号

备案号填报进出口货物收发货人、消费使用单位、生产销售单位在海关办理加工贸易合同备案或征、减、免税审核确认等手续时，海关核发的《加工贸易手册》、海关特殊监管区域和保税监管场所保税账册、《征免税证明》或其他备案审批文件的编号。

一份报关单只允许填报一个备案号。具体填报要求如下：

（1）加工贸易项下货物，除少量低值辅料按规定不使用《加工贸易手册》及以后续补税监管方式办理内销征税的外，填报《加工贸易手册》编号。

使用异地直接报关分册和异地深加工结转出口分册在异地口岸报关的，填报分册号；本地直接报关分册和本地深加工结转分册限制在本地报关的，填报总册号。

加工贸易成品凭《征免税证明》转为减免税进口货物的，进口货物报关单填报《征免税证明》编号，出口货物报关单填报《加工贸易手册》编号。

对加工贸易设备、使用账册管理的海关特殊监管区域内减免税设备之间的结转，转入和转出企业分别填制进、出口货物报关单，在报关单"备案号"栏目填报《加工贸易手册》编号。

（2）涉及征、减、免税审核确认的报关单，填报《征免税证明》编号。

（3）减免税货物退运出口，填报《中华人民共和国海关进口减免税货物准予退运证明》的编号；减免税货物补税进口，填报《减免税货物补税通知书》的编号；减免税货物进口或结转进口（转入），填报《征免税证明》的编号；相应的结转出口（转出），填报《中华人民共和国海关进口减免税货物结转联系函》的编号。

（4）免税品经营单位经营出口退税国产商品的，免予填报。

（八）境外收发货人

境外收发货人通常指签订并执行出口贸易合同中的买方或合同指定的收货人。境外发货人通常指签订并执行进口贸易合同中的卖方。

境外收发货人填报境外收发货人的名称及编码。名称一般填报英文名称，检验检疫要求填报其他外文名称的，在英文名称后填报，以半角括号分隔；对于互认国家（地区）AEO 企业，编码填报 AEO 编码，填报样式为："国别（地区）代码 + 海关企业编码"，例如：新加坡 AEO 企业 SG123456789012（新加坡国别代码 + 12 位企业编码）；非互认国家（地区）AEO 企业等其他情形，编码免予填报。

特殊情况下无境外收发货人的，名称及编码填报"NO"。

（九）运输方式

运输方式包括实际运输方式和海关规定的特殊运输方式，前者指货物实际进出境的运输方式，按进出境所使用的运输工具分类；后者指货物无实际进出境的运输方式，按货物在境内的流向分类。

根据货物实际进出境的运输方式或货物在境内流向的类别，按照海关规定的《运输方式代码表》选择填报相应的运输方式。

1．特殊情况填报要求

（1）非邮件方式进出境的快递货物，按实际运输方式填报。

（2）进口转关运输货物，按载运货物抵达进境地的运输工具填报；出口转关运输货物，按载运货物驶离出境地的运输工具填报。

（3）不复运出（入）境而留在境内（外）销售的进出境展览品、留赠转卖物品等，填报"其他运输"（代码9）。

（4）进出境旅客随身携带的货物，填报"旅客携带"（代码L）。

（5）以固定设施（包括输油、输水管道和输电网等）运输货物的，填报"固定设施运输"（代码G）。

2．无实际进出境货物在境内流转时填报要求

（1）境内非保税区运入保税区货物和保税区退区货物，填报"非保税区"（代码0）。

（2）保税区运往境内非保税区货物，填报"保税区"（代码7）。

（3）境内存入出口监管仓库和出口监管仓库退仓货物，填报"监管仓库"（代码1）。

（4）保税仓库转内销货物或转加工贸易货物，填报"保税仓库"（代码8）。

（5）从境内保税物流中心外运入中心或从中心运往境内中心外的货物，填报"物流中心"（代码W）。

（6）从境内保税物流园区外运入园区或从园区内运往境内园区外的货物，填报"物流园区"（代码X）。

（7）在保税港区、综合保税区与境内（区外）（非海关特殊监管区域、保税监管场所）之间进出的货物，填报"保税港区/综合保税区"（代码Y）。

（8）在出口加工区、珠澳跨境工业区（珠海园区）、中哈霍尔果斯边境合作中心（中方配套区）与境内（区外）（非海关特殊监管区域、保税监管场所）之间进出的货物，填报"出口加工区"（代码Z）。

（9）境内运入深港西部通道港方口岸区的货物以及境内进出中哈霍尔果斯边境合作中心中方区域的货物，填报"边境特殊海关作业区"（代码H）。

（10）经横琴新区和平潭综合实验区（以下简称"综合试验区"）二线指定申报通道运往境内区外或从境内经二线指定申报通道进入综合试验区的货物，以及综合试验区内按选择性征收关税申报的货物，填报"综合试验区"（代码T）。

（11）海关特殊监管区域内的流转、调拨货物，海关特殊监管区域、保税监管场所之间的流转货物，海关特殊监管区域与境内区外之间进出的货物，海关特殊监管区域外的加工贸易余料结转、深加工结转、内销货物，以及其他境内流转货物，填报"其他运输"（代码9）。

表5-1　运输方式代码表

运输方式代码	运输方式名称
0	非保税区运输入保税区和保税区退区
1	境内存入保税仓库和出口监管仓库退仓
2	江海运输
3	铁路运输
4	汽车运输
5	航空运输
6	邮政运输
7	保税区运往非保税区
8	保税仓库转内销
9	其他运输

（十）运输工具名称及航次号

运输工具名称及航次号填报载运货物进出境的运输工具名称或编号及航次号。填报内容应与运输部门向海关申报的舱单（载货清单）所列相应内容一致。

1. 运输工具名称具体填报要求

（1）直接在进出境地或采用全国通关一体化通关模式办理报关手续的报关单。

①水路运输：填报船舶编号（来往港澳小型船舶为监管簿编号）或者船舶英文名称。

②公路运输：启用公路舱单前，填报该跨境运输车辆的国内行驶车牌号，深圳提前报关模式的报关单填报国内行驶车牌号＋"／"＋"提前报关"。启用公路舱单后，免予填报。

③铁路运输：填报车厢编号或交接单号。

④航空运输：填报航班号。

⑤邮件运输：填报邮政包裹单号。

⑥其他运输方式：填报具体运输方式名称，例如：管道、驮畜等。

（2）转关运输货物的报关单。

①进口。

A．水路运输：直转、提前报关填报"＠"＋16位转关申报单预录入号（或13位载货清单号）；中转填报进境英文船名。

B．铁路运输：直转、提前报关填报"＠"＋16位转关申报单预录入号（或13位载货清单号）；中转填报车厢编号。

C．航空运输：直转、提前报关填报"＠"＋16位转关申报单预录入号（或13位载货清单号）；中转填报"＠"。

D．公路及其他运输方式：填报"＠"＋16位转关申报单预录入号（或13位载货清单号）。

E．以上各种运输方式使用广东地区载货清单转关的提前报关货物填报"＠"＋13位载货清单号。

②出口。

A．水路运输：非中转填报"＠"＋16位转关申报单预录入号（或13位载货清单号）。如多张报关单需要通过一张转关单转关的，运输工具名称字段填报"＠"。

中转货物，境内水路运输填报驳船船名；境内铁路运输填报车名（主管海关4位关区代码＋"TRAIN"）；境内公路运输填报车名（主管海关4位关区代码＋"TRUCK"）。

B．铁路运输：填报"＠"＋16位转关申报单预录入号（或13位载货清单号），如多张报关单需要通过一张转关单转关的，填报"＠"。

C．航空运输：填报"＠"＋16位转关申报单预录入号（或13位载货清单号），如多张报关单需要通过一张转关单转关的，填报"＠"。

D．其他运输方式：填报"＠"＋16位转关申报单预录入号（或13位载货清单号）。

（3）采用"集中申报"通关方式办理报关手续的，报关单填报"集中申报"。

（4）免税品经营单位经营出口退税国产商品的，免予填报。

（5）无实际进出境的货物，免予填报。

2．航次号具体填报要求

（1）直接在进出境地或采用全国通关一体化通关模式办理报关手续的报关单。

①水路运输：填报船舶的航次号。

②公路运输：启用公路舱单前，填报运输车辆的8位进出境日期［顺序为年（4位）、月（2位）、日（2位），下同］。启用公路舱单后，填报货物运输批次号。

③铁路运输：填报列车的进出境日期。

④航空运输：免予填报。

⑤邮件运输：填报运输工具的进出境日期。

⑥其他运输方式：免予填报。

（2）转关运输货物的报关单。

①进口。

A. 水路运输：中转转关方式填报"@" +进境干线船舶航次。直转、提前报关免予填报。

B. 公路运输：免予填报。

C. 铁路运输："@" +8 位进境日期。

D. 航空运输：免予填报。

E. 其他运输方式：免予填报。

②出口。

A. 水路运输：非中转货物免予填报。中转货物：境内水路运输填报驳船航次号；境内铁路、公路运输填报 6 位启运日期［顺序为年（2 位）、月（2 位）、日（2 位）］。

B. 铁路拼车拼箱捆绑出口：免予填报。

C. 航空运输：免予填报。

D. 其他运输方式：免予填报。

（3）免税品经营单位经营出口退税国产商品的，免予填报。

（4）无实际进出境的货物，免予填报。

（十一）提运单号

提运单号填报进出口货物提单或运单的编号。一份报关单只允许填报一个提单或运单号，一票货物对应多个提单或运单时，应分单填报。

具体填报要求如下：

（1）直接在进出境地或采用全国通关一体化通关模式办理报关手续的报关单。

①水路运输：填报进出口提单号。如有分提单的，填报进出口提单号 + "＊" +分提单号。

②公路运输：启用公路舱单前，免予填报；启用公路舱单后，填报进出口总运单号。

③铁路运输：填报运单号。

④航空运输：填报总运单号 + "_" +分运单号，无分运单的填报总运单号。

⑤邮件运输：填报邮运包裹单号。

（2）转关运输货物的报关单。

①进口。

A. 水路运输：直转、中转填报提单号。提前报关免予填报。

B. 铁路运输：直转、中转填报铁路运单号。提前报关免予填报。

C. 航空运输：直转、中转货物填报总运单号 + "_" +分运单号。提前报关免予填报。

D. 其他运输方式：免予填报。

E. 通过以上运输方式进境货物，在广东省内用公路运输转关的，填报车牌号。

②出口。

A. 水路运输：中转货物填报提单号；非中转货物免予填报；广东省内汽车运输提前报关的转关货物，填报承运车辆的车牌号。

B. 其他运输方式：免予填报。广东省内汽车运输提前报关的转关货物，填报承运车辆的车牌号。

（3）采用"集中申报"通关方式办理报关手续的，报关单填报归并的集中申报清单的进出口起止日期〔顺序为年（4位）月（2位）日（2位）年（4位）月（2位）日（2位）〕。

（4）无实际进出境的货物，免予填报。

（十二）货物存放地点

填报货物进境后存放的场所或地点，包括海关监管作业场所、分拨仓库、定点加工厂、隔离检疫场、企业自有仓库等。

（十三）消费使用单位/生产销售单位

（1）消费使用单位填报已知的进口货物在境内的最终消费、使用单位的名称，包括：

①自行进口货物的单位。

②委托进出口企业进口货物的单位。

（2）生产销售单位填报出口货物在境内的生产或销售单位的名称，包括：

①自行出口货物的单位。

②委托进出口企业出口货物的单位。

③免税品经营单位经营出口退税国产商品的，填报该免税品经营单位统一管理的免税店。

（3）减免税货物报关单的消费使用单位/生产销售单位应与《中华人民共和国海关进出口货物征免税证明》（以下简称《征免税证明》）的"减免税申请人"一致；保税监管场所与境外之间的进出境货物，消费使用单位/生产销售单位填报保税监管场所的名称〔保税物流中心（B型）填报中心内企业名称〕。

（4）海关特殊监管区域的消费使用单位/生产销售单位填报区域内经营企业的名称（"加工单位"或"仓库"）。

（5）编码填报要求：

①填报18位法人和其他组织统一社会信用代码。

②无18位统一社会信用代码的，填报"NO"。

（6）进口货物在境内的最终消费或使用以及出口货物在境内的生产或销售的对象为自然人的，填报身份证号、护照号、台胞证号等有效证件号码及姓名。

（十四）监管方式

监管方式是以国际贸易中进出口货物的交易方式为基础，结合海关对进出口货物的征税、统计及监管条件综合设定的海关对进出口货物的管理方式。其代码由4位数字构成，前两位是按照海关监管要求和计算机管理需要划分的分类代码，后两位是参照国际标准编制的贸易方式代码。

根据实际对外贸易情况按海关规定的《监管方式代码表》选择填报相应的监管方式简称及代码。一份报关单只允许填报一种监管方式。

特殊情况下加工贸易货物监管方式填报要求如下：

（1）进口少量低值辅料（5 000 美元以下，78 种以内的低值辅料）按规定不使用《加工贸易手册》的，填报"低值辅料"。使用《加工贸易手册》的，按《加工贸易手册》上的监管方式填报。

（2）加工贸易料件转内销货物以及按料件办理进口手续的转内销制成品、残次品、未完成品，填制进口报关单，填报"来料料件内销"或"进料料件内销"；加工贸易成品凭《征免税证明》转为减免税进口货物的，分别填制进、出口货物报关单，出口货物报关单填报"来料成品减免"或"进料成品减免"，进口货物报关单按照实际监管方式填报。

（3）加工贸易出口成品因故退运进口及复运出口的，填报"来料成品退换"或"进料成品退换"；加工贸易进口料件因换料退运出口及复运进口的，填报"来料料件退换"或"进料料件退换"；加工贸易过程中产生的剩余料件、边角料退运出口，以及进口料件因品质、规格等原因退运出口且不再更换同类货物进口的，分别填报"来料料件复出""来料边角料复出""进料料件复出""进料边角料复出"。

（4）加工贸易边角料内销和副产品内销，填制进口货物报关单，填报"来料边角料内销"或"进料边角料内销"。

（5）企业销毁处置加工贸易货物未获得收入，销毁处置货物为料件、残次品的，填报"料件销毁"；销毁处置货物为边角料、副产品的，填报"边角料销毁"。企业销毁处置加工贸易货物获得收入的，填报"进料边角料内销"或"来料边角料内销"。

（6）免税品经营单位经营出口退税国产商品的，填报"其他"。

表 5 - 2　监管方式代码表（部分）

代码	简称	全称
0110	一般贸易	一般贸易
0130	易货贸易	易货贸易
0214	来料加工	来料加工装配贸易进口料件及加工出口货物
0513	补偿贸易	补偿贸易
1110	对台贸易	对台直接贸易
1427	出料加工	出料加工
1523	租赁贸易	租期在一年以上的租赁贸易进出口货物
1616	寄售代销	寄售、代销贸易
3010	货样广告品 A	有经营权单位进出口的货样广告品
3039	货样广告品 B	无经营权单位进出口的货样广告品
3511	援助物资	国家或国际组织无偿援助物资
3612	捐赠物资	华侨、港澳台同胞、外籍华人捐赠物资

（十五）征免性质

根据实际情况按海关规定的《征免性质代码表》选择填报相应的征免性质简称及代码，持有海关核发的《征免税证明》的，按照《征免税证明》中批注的征免性质填报。

一份报关单只允许填报一种征免性质。

加工贸易货物报关单按照海关核发的《加工贸易手册》中批注的征免性质简称及代码填报。特殊情况填报要求如下：

（1）加工贸易转内销货物，按实际情况填报（如一般征税、科教用品、其他法定等）。

（2）料件退运出口、成品退运进口货物填报"其他法定"。

（3）加工贸易结转货物，免予填报。

（4）免税品经营单位经营出口退税国产商品的，填报"其他法定"。

表5-3　征免性质代码表

序号	代码	名称	简称
01	101	一般征税进出口货物	一般征税
02	201	无偿援助进出口货物	无偿援助
03	299	其他法定减免税进出口货物	其他法定
04	301	特定区域进口自用物资	特定区域
05	307	保税区进口自用物资	保税区
06	399	其他执行特殊政策地区出口货物	其他地区
07	401	大专院校及科研机构进口科教用品	科教用品
08	403	企业技术改造进口货物	技术改造
09	406	国家重大项目进口货物	重大项目
10	412	通信、港口、铁路、公路、机场建设进口设备	基础设施
11	413	残疾人组织和企业进出口货物	残疾人
12	417	远洋渔业自捕水产品	远洋渔业
13	418	国家定点生产小轿车和摄录机企业进口散件	国产化
14	606	勘探、开发海上石油进口货物	海上石油
15	608	勘探、开发陆地石油进口货物	陆地石油
16	801	救灾捐赠进口物资	救灾物资
17	501	加工贸易外商提供的不作价进口设备	加工设备
18	502	来料加工装配和补偿贸易进口料件及出口成品	来料加工
19	503	进料加工贸易进口料件及出口成品	进料加工
20	506	边境小额贸易进口货物	边境小额
21	601	中外合资经营企业进出口货物	中外合资
22	602	中外合作经营企业进出口货物	中外合作
23	603	外商独资企业进出口货物	外资企业
24	609	利用贷款进口货物	贷款项目
25	789	国家鼓励发展的内外资项目进口设备	鼓励项目
26	898	国务院特准减免的进出口货物	国批减免
27	999	例外减免税的进出口货物	例外减免
28	998	享受内部暂定税率进出口货物	内部暂定

（十六）许可证号

许可证号填报进（出）口许可证、两用物项和技术进（出）口许可证、两用物项和技术出口许可证（定向）、纺织品临时出口许可证、出口许可证（加工贸易）、出口许可证（边境小额贸易）的编号。

免税品经营单位经营出口退税国产商品的，免予填报。

一份报关单只允许填报一个许可证号。

（十七）启运港

启运港填报进口货物在运抵我国关境前的第一个境外装运港。

根据实际情况，按海关规定的《港口代码表》填报相应的港口名称及代码，未在《港口代码表》列明的，填报相应的国家名称及代码。货物从海关特殊监管区域或保税监管场所运至境内区外的，填报《港口代码表》中相应海关特殊监管区域或保税监管场所的名称及代码，未在《港口代码表》中列明的，填报"未列出的特殊监管区"及代码。

其他无实际进境的货物，填报"中国境内"及代码。

（十八）合同协议号

合同协议号填报进出口货物合同（包括协议或订单）编号。未发生商业性交易的免予填报。

免税品经营单位经营出口退税国产商品的，免予填报。

（十九）贸易国（地区）

发生商业性交易的进口填报购自国（地区），出口填报售予国（地区）。未发生商业性交易的填报货物所有权拥有者所属的国家（地区）。

按海关规定的《国别（地区）代码表》选择填报相应的贸易国（地区）中文名称及代码。

（二十）启运国（地区）/运抵国（地区）

启运国（地区）填报进口货物起始发出直接运抵我国或者在运输中转国（地区）未发生任何商业性交易的情况下运抵我国的国家（地区）。

运抵国（地区）填报出口货物离开我国关境直接运抵或者在运输中转国（地区）未发生任何商业性交易的情况下最后运抵的国家（地区）。

不经过第三国（地区）转运的直接运输进出口货物，以进口货物的装货港所在国（地区）为启运国（地区），以出口货物的指运港所在国（地区）为运抵国（地区）。

经过第三国（地区）转运的进出口货物，如在中转国（地区）发生商业性交易，则以中转国（地区）作为启运国（地区）/运抵国（地区）。

按海关规定的《国别（地区）代码表》选择填报相应的启运国（地区）或运抵国（地区）中文名称及代码。

无实际进出境的货物，填报"中国"及代码。

（二十一）经停港/指运港

经停港填报进口货物在运抵我国关境前的最后一个境外装运港。

指运港填报出口货物运往境外的最终目的港；最终目的港不可预知的，按尽可能预知的目的港填报。

根据实际情况，按海关规定的《港口代码表》选择填报相应的港口名称及代码。经停港/指运港在《港口代码表》中无港口名称及代码的，可选择填报相应的国家名称及代码。

无实际进出境的货物，填报"中国境内"及代码。

（二十二）入境口岸/离境口岸

入境口岸填报进境货物从跨境运输工具卸离的第一个境内口岸的中文名称及代码；采取多式联运跨境运输的，填报多式联运货物最终卸离的境内口岸中文名称及代码；过境货物填报货物进入境内的第一个口岸的中文名称及代码；从海关特殊监管区域或保税监管场所进境的，填报海关特殊监管区域或保税监管场所的中文名称及代码。其他无实际进境的货物，填报货物所在地的城市名称及代码。

离境口岸填报装运出境货物的跨境运输工具离境的第一个境内口岸的中文名称及代码；采取多式联运跨境运输的，填报多式联运货物最初离境的境内口岸中文名称及代码；过境货物填报货物离境的第一个境内口岸的中文名称及代码；从海关特殊监管区域或保税监管场所离境的，填报海关特殊监管区域或保税监管场所的中文名称及代码。其他无实际出境的货物，填报货物所在地的城市名称及代码。

入境口岸/离境口岸类型包括港口、码头、机场、机场货运通道、边境口岸、火车站、车辆装卸点、车检场、陆路港、坐落在口岸的海关特殊监管区域等。按海关规定的《国内口岸编码表》选择填报相应的境内口岸名称及代码。

（二十三）包装种类

包装种类填报进出口货物的所有包装材料，包括运输包装和其他包装，按海关规定的《包装种类代码表》选择填报相应的包装种类名称及代码。运输包装指提运单所列货物件数单位对应的包装，其他包装包括货物的各类包装，以及植物性铺垫材料等。

（二十四）件数

件数填报进出口货物运输包装的件数（按运输包装计）。特殊情况填报要求如下：

（1）舱单件数为集装箱的，填报集装箱个数。

（2）舱单件数为托盘的，填报托盘数。

不得填报为零，裸装货物填报为"1"。

（二十五）毛重（千克）

毛重（千克）填报进出口货物及其包装材料的重量之和，计量单位为千克，不足一千克的填报为"1"。

（二十六）净重（千克）

净重（千克）填报进出口货物的毛重减去外包装材料后的重量，即货物本身的实际重量，计量单位为千克，不足一千克的填报为"1"。

（二十七）成交方式

根据进出口货物实际成交价格条款，按海关规定的《成交方式代码表》选择填报相应的成交方式代码。

无实际进出境的货物，进口填报"CIF"，出口填报"FOB"。

（二十八）运费

运费填报进口货物运抵我国境内输入地点起卸前的运输费用，出口货物运至我国境内输出地点装载后的运输费用。

运费可按运费单价、总价或运费率三种方式之一填报，注明运费标记（运费标记"1"表示运费率，"2"表示每吨货物的运费单价，"3"表示运费总价），并按海关规定的《货币代码表》选择填报相应的币种代码。例如：5%的运费率填报为5；24美元的运费单价填报为502/24/2；7 000美元的运费总价填报为502/7 000/3。

免税品经营单位经营出口退税国产商品的，免予填报。

表5-4　货币代码表

货币代码	货币符号	货币名称	货币代码	货币符号	货币名称
110	HKD	港币	304	DEM	德国马克
113	IRR	伊朗里亚尔	305	FRF	法国法郎
116	JPY	日本元	306	IEP	爱尔兰镑
118	KWD	科威特第纳尔	307	ITL	意大利里拉
121	MOP	澳门元	309	NLG	荷兰盾
122	MYR	马来西亚林吉特	312	ESP	西班牙比赛塔
127	PKR	巴基斯坦卢比	315	ATS	奥地利先令
129	PHP	菲律宾比索	318	FIM	苏兰马克
132	SGD	新加坡元	326	NOK	挪威克郎
136	THB	泰国铢	330	SEK	瑞典克郎
142	CNY	人民币	331	CHF	瑞士法郎
143	TWD	台币	332	SUR	苏联卢布
201	DZD	阿尔及利亚第纳尔	398	ASF	清算瑞士法郎
300	EUR	欧元	501	CAD	加拿大元
301	BEF	比利时法郎	502	USD	美元
302	DKK	丹麦克郎	601	AUD	澳大利亚元
303	GBP	英镑	609	NZD	新西兰元

（二十九）保费

保费填报进口货物运抵我国境内输入地点起卸前的保险费用，出口货物运至我国境内输出地点装载后的保险费用。

保费可按保险费总价或保险费率两种方式之一填报，注明保险费标记（保险费标记"1"表示保险费率，"3"表示保险费总价），并按海关规定的《货币代码表》选择填报相应的币种代码。例如：0.3%的保险费率填报为0.3；10 000港元保险费总价填报为110/10 000/3。

免税品经营单位经营出口退税国产商品的，免予填报。

（三十）杂费

杂费填报成交价格以外的，按照《中华人民共和国进出口关税条例》相关规定应计入完税价格或应从完税价格中扣除的费用。可按杂费总价或杂费率两种方式之一填报，注明杂费标记（杂费标记"1"表示杂费率，"3"表示杂费总价），并按海关规定的《货币代码表》选择填报相应的币种代码。例如：应计入完税价格的 1.5% 的杂费率填报为 1.5；应从完税价格中扣除的 1% 的回扣率填报为 -1；应计入完税价格的 500 英镑杂费总价填报为 303/500/3。

应计入完税价格的杂费填报为正值或正率，应从完税价格中扣除的杂费填报为负值或负率。

免税品经营单位经营出口退税国产商品的，免予填报。

（三十一）随附单证及编号

根据海关规定的《监管证件代码表》和《随附单据代码表》选择填报除本规范第十六条规定的许可证件以外的其他进出口许可证件或监管证件、随附单据代码及编号。

本栏目分为随附单证代码和随附单证编号两栏，其中代码栏按海关规定的《监管证件代码表》和《随附单据代码表》选择填报相应证件代码；随附单证编号栏填报证件编号。

（1）加工贸易内销征税报关单（使用金关二期加贸管理系统的除外），随附单证代码栏填报"c"，随附单证编号栏填报海关审核通过的内销征税联系单号。

（2）一般贸易进出口货物，只能使用原产地证书申请享受协定税率或者特惠税率（以下统称"优惠税率"）的（无原产地声明模式），"随附单证代码"栏填报原产地证书代码"Y"，在"随附单证编号"栏填报"＜优惠贸易协定代码＞"和"原产地证书编号"。可以使用原产地证书或者原产地声明申请享受优惠税率的（有原产地声明模式），"随附单证代码"栏填写"Y"，"随附单证编号"栏填报"＜优惠贸易协定代码＞"、"C"（凭原产地证书申报）或"D"（凭原产地声明申报），以及"原产地证书编号（或者原产地声明序列号）"。一份报关单对应一份原产地证书或原产地声明。各优惠贸易协定代码如下：

"01"为"亚太贸易协定"；

"02"为"中国—东盟自贸协定"；

"03"为"内地与香港紧密经贸关系安排"（香港 CEPA）；

"04"为"内地与澳门紧密经贸关系安排"（澳门 CEPA）；

"06"为"台湾农产品零关税措施"；

"07"为"中国—巴基斯坦自贸协定"；

"08"为"中国—智利自贸协定"；

"10"为"中国—新西兰自贸协定"；

"11"为"中国—新加坡自贸协定"；

"12"为"中国—秘鲁自贸协定"；

"13"为"最不发达国家特别优惠关税待遇"；

"14"为"海峡两岸经济合作框架协议（ECFA）"；

"15"为"中国—哥斯达黎加自贸协定"；

"16"为"中国—冰岛自贸协定"；

"17"为"中国—瑞士自贸协定"；

"18"为"中国—澳大利亚自贸协定"；

"19" 为 "中国—韩国自贸协定";

"20" 为 "中国—格鲁吉亚自贸协定"。

海关特殊监管区域和保税监管场所内销货物申请适用优惠税率的，有关货物进出海关特殊监管区域和保税监管场所以及内销时，已通过原产地电子信息交换系统实现电子联网的优惠贸易协定项下货物报关单，按照上述一般贸易要求填报；未实现电子联网的优惠贸易协定项下货物报关单，"随附单证代码" 栏填报 "Y"，"随附单证编号" 栏填报 " <优惠贸易协定代码 >" 和 "原产地证据文件备案号"。"原产地证据文件备案号" 为进出口货物的收发货物人或者其代理人录入原产地证据文件电子信息后，系统自动生成的号码。

向香港或者澳门特别行政区出口用于生产香港 CEPA 或者澳门 CEPA 项下货物的原材料时，按照上述一般贸易填报要求填制报关单，香港或澳门生产厂商在香港工贸署或者澳门经济局登记备案的有关备案号填报在 "关联备案" 栏。

"单证对应关系表" 中填报报关单上的申报商品项与原产地证书（原产地声明）上的商品项之间的对应关系。报关单上的商品序号与原产地证书（原产地声明）上的项目编号应一一对应，不要求顺序对应。同一批次进口货物可以在同一报关单中申报，不享受优惠税率的货物序号不填报在 "单证对应关系表" 中。

（3）各优惠贸易协定项下，免提交原产地证据文件的小金额进口货物 "随附单证代码" 栏填报 "Y"，"随附单证编号" 栏填报 " <优惠贸易协定代码 > XJE00000"，"单证对应关系表" 享惠报关单项号按实际填报，对应单证项号与享惠报关单项号相同。

（三十二）标记唛码及备注

标记唛码及备注填报要求如下：

（1）标记唛码中除图形以外的文字、数字，无标记唛码的填报 "N/M"。

（2）填报受外商投资企业委托代理其进口投资设备、物品的进出口企业名称。

（3）与本报关单有关联关系的，同时在业务管理规范方面又要求填报的备案号，填报在电子数据报关单中 "关联备案" 栏。

保税间流转货物、加工贸易结转货物及凭《征免税证明》转内销货物，其对应的备案号填报在 "关联备案" 栏。

减免税货物结转进口（转入），"关联备案" 栏填报本次减免税货物结转所申请的《中华人民共和国海关进口减免税货物结转联系函》的编号。

减免税货物结转出口（转出），"关联备案" 栏填报与其相对应的进口（转入）报关单 "备案号" 栏中《征免税证明》的编号。

（4）与本报关单有关联关系的，同时在业务管理规范方面又要求填报的报关单号，填报在电子数据报关单中 "关联报关单" 栏。

保税间流转、加工贸易结转类的报关单，应先办理进口报关，并将进口报关单号填入出口报关单的 "关联报关单" 栏。

办理进口货物直接退运手续的，除另有规定外，应先填制出口报关单，再填制进口报关单，并将出口报关单号填报在进口报关单的 "关联报关单" 栏。

减免税货物结转出口（转出），应先办理进口报关，并将进口（转入）报关单号填入出口（转出）报关单的 "关联报关单" 栏。

（5）办理进口货物直接退运手续的，填报 " <ZT" + "海关审核联系单号或者《海

关责令进口货物直接退运通知书》编号"＋"＞"。办理固体废物直接退运手续的，填报"固体废物，直接退运表××号/责令直接退运通知书××号"。

（6）保税监管场所进出货物，在"保税/监管场所"栏填报本保税监管场所编码［保税物流中心（B型）填报本中心的国内地区代码］，其中涉及货物在保税监管场所间流转的，在本栏填报对方保税监管场所代码。

（7）涉及加工贸易货物销毁处置的，填报海关加工贸易货物销毁处置申报表编号。

（8）当监管方式为"暂时进出货物"（代码2600）和"展览品"（代码2700）时，填报要求如下：

①根据《中华人民共和国海关暂时进出境货物管理办法》（海关总署令第233号，以下简称《管理办法》）第三条第一款所列项目，填报暂时进出境货物类别，如：暂进六，暂出九。

②根据《管理办法》第十条规定，填报复运出境或者复运进境日期，期限应在货物进出境之日起6个月内，如：20200815前复运进境，20200920前复运出境。

③根据《管理办法》第七条，向海关申请对有关货物是否属于暂时进出境货物进行审核确认的，填报《中华人民共和国××海关暂时进出境货物审核确认书》编号，其中英文为大写字母；无此项目的，无须填报。

上述内容依次填报，项目间用"/"分隔，前后均不加空格。

④收发货人或其代理人申报货物复运进境或者复运出境的：货物办理过延期的，根据《管理办法》填报《货物暂时进/出境延期办理单》的海关回执编号，其中英文为大写字母；无此项目的，无须填报。

（9）跨境电子商务进出口货物，填报"跨境电子商务"。

（10）加工贸易副产品内销，填报"加工贸易副产品内销"。

（11）服务外包货物进口，填报"国际服务外包进口货物"。

（12）公式定价进口货物填报公式定价备案号，格式为："公式定价"＋备案编号＋"@"。对于同一报关单下有多项商品的，如某项或某几项商品为公式定价备案的，则备注栏内填报为："公式定价"＋备案编号＋"#"＋商品序号＋"@"。

（13）进出口与《预裁定决定书》列明情形相同的货物时，按照《预裁定决定书》填报，格式为："预裁定＋《预裁定决定书》编号"（例如：某份预裁定决定书编号为R－2－0100－2020－0001，则填报为"预裁定R－2－0100－2020－0001"）。

（14）含归类行政裁定报关单，填报归类行政裁定编号，格式为："c"＋四位数字编号，例如c0001。

（15）已经在进入特殊监管区时完成检验的货物，在出区入境申报时，填报"预检验"字样，同时在"关联报检单"栏填报实施预检验的报关单号。

（16）进口直接退运的货物，填报"直接退运"字样。

（17）企业提供ATA单证册的货物，填报"ATA单证册"字样。

（18）不含动物源性低风险生物制品，填报"不含动物源性"字样。

（19）货物自境外进入境内特殊监管区或者保税仓库的，填报"保税入库"或者"境外入区"字样。

（20）海关特殊监管区域与境内区外之间采用分送集报方式进出的货物，填报"分送集报"字样。

（21）军事装备出入境的，填报"军品"或"军事装备"字样。

（22）申报 HS 为 3821000000、3002300000 的，填报要求为：属于培养基的，填报"培养基"字样；属于化学试剂的，填报"化学试剂"字样；不含动物源性成分的，填报"不含动物源性"字样。

（23）属于修理物品的，填报"修理物品"字样。

（24）属于下列情况的，填报"压力容器""成套设备""食品添加剂""成品退换""旧机电产品"等字样。

（25）申报 HS 为 2903890020（入境六溴环十二烷），用途为"其他（99）"的，填报具体用途。

（26）集装箱体信息填报集装箱号（在集装箱箱体上标示的全球唯一编号）、集装箱规格、集装箱商品项号关系（单个集装箱对应的商品项号，半角逗号分隔）、集装箱货重（集装箱箱体自重＋装载货物重量，千克）。

（27）申报 HS 为 3006300000、3504009000、3507909010、3507909090、3822001000、3822009000，不属于"特殊物品"的，填报"非特殊物品"字样。"特殊物品"定义见《出入境特殊物品卫生检疫管理规定》（原国家质量监督检验检疫总局令第 160 号公布，根据原国家质量监督检验检疫总局令第 184 号，海关总署令第 238 号、第 240 号、第 243 号修改）。

（28）进出口列入目录的进出口商品及法律、行政法规规定须经出入境检验检疫机构检验的其他进出口商品实施检验的，填报"应检商品"字样。

（29）申报时其他必须说明的事项。

（三十三）项号

项号分两行填报。第一行填报报关单中的商品顺序编号；第二行填报备案序号，专用于加工贸易及保税、减免税等已备案、审批的货物，填报该项货物在《加工贸易手册》或《征免税证明》等备案、审批单证中的顺序编号。有关优惠贸易协定项下报关单填制要求按照海关总署相关规定执行。其中第二行特殊情况填报要求如下：

（1）深加工结转货物，分别按照《加工贸易手册》中的进口料件项号和出口成品项号填报。

（2）料件结转货物（包括料件、制成品和未完成品折料），出口报关单按照转出《加工贸易手册》中进口料件的项号填报；进口报关单按照转进《加工贸易手册》中进口料件的项号填报。

（3）料件复出货物（包括料件、边角料），出口报关单按照《加工贸易手册》中进口料件的项号填报；如边角料对应一个以上料件项号时，填报主要料件项号。料件退换货物（包括料件、不包括未完成品），进出口报关单按照《加工贸易手册》中进口料件的项号填报。

（4）成品退换货物，退运进境报关单和复运出境报关单按照《加工贸易手册》原出口成品的项号填报。

（5）加工贸易料件转内销货物（以及按料件办理进口手续的转内销制成品、残次品、未完成品）填制进口报关单，填报《加工贸易手册》进口料件的项号；加工贸易边角料、副产品内销，填报《加工贸易手册》中对应的进口料件项号。如边角料或副产品对应一个以上料件项号时，填报主要料件项号。

（6）加工贸易成品凭《征免税证明》转为减免税货物进口的，应先办理进口报关手续。进口报关单填报《征免税证明》中的项号，出口报关单填报《加工贸易手册》原出口成品项号，进、出口报关单货物数量应一致。

（7）加工贸易货物销毁，填报《加工贸易手册》中相应的进口料件项号。

（8）加工贸易副产品退运出口、结转出口，填报《加工贸易手册》中新增成品的出口项号。

（9）经海关批准实行加工贸易联网监管的企业，按海关联网监管要求，企业需申报报关清单的，应在向海关申报进出口（包括形式进出口）报关单前，向海关申报"清单"。一份报关清单对应一份报关单，报关单上的商品由报关清单归并而得。加工贸易电子账册报关单中项号、品名、规格等栏目的填制规范比照《加工贸易手册》。

（三十四）　商品编号

商品编号填报为10位数字组成的商品编号。前8位为《中华人民共和国进出口税则》和《中华人民共和国海关统计商品目录》确定的编码；9、10位为监管附加编号。

（三十五）　商品名称及规格型号

商品名称及规格型号分两行填报。第一行填报进出口货物规范的中文商品名称，第二行填报规格型号。具体填报要求如下：

（1）商品名称及规格型号应据实填报，并与进出口货物收发货人或受委托的报关企业所提交的合同、发票等相关单证相符。

（2）商品名称应当规范，规格型号应当足够详细，以能满足海关归类、审价及许可证件管理要求为准，可参照《中华人民共和国海关进出口商品规范申报目录》中对商品名称、规格型号的要求进行填报。

（3）已备案的加工贸易及保税货物，填报的内容必须与备案登记中同项号下货物的商品名称一致。

（4）对需要海关签发《货物进口证明书》的车辆，商品名称栏填报"车辆品牌＋排气量（注明cc）＋车型（如越野车、小轿车等）"。进口汽车底盘不填报排气量。车辆品牌按照《进口机动车辆制造厂名称和车辆品牌中英文对照表》中"签注名称"一栏的要求填报。规格型号栏可填报"汽油型"等。

（5）由同一运输工具同时运抵同一口岸并且属于同一收货人、使用同一提单的多种进口货物，按照商品归类规则应当归入同一商品编号的，应当将有关商品一并归入该商品编号。商品名称填报一并归类后的商品名称；规格型号填报一并归类后商品的规格型号。

（6）加工贸易边角料和副产品内销，边角料复出口，填报其报验状态的名称和规格型号。

（7）进口货物收货人以一般贸易方式申报进口属于《需要详细列名申报的汽车零部件清单》（海关总署2006年第64号公告）范围内的汽车生产件的，按以下要求填报：

①商品名称填报进口汽车零部件的详细中文商品名称和品牌，中文商品名称与品牌之间用"/"相隔，必要时加注英文商业名称；进口的成套散件或者毛坯件应在品牌后加注"成套散件""毛坯"等字样，并与品牌之间用"/"相隔。

②规格型号填报汽车零部件的完整编号。在零部件编号前应当加注"S"字样，并与零部件编号之间用"／"相隔，零部件编号之后应当依次加注该零部件适用的汽车品牌和车型。汽车零部件属于可以适用于多种汽车车型的通用零部件的，零部件编号后应当加注"TY"字样，并用"／"与零部件编号相隔。与进口汽车零部件规格型号相关的其他需要申报的要素，或者海关规定的其他需要申报的要素，如"功率""排气量"等，应当在车型或"TY"之后填报，并用"／"与之相隔。汽车零部件报验状态是成套散件的，应当在"标记唛码及备注"栏内填报该成套散件装配后的最终完整品的零部件编号。

（8）进口货物收货人以一般贸易方式申报进口属于《需要详细列名申报的汽车零部件清单》（海关总署2006年第64号公告）范围内的汽车维修件的，填报规格型号时，应当在零部件编号前加注"W"，并与零部件编号之间用"／"相隔；进口维修件的品牌与该零部件适用的整车厂牌不一致的，应当在零部件编号前加注"WF"，并与零部件编号之间用"／"相隔。其余申报要求同上条执行。

（9）品牌类型。品牌类型为必填项目。可选择"无品牌"（代码0）、"境内自主品牌"（代码1）、"境内收购品牌"（代码2）、"境外品牌（贴牌生产）"（代码3）、"境外品牌（其他）"（代码4）如实填报。其中，"境内自主品牌"是指由境内企业自主开发、拥有自主知识产权的品牌；"境内收购品牌"是指境内企业收购的原境外品牌；"境外品牌（贴牌生产）"是指境内企业代工贴牌生产中使用的境外品牌；"境外品牌（其他）"是指除代工贴牌生产以外使用的境外品牌。上述品牌类型中，除"境外品牌（贴牌生产）"仅用于出口外，其他类型均可用于进口和出口。

（10）出口享惠情况。出口享惠情况为出口报关单必填项目。可选择"出口货物在最终目的国（地区）不享受优惠关税""出口货物在最终目的国（地区）享受优惠关税""出口货物不能确定在最终目的国（地区）享受优惠关税"如实填报。进口货物报关单不填报该申报项。

（11）申报进口已获3C认证的机动车辆时，填报以下信息：

①提运单日期。填报该项货物的提运单签发日期。

②质量保证期。填报机动车的质量保证期。

③发动机号或电机号。填报机动车的发动机号或电机号，应与机动车上打刻的发动机号或电机号相符。纯电动汽车、插电式混合动力汽车、燃料电池汽车为电机号，其他机动车为发动机号。

④车辆识别代码（VIN）。填报机动车车辆识别代码，须符合国家强制性标准《道路车辆　车辆识别代号（VIN）》（GB 16735—2019）的要求。该项目一般与机动车的底盘（车架号）相同。

⑤发票所列数量。填报对应发票中所列进口机动车的数量。

⑥品名（中文名称）。填报机动车中文品名，按《进口机动车辆制造厂名称和车辆品牌中英文对照表》（原质检总局2004年52号公告）的要求填报。

⑦品名（英文名称）。填报机动车英文品名，按《进口机动车辆制造厂名称和车辆品牌中英文对照表》（原质检总局2004年52号公告）的要求填报。

⑧型号（英文）。填报机动车型号，与机动车产品标牌上整车型号一栏相符。

（12）进口货物收货人申报进口属于实施反倾销反补贴措施货物的，填报"原厂商中

文名称""原厂商英文名称""反倾销税率""反补贴税率"和"是否符合价格承诺"等计税必要信息。格式要求为："|＜＞＜＞＜＞＜＞＜＞"。"|""＜"和"＞"均为英文半角符号。第一个"|"为在规格型号栏目中已填报的最后一个申报要素后系统自动生成或人工录入的分割符（若相关商品税号无规范申报填报要求，则需要手工录入"|"），"|"后面5个"＜＞"内容依次为"原厂商中文名称""原厂商英文名称（如无原厂商英文名称，可填报以原厂商所在国或地区文字标注的名称，具体可参照商务部实施贸易救济措施相关公告中对有关原厂商的外文名称写法的规定）""反倾销税率""反补贴税率""是否符合价格承诺"。其中，"反倾销税率"和"反补贴税率"填写实际值，例如，税率为30%，填写"0.3"。"是否符合价格承诺"填写"1"或者"0"，"1"代表"是"，"0"代表"否"。填报时，5个"＜＞"不可缺项，如第3、4、5项"＜＞"中无申报事项，相应的"＜＞"中内容可以为空，但"＜＞"需要保留。

（三十六）数量及单位

数量及单位分三行填报。

（1）第一行按进出口货物的法定第一计量单位填报数量及单位，法定计量单位以《中华人民共和国海关统计商品目录》中的计量单位为准。

（2）凡列明有法定第二计量单位的，在第二行按照法定第二计量单位填报数量及单位。无法定第二计量单位的，第二行为空。

（3）成交计量单位及数量填报在第三行。

（4）法定计量单位为"千克"的数量填报，特殊情况下填报要求如下：

①装入可重复使用的包装容器的货物，按货物扣除包装容器后的重量填报，如罐装同位素、罐装氧气及类似品等。

②使用不可分割包装材料和包装容器的货物，按货物的净重填报（包括内层直接包装的净重重量），如采用供零售包装的罐头、药品及类似品等。

③按照商业惯例以公量重计价的商品，按公量重填报，如未脱脂羊毛、羊毛条等。

④采用以毛重作为净重计价的货物，可按毛重填报，如粮食、饲料等大宗散装货物。

⑤采用零售包装的酒类、饮料、化妆品，按照液体/乳状/膏状/粉状部分的重量填报。

（5）成套设备、减免税货物如需分批进口，货物实际进口时，按照实际报验状态确定数量。

（6）具有完整品或制成品基本特征的不完整品、未制成品，根据《商品名称及编码协调制度》归类规则按完整品归类的，按照构成完整品的实际数量填报。

（7）已备案的加工贸易及保税货物，成交计量单位必须与《加工贸易手册》中同项号下货物的计量单位一致，加工贸易边角料和副产品内销、边角料复出口，填报其报验状态的计量单位。

（8）优惠贸易协定项下进出口商品的成交计量单位必须与原产地证书上对应商品的计量单位一致。

（9）法定计量单位为立方米的气体货物，折算成标准状况（摄氏零度及1个标准大气压）下的体积进行填报。

（三十七）单价

单价填报同一项号下进出口货物实际成交的商品单位价格。无实际成交价格的，填报单位货值。

（三十八）总价

总价填报同一项号下进出口货物实际成交的商品总价格。无实际成交价格的，填报货值。

（三十九）币制

按海关规定的《货币代码表》（见本书第175页）选择相应的货币名称及代码填报，如《货币代码表》中无实际成交币种，需将实际成交货币按申报日外汇折算率折算成《货币代码表》列明的货币填报。

（四十）原产国（地区）

原产国（地区）依据《中华人民共和国进出口货物原产地条例》、中华人民共和国海关总署发布的《关于非优惠原产地规则中实质性改变标准的规定》以及海关总署关于各项优惠贸易协定原产地管理规章规定的原产地确定标准填报。同一批进出口货物的原产地不同的，分别填报原产国（地区）。进出口货物原产国（地区）无法确定的，填报"国别不详"。

按海关规定的《国别（地区）代码表》选择填报相应的国家（地区）名称及代码。

表5-5　国别（地区）代码表（部分）

国别（地区）代码	中文名称	国别（地区）代码	中文名称
101	阿富汗	133	韩国
102	巴林	142	中国
106	缅甸	244	南非
107	柬埔寨	301	比利时
109	朝鲜	302	丹麦
110	中国香港	303	英国
113	伊朗	304	德国
116	日本	305	法国
121	中国澳门	410	巴西
127	巴基斯坦	501	加拿大
132	新加坡	502	美国

（四十一）最终目的国（地区）

最终目的国（地区）填报已知的进出口货物的最终实际消费、使用或进一步加工制造国家（地区）。不经过第三国（地区）转运的直接运输货物，以运抵国（地区）为最终目的国（地区）；经过第三国（地区）转运的货物，以最后运往国（地区）为最终目的国（地区）。同一批进出口货物的最终目的国（地区）不同的，分别填报最终目的国（地区）。进出口货物不能确定最终目的国（地区）时，以尽可能预知的最后运往国（地区）为最终目的国（地区）。

按海关规定的《国别（地区）代码表》选择填报相应的国家（地区）名称及代码。

（四十二）境内目的地/境内货源地

境内目的地填报已知的进口货物在国内的消费、使用地或最终运抵地，其中最终运抵地为最终使用单位所在的地区。最终使用单位难以确定的，填报货物进口时预知的最终收货单位所在地。

境内货源地填报出口货物在国内的产地或原始发货地。出口货物产地难以确定的，填报最早发运该出口货物的单位所在地。

海关特殊监管区域、保税物流中心（B型）与境外之间的进出境货物，境内目的地/境内货源地填报本海关特殊监管区域、保税物流中心（B型）所对应的国内地区。

按海关规定的《国内（地区）代码表》选择填报相应的国内地区名称及代码。境内目的地还需根据《中华人民共和国行政区划代码表》选择填报其对应的县级行政区名称及代码。无下属区县级行政区的，可选择填报地市级行政区。

（四十三）征免

按照海关核发的《征免税证明》或有关政策规定，对报关单所列每项商品选择海关规定的《征减免税方式代码表》中相应的征减免税方式填报。

加工贸易货物报关单根据《加工贸易手册》中备案的征免规定填报；《加工贸易手册》中备案的征免规定为"保证金"或"保函"的，填报"全免"。

表5-6 征减免税方式代码表

代码	名称
1	照章征税
2	折半征税
3	全免
4	特案
5	征免性质
6	保证金
7	保函
8	折半补税
9	全额退税

（四十四）特殊关系确认

根据《中华人民共和国海关审定进出口货物完税价格办法》（以下简称《审价办法》）第十六条，填报确认进出口行为中买卖双方是否存在特殊关系，有下列情形之一的，应当认为买卖双方存在特殊关系，应填报"是"，反之则填报"否"：

（1）买卖双方为同一家族成员的。

（2）买卖双方互为商业上的高级职员或者董事的。

（3）一方直接或者间接地受另一方控制的。

（4）买卖双方都直接或者间接地受第三方控制的。

（5）买卖双方共同直接或者间接地控制第三方的。

（6）一方直接或者间接地拥有、控制或者持有对方5%以上（含5%）公开发行的有表决权的股票或者股份的。

（7）一方是另一方的雇员、高级职员或者董事的。

（8）买卖双方是同一合伙的成员的。

买卖双方在经营上相互有联系，一方是另一方的独家代理、独家经销或者独家受让人，如果符合前款的规定，也应当视为存在特殊关系。

出口货物免予填报，加工贸易及保税监管货物（内销保税货物除外）免予填报。

（四十五）价格影响确认

根据《审价办法》第十七条，填报确认纳税义务人是否可以证明特殊关系未对进口货物的成交价格产生影响，纳税义务人能证明其成交价格与同时或者大约同时发生的下列任何一款价格相近的，应视为特殊关系未对成交价格产生影响，填报"否"，反之则填报"是"：

（1）向境内无特殊关系的买方出售的相同或者类似进口货物的成交价格。

（2）按照《审价办法》第二十三条的规定所确定的相同或者类似进口货物的完税价格。

（3）按照《审价办法》第二十五条的规定所确定的相同或者类似进口货物的完税价格。

出口货物免予填报，加工贸易及保税监管货物（内销保税货物除外）免予填报。

（四十六）支付特许权使用费确认

根据《审价办法》第十一条和第十三条，填报确认买方是否存在向卖方或者有关方直接或者间接支付与进口货物有关的特许权使用费，且未包括在进口货物的实付、应付价格中。

买方存在需向卖方或者有关方直接或者间接支付特许权使用费，且未包含在进口货物实付、应付价格中，并且符合《审价办法》第十三条的，在"支付特许权使用费确认"栏目填报"是"。

买方存在需向卖方或者有关方直接或者间接支付特许权使用费，且未包含在进口货物实付、应付价格中，但纳税义务人无法确认是否符合《审价办法》第十三条的，填报"是"。

买方存在需向卖方或者有关方直接或者间接支付特许权使用费且未包含在实付、应付价格中，纳税义务人根据《审价办法》第十三条，可以确认需支付的特许权使用费与进口货物无关的，填报"否"。

买方不存在向卖方或者有关方直接或者间接支付特许权使用费的，或者特许权使用费已经包含在进口货物实付、应付价格中的，填报"否"。

出口货物免予填报，加工贸易及保税监管货物（内销保税货物除外）免予填报。

（四十七）自报自缴

进出口企业、单位采用"自主申报、自行缴税"（自报自缴）模式向海关申报时，填报"是"；反之则填报"否"。

（四十八）申报单位

自理报关的，填报进出口企业的名称及编码；委托代理报关的，填报报关企业名称及编码。编码填报 18 位法人和其他组织统一社会信用代码。

报关人员填报在海关备案的姓名、编码、电话，并加盖申报单位印章。

（四十九）海关批注及签章

海关批注及签章供海关作业时签注。

相关用语的含义：

报关单录入凭单：指申报单位按报关单的格式填写的凭单，用作报关单预录入的依据。该凭单的编号规则由申报单位自行决定。

预录入报关单：指预录入单位按照申报单位填写的报关单凭单录入、打印由申报单位向海关申报，海关尚未接受申报的报关单。

报关单证明联：指海关在核实货物实际进出境后按报关单格式提供的，用作进出口货物收发货人向国税、外汇管理部门办理退税和外汇核销手续的证明文件。

本规范所述尖括号（＜＞）、逗号（,）、连接符（－）、冒号（:）等标点符号及数字，填报时都必须使用非中文状态下的半角字符。

样单5-1　出口货物报关单

中华人民共和国海关出口货物报关单

514120200041030309553

页码/页数：1/1

预录入编号：514120200041030　　海关编号：514120200041030　　（广州机场）

境内发货人 (91440113618782585859) 广州▉▉▉进出口贸易有限公司	出境关别 (5141) 广州机场	出口日期 20200519	申报日期 20200515	备案号
境外收货人 SARL LONGMA	运输方式 (5) 航空运输	运输工具名称及航次号 QR8941	提运单号 15726539273_CNSZX157484	
生产销售单位 (91430181M4L6TBA7J) ▉▉▉医疗器械城有限公司	监管方式 (0110) 一般贸易	征免性质 (101) 一般征税	许可证号	
合同协议号 2020042dB	贸易国 (地区) (FRA) 中国香港	运抵国 (地区) (FRA) 法国	指运港 (FRA000) 法国	离境口岸 (442301) 广州白云国际机场
包装种类 (22) 纸制或纤板制盒/箱	件数 50	毛重 (千克) (HKG) 390	净重 (千克) (3) 335	成交方式 FOB	运费	保费	杂费

随附单证及编号

随附单证2：企业提供证明材料；代理报关委托协议（电子）；发票

备注：生产厂家：▉▉▉医疗器械有限公司，注册证号：湘械注准20202140238 N/M

项号	商品编号	商品名称及规格型号	数量及单位	单价/总价/币制	原产国 (地区)	最终目的国 (地区)	境内货源地	征免
1	6307900010	一次性使用医用口罩（非无菌型） 1|0|成分含量：无纺布32.5%无纺布35% |||品牌：金海川，型号：PM	335千克 100000个 100000个	1.8160 181600.00 港币	中国 (CHN)	法国 (43202) 浏阳经济技术开发区 照章征税 (FRA) (1)		照章征税

特殊关系确认：否	价格影响确认：否	支付特许权使用费确认：否	自报自缴：是
报关人员 申报单位 (91440112793479719B) 广州市艺骏国际货运代理有限公司	报关人员证号52108218 电话	兹申明对以上内容承担如实申报、依法纳税之法律责任 申报单位（签章）	海关批注及签章

样单5-2　出口货物报关单

出口货物报关单

中华人民共和国海关出口货物报关单　

（境内港关）

预录入编号：E2019000003228186643　　报关单编号：520120190519237825　　页码/页数：1/1

境内发货人 广州天悦国际贸易有限公司	出境关别（5201）黄埔港关	出口日期	申报日期 20191028	备案号
境外收货人（NO）ABCD UNI LOGISTICS JSC	运输方式 水路运输（2）	运输工具名称及航次号 41390668/19102800000000	提运单号 2629691020	
生产销售单位 广州天悦国际贸易有限公司	监管方式 一般贸易（0110）	征免性质 一般征税（101）	许可证号	
合同协议号 XL-010305	贸易国（地区）（VNM）越南	运抵国（地区）（VNM）越南	指运港 越南（越南）	离境口岸（440002）黄埔港务码头
包装种类（06）	件数 900	毛重（千克）18180	净重（千克）18000	成交方式 CIF（1） 运费 USD / 90.0000 / 3 保费 USD / 16.0000 / 3 杂费

标记唛码及备注：
随附单证及编号：合同/发票/装箱单/代理报关委托协议（电子）
备注：[报知口岸:大码头(内贸)] 1X40' N/N 集装箱标箱数及号码：2;00CUT203818;

序号	商品编号及名称、规格型号	数量及单位	单价/总价/币制	原产国（地区）	最终目的国（地区）	境内货源地	征免
1	2811291000 二氧化硅 [1]二氧化硅89%,水份3%,结晶水5%,可溶性盐1% 未熔过未面处理	18.00000吨 18000.00000千克	610.0000 10980.00000 美元(USD)	中国（CHN）	越南（VNM）	湖南（430029）/株洲其他/湖南省株洲市县（株洲） 照章征税（1）

特殊关系确认：否　　价格影响确认：否　　支付特许权使用费确认：否　　自报自缴：否

报关人员　　报关人员证号　　电话

申报单位：（9144011234016438600）广州市福丰货运代理有限公司　　兹申明对以上内容承担如实申报、依法纳税之法律责任　　申报单位（签章）

海关批注及签章

样单5-3　进口货物报关单

汇总征税

预录入编号：51412020141008963

中华人民共和国海关进口货物报关单

（广州机场）

页码/页数：1/1

备案号

境内收货人（91440113618782859）	进境关别（5141）广州机场	进口日期 20200414	申报日期 20200414
境外发货人	运输方式（5）航空运输	运输工具名称及航次号 C2777	提运单号 35651476692_DYN00072095	货物存放地点 南航货站
消费使用单位（91450100M65WWRL163）	监管方式（0110）一般贸易	征免性质（101）一般征税	许可证号	启运港（ITA000）意大利
合同协议号 330.20	贸易国（地区）（HKG）中国香港	启运国（地区）（ITA）意大利	经停港（HKG003）香港（中国香港）	入境口岸（44201）广州白云国际机场
包装种类（93/93）天然木托/天然木托	件数 1	毛重（千克）392	净重（千克）338.1	成交方式 CIF	运费	保费	杂费

随附单证及编号

标记唛码及备注

随附单证2:代理报关委托协议（电子）；企业提供的其他:发票

备注：<总担保51002OCP1CC0000000073>应检商品 联系地址:广州市番禺区沙湾镇未丰路12号 联系人: 乔健13512733820 N/M

项号	商品编号	商品名称及规格型号	数量及单位	单价/总价/币制	原产国（地区）	最终目的国（地区）	境内目的地	征免
1	3209100090 水性涂料	4|3|成分含量:改性丙烯酸树脂32~38%,添加剂消泡剂2~6%, 颜料	66千克 60罐	6.0500 363.00 欧元	意大利 (ITA)	中国 (44239/440113) 番禺/广州市 (CHN)	广州市 番禺区	照章征税 (1)
2	3209100090 水性涂料	4|3|成分含量:改性丙烯酸树脂32~38%,添加剂消泡剂2~6%, 颜料	268.4千克 61罐	24.2000 1476.20 欧元	意大利 (ITA)	中国 (44239/440113) 番禺/广州市 (CHN)	广州市 番禺区	照章征税 (1)
3	6809900000 样品展示板	0|3|加工方法:装饰 经贴面或加强 经喷涂装饰 表 面用纸贴胶面加强|成分含量:	0.9千克 1张	1.0000 1.00 欧元	意大利 (ITA)	中国 (44239/440113) 番禺/广州市 (CHN)	广州市 番禺区	照章征税 (1)
4	4911100000 样册	0|3|无商业价值	2.8千克 10本	1.0000 10.00 欧元	意大利 (ITA)	中国 (44239/440113) 番禺/广州市 (CHN)	广州市 番禺区	照章征税 (1)

价格影响确认:否	支付特许权使用费确认:否	自报自缴:是
特殊关系确认:否	与价格相关确认:否

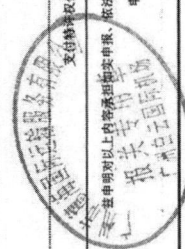

报关人员 报关人员证号51105444	电话	兹声明对以上内容承担如实申报、依法纳税之法律责任	海关批注及签章
申报单位（914401297143551487Y）广州市德海国际运输服务有限公司		申报单位（签章）	

第六章
出口货物许可证

出口许可证管理是根据国家的法律、政策、对外贸易计划和国内市场的需求，对出口经营权、经营范围、贸易国别、出口货物品种、数量、技术及其相关产品等实行全面管制、有效监测、规范货物出口许可的制度。出口许可证（Export Licence）是国家批准某些商品出口的证明文件。

一、出口许可证申办手续

出口许可证申办手续包括：

（1）填写出口许可证申请表。

（2）附上合同正本及出口计划批件。

（3）填写出口许可证一式四份。一联为正本，供发货人办理海关手续之用，背面有海关签注栏，供海关验放使用；二联交海关留存；三联送银行办理结汇；四联由发证机关留存。

二、出口许可证申请表内容填写规范

凡申领出口许可证的单位，应按以下规范填写出口许可证申请表。

1. 出口商

（1）配额管理出口商品，应填写出口配额指标单位的进出口企业全称。

（2）一般许可证管理出口商品，应填写有出口经营权的各类进出口企业的全称。

（3）还贷、补偿贸易项目出口，应填写有出口经营权的代理公司全称。

（4）非外贸单位经批准出运货物，此栏可填写该单位名称。

（5）企业编码，应按外经贸部授权的发证机关编定的代码填写（下同）。

2. 发货人

（1）配额招标商品（包括有偿和无偿招标）的发货人与出口商必须一致。

（2）其他出口配额管理商品的发货人原则上应与出口商一致，但与出口商有隶属关系的可以不一致。

（3）还贷出口、补偿贸易出口和外商投资企业委托代理出口时，发货人与出口商可以不一致。

3. 出口许可证号

由发证机关编排。

4. 出口许可证有效截止日期

（1）实行"一批一证"制的商品，其许可证有效期自发证之日起最长为 3 个月。供港澳（不包括转口）鲜活冷冻商品的许可证有效期为 1 个月。

（2）不实行"一批一证"制的商品、外商投资企业和补偿贸易项下的出口商品，其许可证有效期自发证之日起最长为 6 个月。

（3）许可证证面有效期如需跨年度时，可在当年将许可证日期填到次年，最迟至二月底。

5. 贸易方式

（1）此栏内容有：一般贸易、易货贸易、补偿贸易、进料加工、来料加工、外商投资企业出口、边境贸易、出料加工、转口贸易、期货贸易、承包工程、归还贷款出口、国际展销、协定贸易、其他贸易。

（2）进料加工复出口，此栏填写进料加工。

（3）外商投资企业进料加工复出口时，贸易方式填写外商投资企业出口。

（4）非外贸单位出运展卖品和样品每批价值在五千元以上的，此栏填写"国际展览"。

（5）各类进出口企业出运展卖品，此栏填写"国际展览"，出运样品填写一般贸易。

6. 合同号

（1）指申领许可证、报关及结汇时所用出口合同的编码。

（2）原油、成品油及非贸易项下出口，可不填写合同号。

（3）展品出运时，此栏应填写外经贸部批准办展的文件号。

7. 报关口岸

指出运口岸，此栏允许填写三个口岸，但仅能在一个口岸报关。

8. 进口国（地区）

进口国（地区）指最终目的地，即合同目的地，不允许使用地域名（如欧洲等）。

9. 支付方式

此栏的内容有信用证、托收、汇付、本票、现金、记账和免费等。

10. 运输方式

可填写海上运输、铁路运输、公路运输、航空运输、邮政运输、固定运输。

11. 商品名称和编码

按外经贸部发布的出口许可证管理商品目录的标准名称填写。

12. 规格等级

（1）规格等级栏，用于对所出商品作具体说明，包括具体品种、规格（如水泥标号、钢材品种等）和等级（如兔毛等级）。同一编码商品规格型号超过四种时，应另行填写出口许可证申请表。"劳务出口物资"也应按此填写。

（2）出运货物必须与此栏说明的品种、规格或等级相一致。

13. 单位

这里指计量单位。非贸易项下的出口商品，此栏以"批"为计量单位，具体单位在备注栏中说明。

14. 数量、单价及总值

（1）数量表示该证允许出口商品的多少。此数值允许保留一位小数，凡位数超出的，一律以四舍五入进位。计量单位为"批"的，此栏均为 1。

（2）单价是指与计量单位相一致的单位价格，计量单位为"批"的，此栏则为总金额。

15. 备注

填写以上各栏未尽事宜。

三、出口许可证缮制应注意的事项

（1）出口许可证申请书中的出运数量应严格与合同和信用证规定的数量保持一致，实际出运的数量不得超出出口许可证准允的数量。

（2）出口许可证中的贸易方式、出运口岸等项目应与出口报关单一致。

（3）签订合同时商品的单价，不得低于出口许可证所允许的单价。

（4）出口许可证实行"一批一证"制，每一份出口许可证有效期自发证日起最长不超过 3 个月，在有效期内只能报关一次。某些特殊商品不实行"一批一证"制，这些商品的出口许可证有效期最长为 6 个月，允许多次报关使用，但最多不能超过 12 次，由海关逐批签注出运数。出口许可证一般不能跨年度使用，其有效期最迟到当年 12 月 31 日。如需跨年度使用，须向原发证机关换证，该证的有效期最迟只能延续至下一年的 2 月底，并不得再延。

（5）出口许可证应由出口企业或单位根据分级管理的原则，分级申请，于货物装运前向签证机关提出书面申请，经签证机关审核，符合有关规定、手续完备的，3 个工作日内即可予签发。委托代理出口的，由接受代理的单位申领出口许可证。

（6）出口许可证一经签发后，出口单位需变更许可证内容时必须到原发证机关换证，并应在原出口许可证和合同有效期内进行，任何涂改或伪报，都要追究责任。

样单 6 − 1　　出口许可证

中华人民共和国纺织品出口自动许可证
AUTOMATIC TEXTILES EXPORT LICENCE OF THE PEOPLE'S REPUBLIC OF CHINA No.5463674

1. 出口商： Exporter 　　　　4400231116246 广东省纺织品进出口毛织品有限公司	3. 出口自动许可证号： Automatic export licence No. 　　　05-19-B25532
2. 发货人： Consignor 　　　　4400231116246 广东省纺织品进出口毛织品有限公司	4. 出口自动许可证有效截止日期： Automatic export licence expiry date 　　　2005年06月28日
5. 贸易方式： Terms of trade 　　　一般贸易	8. 出口最终目的国（地区）： Country/Region of purchase 　　　巴拿马
6. 合同号： Contract No. 　2005AUMWBS09045	9. 付款方式： Payment 　　　汇付
7. 报关口岸： Place of clearance 　　　广州海关	10. 运输方式： Mode of transport 　　　公路运输

11. 商品名称： Description of goods 化学纤维针织或钩编男T恤衫			商品编码： Code of goods　　　6109909051		
12. 规格、等级 Specification	13. 单位 Unit	14. 数量 Quantity	15. 单价（USD） Unit price	16. 总值（USD） Amount	17. 总值折美元 Amount in USD
S.M.L	件	*9,500.0	*2.5000	*23,750	$23,750
18. 总　　计 Total	件	*9,500.0		*23,750	$23,750

19. 备　　注： Supplementary details 供货生产企业名称：广州市白云富成针织制衣厂 是否转口：　　是 转口国（地区）：中国香港	20. 发证机关盖章： Issuing authority's stamp （纺织品出口自动许可证 专用章 广东） 21. 发证日期： Licence date　　2005年03月28日

中华人民共和国商务部监制（2005）

样单6-2　进口许可证

中华人民共和国自动进口许可证

AUTOMATIC IMPORT LICENCE OF THE PEOPLE'S REPUBLIC OF CHINA

仅用于存档

1.　进口商：▇▇▇▇2904570 　　Importer ▇▇07132904570U 　　▇▇▇▇▇有限公司	3.　自动进口许可证号： 　　Automatic import licence No. 　　20-09-N55958
2.　进口用户： 　　Consingnee 　　▇▇▇▇股份有限公司	4.　自动进口许可证有效截止日期： 　　Automatic import licence expiry date 　　2020年12月17日
5.　贸易方式：　　一般贸易 　　Terms of trade	8.　贸易国（地区）：　　德国 　　Country/Region of trading
6.　外汇来源：　　　银行购汇 　　Terms of foreign exchange	9.　原产地国（地区）：　　德国 　　Country/Region of origin
7.　报关口岸：　　黄埔关区 　　Place of clearance	10.　商品用途：　　内销 　　Use of goods

11.　商品名称： 　　Description of goods 按重量计脂肪含量不超过1%的未浓缩的乳及奶油	商品编码： Code of goods 0401100000			商品状态： Status of goods 新	
12.　规格、型号 Specification	13.　单位 Unit	14.　数量 Quantity	15.　单价（EUR） Unit price	16.　总值（EUR） Amount	17.　总值折美元 Amount in USD
脱脂	千克	44496	0.4474	19,908	22,329
18.　总计 　　Total	千克	44496		19,908	22,329

19.　备注： 　　Supplementary details	20.　发证机关签章： 　　Issuing authority's stamp （自动进口许可专用章　上海　2020年07月03日） 21.　发证日期： 　　Licence date

第七章
电脑制单

一、Word 制单

Word 制单是指利用 Word 在电脑上制作单据，一般一套单据设置一个文件名，为便于查询，通常以商业发票的号码作为文件名存档。根据公司具体业务量的大小，以月份、地区或客户为文件夹进行分类，方便查找。利用 Word 制单有两种方法：

（一）直接输入法

直接输入法就是把新打开的文档看成一张白纸，根据单据的要求，填制具体的内容。该方法简单直观明了，能做到输入的资料所见即所得，比较适合初学电脑制单的人使用，对于较少使用的一次性单据，公司也可采用这种制单方法，如图 7 - 1。

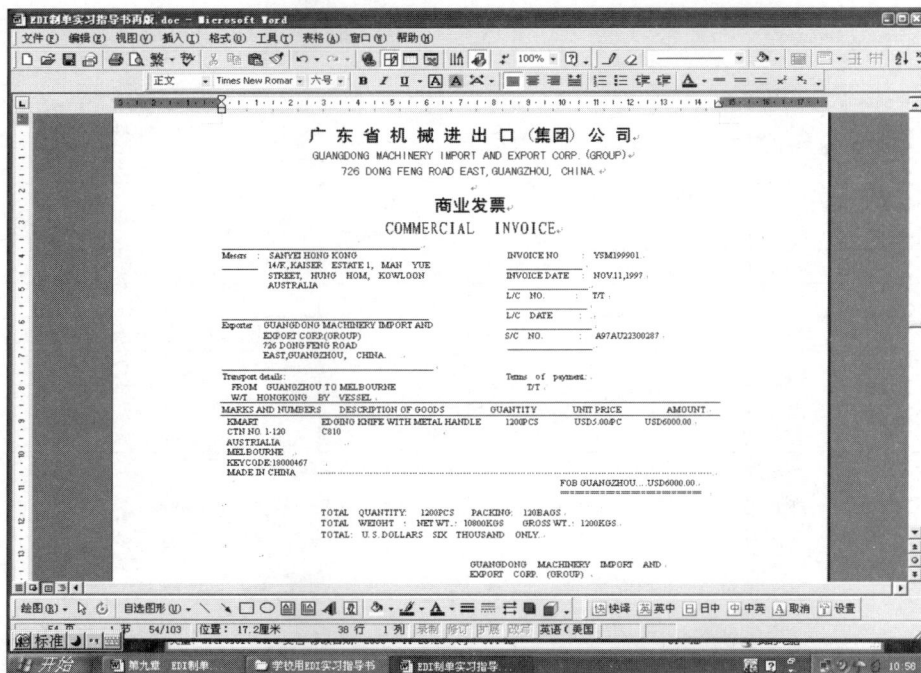

图 7 - 1　直接输入法制单

（二）模板输入法

模板输入法就是根据公司的实际业务，再按照各种单据的格式，设置好一套空白单据的模板，制单时，首先拷贝整套空白模板，其次输入具体单据的内容。模板输入法能预先设置好公司的名称、地址、产品及规格，输入时不会错位，填制速度快，只要有一台普通的电脑，随身带上设置好的模板，就可完成整套单据的制作，一般外贸公司的单证员比较喜欢采用这种输入法。本书附送的光盘已提供常用单证的 Word 模板以供参考，学生可利用模板练习，红字部分为填入的资料提示例，单证员可利用模板在红字部分输入数据后另存为新文件保存，即可在公司实际应用。现将该模板设置的步骤介绍如下（以商业发票为例）：

（1）打开 Microsoft Word，出现"文档1"，如图 7 – 2。

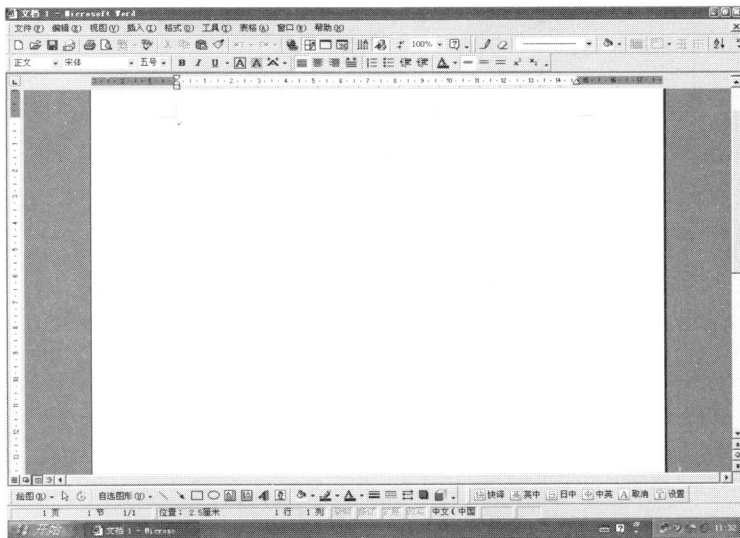

图 7 – 2

（2）点击"插入表格"，根据具体单据的要求，确定行列数，如图 7 – 3。

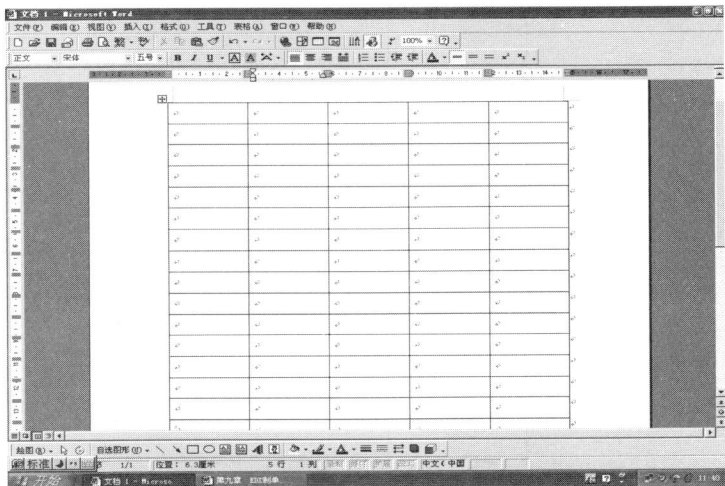

图 7 – 3

（3）根据单据的格式要求，合并、调整单元格，输入单据各栏目的名称，如图7－4。

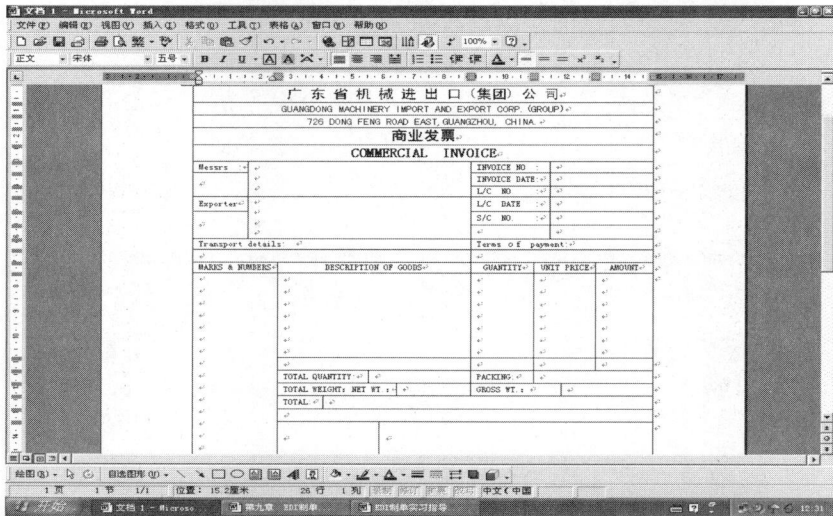

图7－4

（4）右键单击鼠标，点击"边框和底纹"，点击"无"，隐去单据的边框，如图7－5。

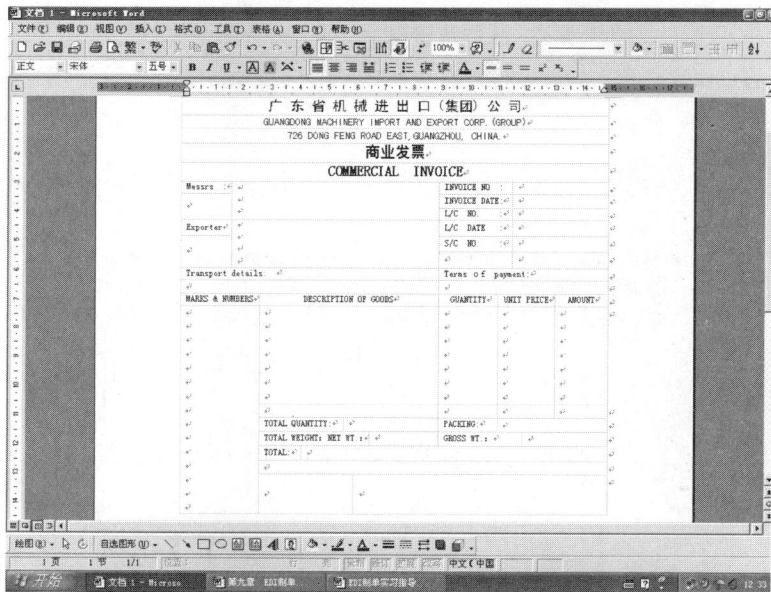

图7－5

（5）右键单击鼠标，点击"边框和底纹"，根据单据需要，设定特殊的线条，到此空白单据的模板设置完毕，如图7－6。

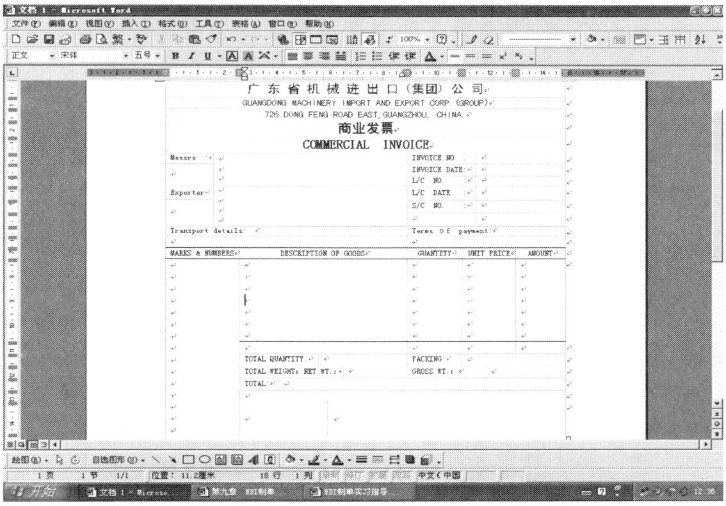

图 7－6

（6）根据实际业务，输入具体内容并打印，如图 7－7。

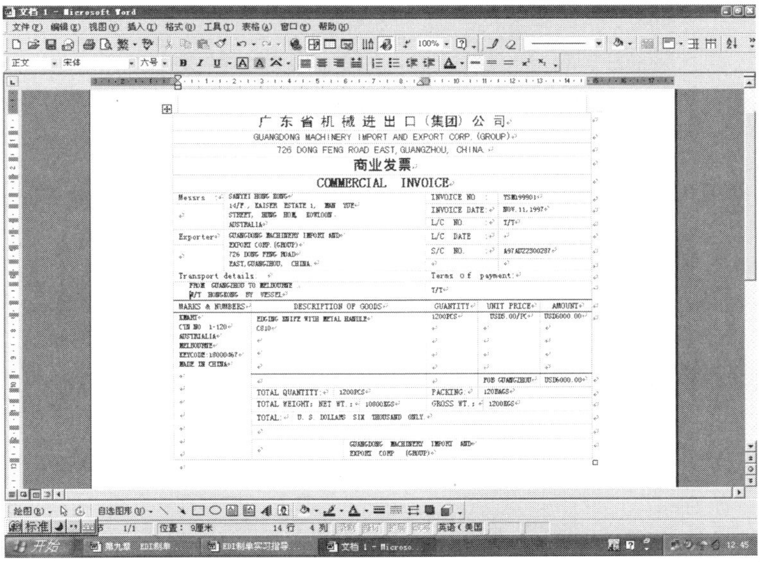

图 7－7

二、Excel 制单

Excel 制单是指利用 Excel 在电脑上制作单据，一般一套单据设置一个文件名，为便于查询，通常以商业发票的号码作为文件名。

由于 Excel 可预先设置好模板，并具有统计功能，每一个 Sheet 可直接命名为汇票、商业发票、装箱单、受益人证明书、装船通知、提单、原产地证明书等，直观且方便操作，每一个出口公司可根据自己的实际情况设置模板，并在一台普通的电脑上即可完成制单，故在实际业务中运用最广。本书附送的光盘已提供了常用的模板供学生和单证员参考。

制作 Excel 制单模板比 Word 制单模板简单，具体可分三步：

（1）打开 Microsoft Excel，出现"Sheet1"，点击"打印预览"，提示右边边界，如图 7 - 8。

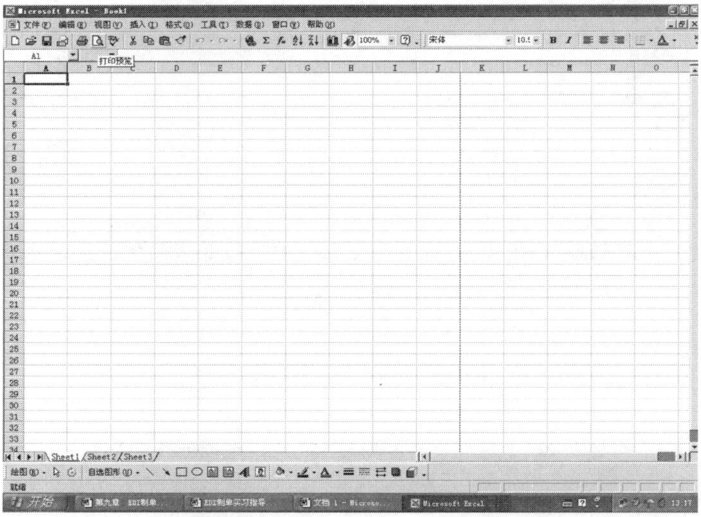

图 7 - 8

（2）根据单据的格式要求，将"Sheet1"修改为具体单据名称如"商业发票"，合并、调整单元格，输入单据各栏目的名称，如图 7 - 9。

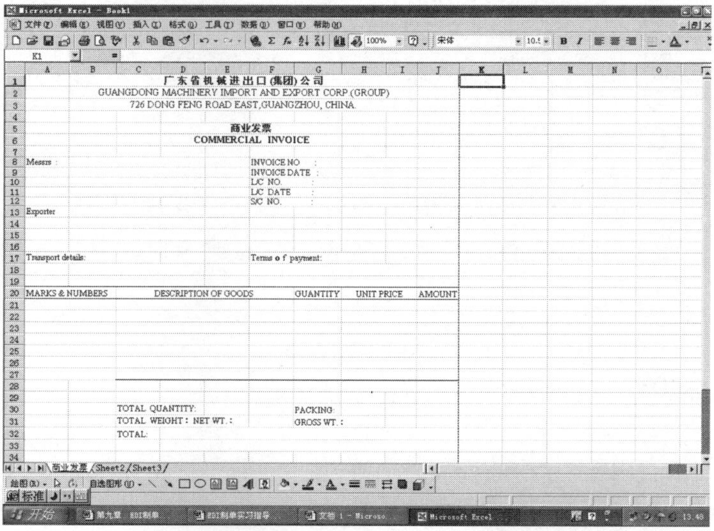

图 7 - 9

（3）根据实际业务，输入具体内容并打印，如图 7－10。

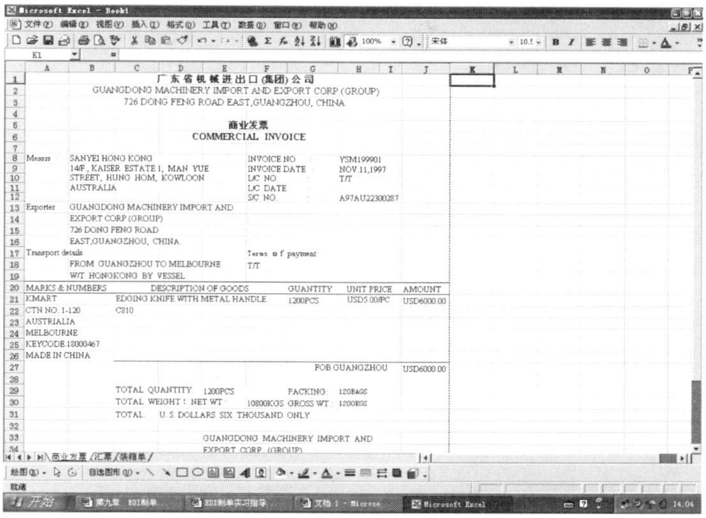

图 7－10

本书附送光盘中的 Excel 单据模板，单证员打开后在模板的红字部分根据实际业务更改实际数据，打印出来即可使用，输入的数据通过"另存为"，输入新的文件名，即为该套单据的电子单据。

三、"天合"制单系统 V. 3. 3/NT

"天合"制单系统由广东省外经贸计算机中心开发，广东省不少外贸公司采用该系统，早期用于原产地证（CO 和 FORM A）申报和 EDI 制单，现在主要用作 EDI 制单。"天合"制单系统可以制作和打印出口贸易所需的各种单证，包括发票、合同、装箱单、托运单、重量单、尺码单、原产地证（FORM A、CO）、汇票等。

"天合"制单系统制单过程简单方便，所制单证美观整洁。并符合国家有关出口单证的标准。

"天合"制单系统制单的特点之一是同一套单证的资料只需一次输入，就可以按用户要求制作各种单证。可以避免数据的重复输入，保证单证之间数据的一致性，减少出错，避免单单不符。

"天合"制单的过程一般分为选择单据、输入单证数据、输入单证货物明细数据、打印单据或电子传送单据等步骤。

考虑到各地制单系统使用方法千差万别，对"天合"制单系统的使用在此不作详述。

第八章
信用证申请书

以信用证方式支付的进口贸易中，进口商必须向开证行提出申请，要求开立信用证，开证行根据进口商的要求开立信用证，这是履行进口合同的第一步。因此，进口商必须填写信用证申请书，以书面的形式向开证行提出申请。

一、申请开证应注意的问题

（1）申请开证前，要落实进口批准手续及外汇来源。

（2）开证时间的掌握应以卖方在收到信用证后能在合同规定的装运期内出运为原则。具体为：

①若合同规定开证日期，就必须在规定期限内开立信用证。

②若合同有装运期的起止日期，则最迟必须让卖方在装运期的第一天就能收到信用证。

③若合同只规定最后装运期，则买方应在合理的时间内开证，一般掌握在合同规定的交货期前一个月或一个半月。

（3）开证时要注意证与合同一致，必须以对外签订的正本合同（包括修改后的正本合同）为依据，合同中规定要在信用证上明确的条款都必须列明，不能使用"参阅第×××号合同"或"第×××号合同项下货物"等条款，也不能将有关合同作为信用证附件附在信用证后，因为信用证是一个独立的文件，不依附于贸易合同。

（4）合同规定为远期付款时，要明确汇票期限，价格条款必须与相应的单据要求以及费用负担、表示方法等相吻合。如 CIF 价格条件下，开证申请书应表明要求卖方提交"运费已付"的提单，以及提交保险单，表明保险内容、保险范围及投保金额。

（5）由于银行是凭单付款，不管货物质量如何，也不受买卖合同的约束，所以为使货物质量符合合同规定，买方可在开证时规定要求卖方提供商品检验机构出立的装船前检验证明，并明确规定货物的规格品质，指定检验机构（合同中应事先订明），这样，交单时如发现检验结果与证内不一致，可拒付货款。

（6）信用证内容必须明确无误，明确规定各类单据的出单人（商业发票、保险单和运输单据除外），明确规定各单据应表述的内容。

（7）在信用证支付方式下，只要单据表面与信用证条款相符合，开证行就必须按规定付款。所以，买方对卖方的要求，在申请开证时，应按合同有关规定转化成有关单据，具体规定在信用证中。如信用证申请书中含某些条件而未列明应提交与之相应的单据，银行将认为未列此条件，对此将不予理睬。

（8）一般信用证都应明确表示可撤销或不可撤销。如无此表示，根据《UCP600》的规定，应视为不可撤销信用证。

（9）国外通知行由开证行指定，进口方不能指定，但如果出口方在订立合同时，坚持指定通知行，进口方可在开证申请书上注明，供开证行在选择通知行时参考。

（10）不准分批装运、不准中途转运、不接受第三者装运单据，均应在信用证中明确规定，否则，将被认为是允许分批装运、允许中途转运、接受第三者装运单据。

对我方开出的信用证，如对方（出口人）要求其他银行保兑或由通知行保兑，我方原则上不能同意（在订立合同时，应说服国外出口人免除保兑要求，以免开证时被动）。

我国银行一般不开可转让信用证（因为对第一受益人资信难以了解，特别是对于跨地区和国家的转让更难掌握）。但在特殊情况下，如大额合同项下开证要求多家出口商交货，为照顾实际需要，可与银行协商开出可转让信用证。

我国银行一般也不开立载有电报索偿条款（T/T reimbursement clause）的信用证。

二、申请开立信用证的具体手续

1. 递交有关合同的副本及附件

进口人在向银行申请开证时，要向银行递交进口合同的副本以及所需附件，如进口许可证、进口配额证、某些部门的审批文件等。

2. 填写开证申请书

进口人根据银行规定的统一格式，填写一式三份的开证申请书，一份留业务部门，一份留财务部门，一份交银行。填写开证申请书，必须按合同条款的具体规定，写明信用证的各项要求，内容要明确、完整，应无词意不清的记载。

3. 缴付保证金

按照国际贸易的习惯做法，进口人向银行申请开立信用证，应向银行缴付一定比例的保证金，其金额一般为信用证金额的百分之几到百分之几十，一般根据进口人的资信情况而定。在我国的进口业务中，开证行应根据不同企业和交易的情况，要求开证申请人缴付一定比例的人民币保证金，然后才能开证。

三、信用证申请书的填制（参考样单 8 - 1、8 - 2）

1. 申请开证日期

在申请书的右上角填写申请日期。

2. 传递方式

申请书已列出 4 种传递方式，分别是信开（航空邮寄）、电开（电报）、快递、简电后随寄电报证实书。申请人只需在选中的传递方式前面的方框中打"×"即可。

3. 信用证性质

不可撤销跟单信用证申请书已列明，不必重新填写，如增加保兑或可转让等内容，须自己加上，同时填写信用证的有效期及到期地点。信用证号码由开证行填写。

4. 申请人

填写开证人的全称及详细地址，并注明联系电话、电传等号码。

5. 受益人

填写受益人的全称及详细地址，并注明联系电话、电传等号码。

6. 通知行

由开证行填写。

7. 信用证金额

填写合同规定的总值，分别用数字和文字两种形式表示，并且要表明币种。如果有一定比率的上下浮动幅度，也要在信用证中明确表示出来。

8. 分批与装运

根据合同的规定，在选择项目的方框中打"×"。

9. 装运条款

根据合同的规定填写装运地（港）及目的地（港）的名称、最迟装运日期，如有转运地（港）也应列明。

10. 价格术语

信用证申请书上有 FOB、CFR、CIF 及"其他条件"4 个备选项目，根据合同成交的价格术语在该项前方框中打"×"。如果是其他价格术语如 FCA、CIP 等，则在该项目后面填写。

11. 付款方式

信用证申请书上有 4 种选择，分别是议付、承兑、即期付款、延期付款，根据合同规定的付款方式，在该项方框中打"×"。

12. 汇票要求

主要有三方面的内容：

（1）汇票金额。根据合同的规定填写信用证项下应支付发票金额的百分之几。如合同规定所有货款都用信用证支付，则应填写信用证项下汇票金额是发票金额的 100%；如合同规定该笔货款由信用证和托收两种方式各付 50%，则应填写信用证项下汇票金额是发票金额的 50%。

（2）支付期限。支付期限主要有即期、远期，如果是远期汇票，必须填写具体的天数，如 30 天、60 天、90 天等。

（3）付款人。汇票的付款人不能填写开证人。根据《UCP600》的规定，信用证项下汇票的付款人必须是开证行或指定付款行。

13. 单据条款

信用证申请书已印好单据要求，共 13 条，其中第 1 条至第 12 条是具体的单据，第 13 条是"其他单据"，上述 12 条中没有的单据可全部填写在该处。填制单据条款时应注意：

（1）在所在单据前的括号里打"×"。

（2）在该单据条款后填上具体的要求，如一式几份，应包括什么内容等。若信用证申请书已印制的要求不完整，可在该单据条款后面填写清楚。

（3）申请人必须根据合同规定填写单据条款，不能随意提出超出合同规定的要求，也不能降低或减少合同规定的要求。

14. 合同项下的货物

合同项下的货物包括货物的名称、规格、数量、包装、单价条款、唛头等。所有内容必须与合同规定一致，尤其是单价条款、数量条款不得有误。包装条款如有特殊要求的，如包装规格、包装物的要求等，应具体、明确地表示清楚。

15. 附加条款

信用证申请书已印制好 7 条，其中第 1 条至第 6 条是具体的条款要求，如需要可在括号里打"×"；内容不完整的，可根据合同规定和买方的需要填写清楚。第 7 条是"其他条款"，上述没有的条款，可填写在该条款中。

16. 申请书下面的应填内容

申请书下面应填申请人的开户银行（填银行名称）、账户号码、执行人、联系电话、申请人（法人代表）签字等内容。

样单 8-1 信用证申请书

不可撤销跟单信用证申请书

APPLICATION FOR IRREVOCABLE DOCUMENTARY CREDIT

TO: INDUSTRIAL AND COMMERCIAL BANK OF CHINA_____ BRANCH Date

Please establish by ☐ SWIFT ☐ airmail an Irrevocable Credit as follows:

Advising Bank: (to be left for bank to fill in)	(20) Irrevocable ☐TRANSFERABLE Documentary Credit No. (31D) Expiry Date and place
(50)Applicant: (Full name & detailed address)	(59)Beneficiary: (Full name & detailed address)

(32B)Currency code, Amount (In words and figures)
(39A)Quantity and Credit amount tolerance_____ %
(41A)Credit Available With ☐ any bank ☐ Issuing Bank ☐ other (pls Indicate)
    By ☐ Negotiation ☐ Acceptance ☐ Sight Payment ☐ Deferred payment
(42P) NEGOTIATION ☐draft/DEFERRED PAYMENT DETAILS: at_____ for _____ % of invoice value
(42C) Draft at _____ for _____ % of invoice value (Draft not required except l/c available by acceptance)
(42A) Draw on ☐issuing bank ☐ other bank(pls indicate)

(43P) Partial shipment ☐ allowed ☐ not allowed ☐ conditional:	(43T) Transshipment ☐ allowed ☐ not allowed ☐ conditional:
(44A) Loading on board from	(44B) for transportation to
(44E) Port of Loading	(44F) Port of Discharge

(44C) Latest shipment date
(45A) Description of goods or services

Price term:
Packing:

(46A) Documents required: (marked with X)
( ) Signed Commercial Invoice in _____ indicating L/C No. and Contract No.
( )   set of clean on board ocean Bills of Lading made out to order and blank endorsed marked " freight_____ "
notifying ☐ Applicant ☐other_____
( )Air Waybills showing "freight ☐ to collect ☐ prepaid" indicating freight amount and consigned to
                ☐ Applicant ☐ Issuing Bank
( )Forwarding agent's Cargo Receipt
( )Insurance Policy/Certificate in_____ for _____ % of the invoice value showing claims payable in mainland China in currency
of the credit. blank endorsed, covering (☐ Ocean Marine Transportation ☐ Air Transportation ☐ Over Land Transportation)
All Risks, War Risks, including_____ as per_____ Clause.
( )Packing List / Weight Memo in_____ indicating quantity / gross and net weights of each package and packing conditions
as called for by the L/C.
( )Certificate of Quantity / Weight in _____ .
( )Certificate of Quality in_____ issued by ☐ Beneficiary ☐ public recognized surveyor ☐ manufacturer.
( )Beneficiary's certified copy of fax / email dispatched to the applicant within_____days after shipment advising Commodity,
quantity, weight, value of shipment ☐ name of vessel, B/L No. ☐ Awb no., Flight No. ☐ Wagon No. ☐ shipment date ☐ contract
No. ☐ L/C No..
( )BENEFICIARY'S CERTIFICATE CERTIFYING THAT 1/3 SET OF ORIGINAL BILLS OF LADING HAS BEEN SENT DIRECTLY TO THE APPLICANT AFTER
SHIPMENT DATE.
(X)BENEFICIARY'S CERTIFICATE CONFIRMING THEIR ACCEPTANCE OR NON-ACCEPTANCE OF THE AMENDMENTS MADE UNDER THIS
L/C QUOTING THE RELEVANT AMENDMENT NUMBER. (SUCH CERTIFICATE IS NOT REQUIRED IF THIS L/C HAS NOT BEEN
AMENDED.) (银行固定条款，非特殊情况不允许删除)

(47A) Additional conditions: (Marked with X)
( ) Documents issued earlier than L/C issuing date are not acceptable.
( ) Third party as shipper ☐ is ☐ is not acceptable.
( ) BREACHES OF LOCAL AND INTERNATIONAL ANTI-MONEY LAUNDERING OR ECONOMIC SANCTIONS LAWS AND REGULATIONS ADMINISTERED BY, INCLUDING
BUT NOT LIMITED TO CHINA, UNITED NATIONS, UNITED STATES, ARE NOT ACCEPTABLE. OUR BANK MAY REJECT ANY TRANSACTION IN VIOLATION
OF ANY   OF THESE LAWS AND REGULATIONS WITHOUT ANY LIABILITY ON OUR PART. (required except approval of our bank)
(X) Unless otherwise stipulated in the credit,all documents must be issued in English.
(71D) All banking charges and interest if any outside issuing bank and reimbursement charges are for account of ☐ beneficiary
☐ applicant
(48)Documents to be presented within_____ days after the date of shipment but within the validity of the credit
☐ other
(49)Confirmation instructions:☐without ☐may add ☐confirm
(58) Requested confirmation party:_____ or ☐THE L/C CAN BE CONFIRMED AS PER BENE'S REQUEST (if field 49 may add or confirm)

以上位置如果不够请用附页说明

依照国际商会《跟单信用证统一惯例》（2007 年修订本）第 600 号出版物

开证申请人（公章或授权印鉴）：

法定代表人或被授权人：

联系人：

电话：

样单 8-2 信用证申请书（中文版）

注：本不可撤销跟单信用证申请书（中文版）仅做银行内部参考使用，客户不必填写。

不可撤销跟单信用证申请书（中文版）
APPLICATION FOR IRREVOCABLE DOCUMENTARY CREDIT

致中国工商银行_____分行　　　　　　　　　　　　　　　　日期

请通过 □ SWIFT □ 航空邮件 方式开立如下不可撤销跟单信用证：

通知行：（银行填写）	(20) 不可撤销 □可转让 跟单信用证号码： (31D) 到期日和到期地：
(50)申请人：（全称及详细地址）	(59)受益人：（全称及详细地址）

(32B)开证币种及金额：（大小写）_____
(39A)数量及信用证金额溢短装比例：_____ %
(41A) 信用证由 □ 任何银行 □ 开证行 □ 其他银行（请注明）
　　　 □ 议付 □ 承兑 □ 即期付款 □ 延期付款
(42P) 议付 /汇票/延期付款期限_____，发票金额的_____%
(42C) 汇票付款日期（期限）_____，发票金额的_____%（除承兑信用证外，不鼓励提交汇票）
(42A) 受票人（付款人）□ 开证行 □ 其他银行（请注明）_____

(43P)分批装运 □ 允许 □ 不允许 □ 其他_____	(43T) 转运 □ 允许 □ 不允许 □ 其他_____
(44A) 接管地/发送地/接货地	(44B) 最终目的地/目的地/交货地
(44E) 装货港/起飞机场	(44F) 卸货港/目的机场
(44C) 最迟装船日	

(45A) 货物或服务描述
价格条款：
包装：

(46A) 单据条件：（用"X"标记）
( ) 经签署的商业发票_____份，发票上标明信用证及合同号码。
( ) _____套清洁已装船提单指示抬头（空白抬头），空白背书标明运费_____，通知 □ 申请人 □ 其他（请注明）_____。
( ) 空运单据表明"运费待付/已付"及运费金额，收货人为□ 开证申请人 □ 开证行。
( ) 运输行的货物收据
( ) 保险单/保险证明____ 份，涵盖 ____ % 发票金额注明在中国大陆索赔以以信用证币种支付，空白背书，覆盖 □ 海运运输 □ 空运 □ 陆运全程，承保一切险，战争险，包括_____ 根据_____条款。
( ) 装箱单/重量单____份，标明信用证要求的数量/每个包装的毛重和净重以及信用证要求的包装条件。
( ) 数量/重量证明____份。
( ) 质量证明____份，由 □ 受益人 □ 公共认可的检验商 □ 制造商出具
( ) 受益人应在装运后____天内以证明的传真/邮件通知申请人 货物名称，数量，重量，货物价值 □船名 □提单号 □空单号，航班号 □ 货车号 □装运日 □合同号 □信用证号。
( ) 受益人证明，证明1/3套提单正本已在装运日后寄给申请人。
(X)受益人证明，确认他们接受或不接受此信用证下的修改，并援引修改次数号码。（如果信用证未曾修改，则无需提交此证明）

(47A) 附件条件：（用"X"标注）
( ) 信用证开证日前签发的单据不可接受。
( ) 第三方托运人 □ 接受 □ 不接受。
( ) 违反包括但不限于中国、联合国、美国等当地或国际反洗钱或经济制裁法律及规则，将不予处理。我方将有权单方面对此类单据不予理置，对此我方不负任何责任。（必选，除非获得我行特殊批复）
(X) 除非信用证中特别说明，否则所有单据只能以英文出具。
(71D) 所有开证行以外的银行费用和利息以及偿付费用由 □ 受益人 □ 申请人承担。
(48)单据应在运输单据签发后_____日内且本信用证有效期内提交。□其他_____
(49)保兑指示 □不加具保兑 □可加具保兑 □保兑
(58)保兑方：_____ □保兑方由受益人指定（如49勾选可加具保兑或保兑）

第九章
综合制单训练

综合制单，是在掌握各种单据填制的基础上，根据给定的信用证、合同及其他有关资料，缮制全套结汇单据的过程。它强调学习者（学生）对信用证及合同的阅读理解、信用证的严格审核、单证的规范填制、单据之间内容的关联和一致，以使全套结汇单据最终做到单证一致、单单一致。

本章提供 6 套信用证的综合制单，每套信用证可作为一项工作任务，每项任务占用 4 至 8 课时，根据信用证的复杂程度以及手工制单、电脑制单的不同要求而定。工作任务也可以按小组活动的形式进行，通过小组阅读与讨论、组内人员任务分工、组内工作成果汇总及检查、小组成果呈现、各组互评、教师小结等环节完成该项任务。

综合制单训练包括以下五个环节：

（1）阅读信用证。本章提供的信用证比较新，多数为 2010 年以后的信用证，而且为不同公司不同产品的信用证，信用证按简单到复杂顺序排列。阅读信用证的内容时，建议学习者（学生）在信用证上画线标示出重要的内容部分，方便填制单据时查找。

（2）手工填制单据。利用空白单据，手工填制全套的结汇单据，培养学习者（学生）细心、认真、规范的填写习惯。单据填制要特别注意信用证条款的各项要求在单据填制时的变化。如信用证金额对佣金、折扣的填制处理；信用证项下商品存在多种型号时的单据处理；信用证对汇票、发票、装箱单、提单、保险单、产地证等单据要求的填制处理；信用证特别条款对单据要求的填制处理。

（3）EDI 制单。利用 Word、Excel 和制单软件系统填制单据，要求学习者能设计单据模板；根据信用证和有关资料填制单据；利用打印机打印出全套单据；检查应签章（或手签）的单据是否已签章（或手签）。

（4）审单。根据已缮制的全套单据，利用合同、信用证和《UCP 600》审核单据，做到单证一致、单单一致。

（5）交单。根据已缮制审核的全套单据，按信用证对单据份数的要求打印出全部单据，并按汇票、发票、装箱单、产地证 CO、产地证 FORM A、数量/质量/重量证书、检验证书、出口许可证、保险单、海运提单、受益人证明书、船公司证明书、客户证明书的顺序整理，提交单据。

一、综合制单一

```
2012FEB08 17:15:32                                    Logical Terminal GDPF
MT S700              Issue of a Documentary Credit       Page 00001
                                                         Func JSRVPRI
MSGACK  DWS7651 Auth OK, key B1010715763B19FC, BKCHCNBJ KRTHTHBK record784564
Basic Header      F  01 BKCHCNBJA400 0583 459182
Application Header O 700 1554 120208 KRTHTHBKAXXX 3533 377148 120208 1657 N
                                  *KRUNG THAI BANK PUBLIC COMPANY
                                  *LIMITED
                                  *BANGKOK
User Header       Service Code     103:
                  Bank. Priority   113:
                  Msg User Ref.    108:
                  Info. from CI    115:
Sequence of Total  *27    : 1 / 1
Form of Doc. Credit *40 A : IRREVOCABLE
Doc. Credit Number *20    : BL 210390
Date of Issue      31 C  : 120208
Expiry            *31 D  : Date 120430 Place CHINA
Applicant         *50    : WATANA TOOL COMPANY LIMITED
                            277-279 BORIPAT ROAD,POMPRAB,
                            BANGKOK 10100,THAILAND
Beneficiary       *59    : GUANGDONG TEXTILES IMP AND EXP
                            MEIFENG GARMENTS CO.,LTD.
                            6/F,GUANGDONG TEXTILES MANSION
                            168 XIAO BEI RD.,GUANGZHOU,CHINA
Amount            *32 B  :         Currency USD Amount 22.876,34
Available with/by *41 D  : KRUNG THAI BANK PCL.,SUANMALI IBC.
                            BY PAYMENT
Drafts at ...      42 C  : 60  DAYS AFTER SIGHT
Drawee             42 D  : KRUNG THAI BANK PCL.,SUANMALI IBC.
Partial Shipments  43 P  : ALLOWED
Transshipment      43 T  : ALLOWED
Loading in Charge  44 A  :
                            GUANGZHOU,CHINA
For Transport to ... 44 B :
                            BANGKOK,THAILAND
Latest Date of Ship. 44 C : 120415
Descript. of Goods  45 A :
                            906 PCS.'SHUANG GE' CHAIN BLOCKS HS-C TYPE.
                            DETAILS AS PER P/INV. NO.2012GMBS05019.
                            C.I.F.C2 BANGKOK,THAILAND
Documents required  46 A :
                          + SIGNED COMMERCIAL INVOICE IN 10 COPIES SHOWING
                            SEPARATELY F.O.B.VALUE,FREIGHT CHARGE,INSURANCE PREMIUM AND
                            C.I.F.VALUE.
                          + FULL SET PLUS TWO N/N COPIES OF CLEAN ON BOARD OCEAN
                            BILLS OF LADING MADE OUT TO ORDER OF KRUNG THAI BANK PUBLIC
                            COMPANY LIMITED MARKED FREIGHT PREPAID NOTIFY : APPLICANT.
                          + MARINE INSURANCE POLICY OR CERTIFICATE IN DUPLICATE,ENDORSED
                            IN BLANK,FOR FULL INVOICE VALUE PLUS 10 PERCENT STATING CLAIMS
                            PAYABLE IN THAILAND COVERING OCEAN MARINE CARGO CLAUSES(A)
                            AS PER CIC CLAUSE.NAMING SETTLING AGENT IN THAILAND
                          + PACKING LIST IN 6 COPIES.
Additional Cond.    47 A :
                          + ALL DOCUMENTS MENTIONING THIS L/C NO.
                          + IN THE EVENT THAT DOCUMENTS PRESENTED UNDER THIS L/C
                            ARE FOUND TO BE DISCREPANT, WE SHALL GIVE ITS NOTICE OF
                            REFUSAL AND SHALL HOLD DOCUMENTS AT YOUR DISPOSAL SUBJECT TO
                            THE FOLLOWING CONDITION IF WE HAS NOT RECEIVED YOUR DISPOSAL
                            INSTRUCTIONS FOR THE DISCREPANT DOCUMENTS PRIOR TO RECEIPT OF
                            THE APPLICANT'S WAIVER OF DISCREPANCIES WE SHALL RELEASE
                            THE DOCUMENTS TO THE APPLICANT WITHOUT NOTICE TO YOU AND
                            DISC.FEE USD50.00 SHALL BE DEDUCTED FROM THE PROCEEDS.
                          + SHIPPING MARK:WTT/BANGKOK.
```

```
2012FEB08 17:15:37                                    Logical Terminal GDPF
MT S700              Issue of a Documentary Credit    Page 00002
                                                      Func JSRVPRI
Details of Charges  71 B : ALL BANK CHARGES OUTSIDE
                           THAILAND INCLUDING COST OF WIRE,
                           AND REIM.CHARGE ARE FOR
                           APPLICANT'S ACCOUNT AND INTEREST
                           IS FOR BENEFICIARY'S ACCOUNT.
Confirmation        *49  : WITHOUT
Instructions        78   :
                         + AT MATURITY DATE WE SHALL REIMBURSE YOU
                         AS YOUR INSTRUCTION PROVIDED ALL TERMS AND CONDITIONS
                         HAVE BEEN COMPLIED WITH L/C TERMS.
                         + DRAFT(S) AND DOCUMENTS TO BE SENT TO US BY COURIER SERVICE
                         MAILING ADDRESS SUANMALI IBC.,20 YUKHON 2 RD.,POMPRAB,BANGKOK
                         10100,THAILAND.
                         + THIS ADVICE IS OPERATIVE WITH NO CONFIRMATION TO FOLLOW AND
                         SUBJECT TO ICC 2007 REVISION PUB 600.
Send. to Rec. Info. 72   : KINDLY ACKNOWLEDGE RECEIPT THIS
                           CREDIT BY RETURN SWIFT WILL BE
                           MUCH APPRECIATED.
Trailer                    Order is <MAC:> <PAC:> <ENC:> <CHK:> <TNG:> <PDE:>
                           MAC:50D5BCB8
                           CHK:8D5509CE772F
```

15 APR 2012 提交库 5318 AR 233303.20

有关资料

出口公司名称	广东省纺织品进出口美丰服装有限公司 出口公司单证签署人：刘××		
发票号码	201205019GMBS	发票日期	2012 年 4 月 9 日
提单号码	CAN2006789	提单日期	2012 年 4 月 11 日
货运代理人	CHANG HONG SHIPPING CO. LTD.		
货代提单签发人	张××	运费	USD819.00
保单号码	20402014902010052	保单日期	2012 年 4 月 10 日
泰国理赔代理	BANGKOK INSURANCE CO. , LTD. 302BANGKOK UNSURANCE BUILDING SILOM ROAD, BANGKOK 10500, THAILAND		
保费	USD114.72	集装箱号	YMLU2958162/MF0102813
承运人	PAC OCEAN LINES S. A.	船名	MING CONTAINER V65S

实际装船货物	'SHUANG GE' CHAIN BLOCK HS – C TYPE					
	SPEC.	QUANTITY (PCS)	U. PRICE (PC)	N. W. (CTN)	G. W. (CTN)	MEAS. (CTN)
	CIFC2BANGKOK, THAILAND					
	1T * 2.5M	300PCS	USD17.70	14KGS	16KGS	(30 * 25 * 20) CM
	1.5T * 2.5M	250PCS	USD22.60	15KGS	17KGS	(35 * 25 * 20) CM
	2T * 2.5M	150PCS	USD24.88	16KGS	18KGS	(35 * 25 * 20) CM
	3T * 3M	120PCS	USD30.85	18KGS	20KGS	(45 * 25 * 20) CM
	5T * 3M	80PCS	USD44.24	20KGS	22KGS	(60 * 40 * 35) CM
	20T * 5M	6PCS	USD235.00	26KGS	28KGS	(80 * 50 * 40) CM

二、综合制单二

CANWOT USAXXX 2993 836916 110125 1422 N
*THE SANWA BANK, LTD.,
*OSAKA

User Header	Service Code	103:
	Bank. Priority	113:
	Msg Ref.	108:
	Info. from CI	115:

Sequence of Total　　　*27　: 1 / 1
Form of Doc. Credit　*40 A : IRREVOCABLE
Doc. Credit Number　*20　: 41-1463961-052
Expiry　　　　　　　　*31 D : Date 110320 Place IN THE COUNTRY OF BENEFICIARY
Applicant　　　　　　*50　: KONDOTEC INC.
　　　　　　　　　　　　2-90, SAKAIGAWA, 2-CHOME, NISHI-KU,
　　　　　　　　　　　　OSAKA 5500024, JAPAN
Beneficiary　　　　　*59　: SINOCHEM GUANGDONG IMPORT AND
　　　　　　　　　　　　EXPORT CORPORATION
　　　　　　　　　　　　58, ZHAN QIAN ROAD, GUANGZHOU,
　　　　　　　　　　　　CHINA
　　　　　　　　　　　　　　　Currency USD Amount 22.311,89
Amount　　　　　　　*32 B :
Available with/by　　*41 D : ANY BANK
　　　　　　　　　　　　BY NEGOTIATION
Drafts at ...　　　　42 C : SIGHT
Drawee　　　　　　　42 D : THE SANWA BANK LTD OSAKA
Partial Shipments　　43 P : NOT ALLOWED
Transhipment　　　　43 T : NOT ALLOWED
Loading in Charge　　44 A :
　　　　　　　　　　　　CHINESE PORT
For Transport to ... 44 B :
　　　　　　　　　　　　OSAKA, JAPAN
Latest Date of Ship. 44 C : 110310
Descript. of Goods　45 A :
　　　　　　　　+PVC LAYFLAT WATER DISCHARGE HOSE, BLUE COLOR.
　　　　　　　　AS PER P.O.A09553 DATED 11/22/2010

　　　　CIFD5　OSAKA, JAPAN
Documents required　46 A :
　　　　　　　　+SIGNED COMMERCIAL INVOICE IN DUPLICATE INDICATING VESSEL NAME
　　　　　　　　AND P.O.NO.
　　　　　　　　+FULL SET LESS ONE ORIGINAL OF CLEAN ON BOARD OCEAN B/L MADE OU
　　　　　　　　TO ORDER OF SHIPPER AND BLANK ENDORSED MARKED FREIGHT PREPAID
　　　　　　　　NOTIFY APPLICANT
　　　　　　　　+INSURANCE POLICY OR CERTIFICATE IN DUPLICATE ENDORSED IN BLANK
　　　　　　　　FOR 110 PERCENT OF THE INVOICE VALUE INCLUDING:
　　　　　　　　INSTITUTE CARGO CLAUSES (ALL RISKS)
　　　　　　　　CLAIMS TO BE PAYABLE IN JAPAN IN THE CURRENCY OF THE DRAFT
　　　　　　　　+G.S.P. CERTIFICATE OF ORIGIN FORM'A' IN ONE PHOTO COPY
　　　　　　　　+PACKING LIST IN TWO
　　　　　　　　+BENEFICIARY'S CERTIFICATE STATING THAT ONE SET OF NEGOTIABLE
　　　　　　　　DOCUMENTS INCLUDING 1/3 ORIGINAL B/L AND ORIGINAL GSP CERT
　　　　　　　　EXCEPT INSURANCE POLICY HAVE BEEN FACSIMILED TO APPLICANT AND
　　　　　　　　THEN SENT BY COURIER SERVICE WITHIN 3 DAYS AFTER B/L DATE.
Additional Cond.　　47 A :
　　　　　　　　+THE VESSEL NAME MUST BE CLEARLY SHOWN ON INVOICE AND
　　　　　　　　PACKING LIST
　　　　　　　　+SHIPMENT EFFECTED BY CONTAINER.

```
KIUANGT  08:28:29                                              Logical Terminal CD
MT:S700              Issue of a Documentary Credit                    Page 00
                                                                      Func JSi
Details of Charges    71 B : ALL BANKING CHARGES OUTSIDE JAPAN
                             ARE FOR ACCOUNT OF
                             BENEFICIARY
Presentation Period   48   : DOCUMENTS MUST BE PRESENTED WITHIN
                             10 DAYS AFTER THE DATE OF SHIPMENT
                             BUT WITHIN THE CREDIT EXPIRY
Confirmation         *49   : WITHOUT
Instructions          78   :
                             SPECIAL INSTRUCTIONS TO NEGOTIATING BANK:
                             REIMBURSEMENT BY TELETRANSMISSION IS UNACCEPTABLE
                             ALL DOCUMENTS MUST BE SENT TO OUR ADDRESS:1-1 KAWARAMACHI 2
                             CHUO-KU OSAKA 541-0048 JAPAN IN ONE LOT BY COURIER SERVICE

                             IN REIMBURSEMENT, WE SHALL COVER YOU AS REQUESTED.
                             A DISCREPANCY FEE OF USD50.00
                             WILL BE DEDUCTED FROM THE PROCEEDS IF DOCUMENTS CONTAINING
                             DISCREPANCIES ARE PRESENTED TO US UNDER THIS CREDIT.
                             A REMITTANCE CHARGE OF USD68.00 WILL ALSO BE DEDUCTED FROM
                             PROCEEDS IF SETTLEMENT IS MADE BY T.T. REMITTANCE.
Send. to Rec. Info.   72   : UCP 600 SHALL APPLY TO THE CREDIT
                             CONCERNED
Trailer                      Order is <MAC:> <PAC:> <ENC:> <CHK:> <TNG:> <
                             MAC:E1BECEA2
                             CHK:F70664CAA51D
```

有关资料

出口公司	中化广东进出口公司 出口公司单据签署人：李××		
发票号码	01AG0525 – 074	发票日期	2011 年 2 月 21 日
总净重	17 100 千克	总毛重	18 000 千克
集装箱交接	FCL　　　CY/CY	总尺码	26 立方米
提单号码	JA93200017	提单日期	2011 年 2 月 26 日
船名	CAPE COOK V. 0109E	装运港	广州港
承运人	SINOTRANS GUANGDONG COMPANY 承运人提单签发人：刘××		
保单号码	PEXP20014401AG – 074	投保日期	2011 年 2 月 25 日
集装箱号	SITU2982898/1267471（20'）	合同号码	44GD125AG – 074
FORM A 申请日	2011 年 2 月 23 日	FORM A 号	GZ1/80330/0064
货物包装情况	WRAPED WITH PLASTIC FILM AND WITH CORRUGATED BONED ED AND BOTTOM AND SIDE，TOTAL IN 23 PALLETS.		
实际装船货物	PVC 偏平管 2in＊10m　　50rolls　　USD4. 85/ROLL 2in＊20m　　90rolls　　USD9. 70/ROLL 2in＊30m　　118rolls　　USD14. 45/ROLL 2in＊50m　　496rolls　　USD24. 10/ROLL 2in＊100m　　180rolls　　USD48. 40/ROLL		唛头： KIW A09553 OSAKA NO. 1 – UP MADE INCHINA

三、综合制单三

恒 生 银 行
HANG SENG BANK

SUCCESS DEVELOPMENT TRADING LTD   Date : 15-Jan-2011
39 /FL. BLOCK 3, FLAT F, NAM FUNG
PLAZA, TSEUNG KWAN O.N.T.
HONG KONG

Dear Sir,

Documentary Credit No.	667-01-3042855
Amount	USD 26,330.40
LC issuing bank	NORDEA BANK DANMARK A/S COPENHAGEN DENMARK
Applicant	YYSK ABC TRADING LTD.
In favour of	SUCCESS DEVELOPMENT TRADING LTD.
Our Ref :	DCAGZU030021

In accordance with the terms of Article 9(a) of UCP 600 we advise having received the
captioned Documentary Credit in your favour.

Please Check the terms and conditions of this credit immediately and note that we are
unable to make any changes without the issuing bank's authority. Accordingly, should
any of its terms/conditions be unacceptable to you, please contact the applicant
directly with a view to obtaining a suitable amendment without delay to be advised to us.
You are not entitled to rely on any communications or any discussions at any time with us,
the issuing bank or applicant as in any way amending this credit, save to the extent
that the credit has been amended in writing under an advice signed by our
authorised signatories. Your attention is also drawn to articles 4 and 5 of UCP600.

Please attach the original of this form to the documentary credit when presenting
documents for negotiation.

Attached please find the documentary credit.

We have debited your account 502-002819-055 As follows:
DC Advising Comm.   **USD** 26.00

Total   **USD** 26.00

Yours faithfully,
Hang Seng Bank Limited

Authorized Signature(s)

恒生银行有限公司 广州分行 **Hang Seng Bank Limited, Guangzhou Branch**
于香港特别行政区成立 Incorporated in HKSAR with Limited Liability
地址：广州市天河北路233号中信广场商场首层 邮政编码：510613 G/F Shopping Arcade, CITIC Plaza, 233 Tian He North Road, Guangzhou Postal Code 510613 PRC
电话 Tel (8620) 8752 0008 传真 Fax (8620) 8752 0908

15287

恒生銀行
HANG SENG BANK

Branch

SUCCESS DEVELOPMENT TRADING LTD   Our ref.: DCAGZU030021

USD TWENTY SIX THOUSAND THREE HUNDRED THIRTY AND CENTS FORTY ONLY

Dear Sirs,

Without any responsibility or engagement on the part of this Bank, we advise having received
the following SWIFT message dated   14-Jan-(2011
From NORDEA BANK DANMARK A/S COPENHAGEN DENMARK

40A	FORM OF DC	IRREVOCABLE TRANSFERABLE
20	DC NO	667-01-3042855
31C	DATE OF ISSUE	14JAN2011
31D	EXPIRY DATE AND PLACE	
	DATE OF EXPIRY	15MAR2011
	PLACE OF EXPIRY	IN CHINA
50	APPLICANT	YYSK ABC TRADING LTD
		OEKONOMIAFDELINGEN
		FOERETAGSVAEGEN 685
		S-23855 ARLOEV SWEDEN
59	BENEFICIARY	
	FULL N/A	SUCCESS DEVELOPMENT TRADING LTD
		39/FL BLOCK 3 FLAT F,NAM FUNG PLAZA
		TSEUNG KWAN O.N.T.
		HONGKONG
32B	DC AMT	
	CCY/AMT	USD26,330.40
39A	PCT CR AMT TOLERANCE	
	PCT CR AMT TOLERANCE	10/10
41D	AVAILABLE WITH/BY	
	AVAILABLE WITH	ANY BANK
		BY NEGOTIATION
42C	DRAFTS AT	AT SIGHT
42D	DRAWEE	
	FULL N/A	ISSUING BANK
43P	PARTIAL SHIPMENTS	PROHIBITED
43T	TRANSHIPMENT	ALLOWED
44A	LOADING/DISPATCH AT/FM	
	CHINA	
44B	FOR TRANSPORTATION TO	
	GOTHENBURG, SWEDEN	
44C	LATEST DATE OF SHIPMENT	28FEB2011

....TO BE CONTINUED ON PAGE 2...

FOR HANG SENG BANK LTD.

....
AUTHORIZED SIGNATURE(S)

1528

恒 生 银 行
HANG SENG BANK

Branch

SUCCESS DEVELOPMENT TRADING LTD

Our ref.: DCAGZU030021

DC No. 667-01-3042855 of NORDEA BANK DANMARK A/S COPENHAGEN DENMARK

45A GOODS
+AS PE S/C NO 2011KG02350 AND JYSK ORDER 4500341081:
8400 PCS OF GARMENTS ART 3900300 USD 1,25/PC, 40 PCS/CTN
15520 PCS OF GARMENTS ART 3901400 USD. 1,02/PC, 40 PCS/CTN
+ C F R GOTHENBURG, SWEDEN

46A DOCUMENTS REQUIRED
+ INVOICES IN 1 FOLD, SHOWING THE NAME OF AGENT IN DENMARK
+ COPIES OF INVOICES IN 4 FOLD
+ PACKING LIST IN 1 FOLD
+ COPIES OF PACKING LISTS IN 3 FOLD
+ FULL SET ON BOARD MARINE BILLS OF LADING ISSUED TO ORDER OF
APPLICANT MARKED FREIGHT PREPAID
+ CERTIFICATE OF ORIGIN IN 1 FOLD
+ COPY OF CERTIFICATE OF ORIGIN IN 1 FOLD

47A ADDITIONAL CONDITIONS
+ WE ARE INFORMED THAT INSURANCE IS COVERED BY APPLICANT.
+ 10,00 PERCENT MORE OR LESS IN QUANTITY ALLOWED
+ ALL DOCUMENTS MUST BE ISSUED IN ENGLISH
+ MULTIMODAL TRANSPORT DOCUMENTS ACCEPTABLE EVIDENCING SHIPMENT
CLEAN ON BOARD ON A NAMED VESSEL
+ PLEASE NOTE THAT A FEE OF DKK 500,00 OR EQUIVALENT WILL BE
DEDUCTED FROM THE AMOUNT PAID, IF WE HAVE TO CONTACT APPLICANT
IN ORDER TO WAIVE DISCREPANCIES IN THE PRESENTED DOCUMENTS.
+ AGENT:
SCHOU ISENKRAM A/S
INDUSTRIVEJ 36
6580 VAMDRUP
DENMARK
CREDIT AMOUNT INCLUDES 5 PER CENT AGENTS COMMISSION FOR
ABOVE MENTIONED AGENT.
THE AMOUNT WILL BE DEDUCTED AT THE TIME OF PAYMENT.
+ BILL OF LADING MUST SHOW CONTAINER NUMBER.
+ BARCODE HAS TO BE MARKED ON EACH SET OR PICE AND BARCODE ON
EACH OUTHER COLLIE.
+ P/L MUST BE SPECIFIED PER ART NUMBER AND CONTAINER NUMBER.

71B DETAILS OF CHARGES
ALL COMMISSION AND CHARGES ARE
FOR BENEFICIARIES ACCOUNT./OUR
CHARGES WILL BE DEDUCTED/CLAIMED
AT THE TIME OF PAYMENT,
NEGOTIATION OR EXPIRY.

48 PERIOD FOR PRESENTATION   15   DAYS
49 CONFIRMATION INSTRUCTIONS   WITHOUT
78 INFO TO PRESENTING BK
ON RECEIPT OF MAIL ADVICE OF NEGOTIATION WE SHALL COVER
AS PER INSTRUCTIONS RECEIVED
57D ADVISE THRU
FULL N/A
HANG SENG BANK LTD
GUANGZHOU BRANCH
HONG KONG

72 BK TO BK INFO
PLEASE FORWARD DOCS. IN ONE LOT BY
COURIER TO NORDEA BANK AS,
CHRISTIANSBRO, STRANDGADE 3, 0900
COPENHAGEN C, DENMARK
PHONE BENEFICIARY

FOR HANG SENG BANK LT

AUTHORIZED SIGNATURE(S

HERE ENDS THE FOREGOING MESSAGE. THIS ADVICE CONSTITUTES A DOCUMENTARY CREDIT ISSUED BY THE
ABOVE BANK AND MUST BE PRESENTED WITH THE DOCUMENTS/DRAFTS FOR NEGOTIATION/PAYMENT. THE
AMOUNT OF EACH DRAWING MUST BE ENDORSED BY THE NEGOTIATING BANK ON THE REVERSE HEREOF.
EXCEPT SO FAR AS OTHERWISE EXPRESSLY STATED IN THE CREDIT, THIS DOCUMENTARY CREDIT IS SUBJECT
TO UNIFORM CUSTOMS AND PRACTICE FOR DOCUMENTARY CREDITS (2007 REVISION), INTERNATIONAL
CHAMBER OF COMMERCE PUBLICATION NO.600.

有关资料

出口公司名称	成功发展贸易有限公司 出口公司单据签署人：马××		
发票号码	201101020SDT	发票日期	2011 年 1 月 20 日
提单号码	CNHUA01439	提单日期	2011 年 1 月 26 日
船名	YANG CHENG 9　V. 0303		
运费	USD1300. 00		
集装箱号	1 * 20'　　CAXU6136359/073593		
承运人	KENWA SHIPPING CO. , LTD.		
货运代理人	CHINA OCEAN SHIPPING AGENCY GUANGZHOU 　　货代提单签发人：陈×		
装运港	广州港		
商品编码	52095100. 92		
产地证号码	CCPIT440106323		
产地证申报日	2011 年 1 月 22 日		
装箱情况	PACKING：40PCS/CTN		

实际装船货物		QUANTITY （PC）	N. W. （CTN）	G. W. （CTN）	MEAS. （CTN）
	GARMENTS				
	ART 3900300	8400PCS	@6KGS	@6. 5KGS	@（40 * 35 * 32）CM
	ART 3901400	15600PCS	@6KGS	@6. 5KGS	@（40 * 35 * 332）CM

唛头	唛头 1：ABC/ 3900300/ NO1 – 210 唛头 2：ABC/ART 3901400/NO1 – 390

四、综合制单四

```
2011JUL13  08：55：30                          Logical Terminal G5A7
IT  S700            Issue of a Documentary Credit    Page    00001
                                                     Fune    GZPRQ

MSGACK  DWS7651 Auth OK,  key  03,  BKCHCNBJ  MITKJPJT   record 564785
Basic Header        F  01 BKCHCNBJA400 8493  103614
Application Header  0  700  1223  980113   MITKJPJTAXXX 2237 199654 110713 1123
                                           ＊SAKURA  BANK, LTD., THE (FORMERLY
                                           ＊MITSUI TAIYO KOBE)
                                           ＊TOKYO
User Header         Service Code   103：
                    Bank Priority  113：
                    Msg User Ref.  108：
                    Info. From CI  115：
Sequence of Total   *27      ：  1 / 1
Form of  Doc. Credit *40 A   ： IRREVOCABLE
Doc.  Credit  Number *20     ： 645-3000598
Date  of  Issue     31 C     ： 110713
Expiry              *31 D    ： Date 110825 Place IN THE COUNTRY OF BENEFICIARY
Applicant           *50      ： ABC CO., LTD.
                               7-CHOME UENO TAITO-KU TOKYO, JAPAN
Beneficiary         *59      ： GUANGDONG MACHINERY IMPORT AND
                               EXPORT CORP. (GROUP) 726 DONG FENG
                               ROAD EAST, GUANGZHOU, CHINA
Amount              *32 B    ： Currency  USD  Amount  15960,00
Available with/by   *41 D    ： ANY BANK IN CHINA
                               BY NEGOTIATION
Drafts at . . .     42 C     ： DRAFT(S) AT 30 DAYS SIGHT INDUPLICATE TO ORDER
                               OF OURSELVE
Drawee              42 A     ： MITKJPJT
                               ＊SAKURA  BANK, LTD., THE (FORMERLY
                               ＊MITSUI TAIYO KOBE)
                               ＊TOKYO
Partial Shipments   43 P     ： PARTIAL SHIPMENTS ARE NOT ALLOWED
Transshipment       43 T     ： TRANSIHIPMENT IS NOT ALLOWED
Loading in Charge   44 A     ： GUANGZHOU PORT
For Transport to .. 44 B     ： YOKOHAMA
Latest Date of Ship. 44 C    ： 111010
Descript. Of Goods  45 A     ：
            "RABBIT" BRAND SHOVEL WITH METAL HANDLE, S501MH 400DOZ FOR
            20FT CONTAINER. AS PER S/C NO. A98JP19900006,
            TRADE TERM: CIFD5% YOKOHAMA
Documents required  46 B     ：
            ＊SIGNED INVOICE IN 2 COPIES,5% DISCOUNT SHOULD BE DEDUCTED FROM
            TOTAL INVOICE VALUE, CERTIFYING MERCHANDISE TO BE OF CHINESE ORIGIN.
            ＊PACKING LIST IN 2 COPIES.
            ＊FULL SET OF CLEAN ON BOARD OCEAN BILLS OF LADING MADE OUT TO
            ORDER OF SHIPPER AND BLANK ENDORSED, MARKED "FREIGHT PREPAID"
            AND NOTIFY APPLICANT, SHOWING SHIPPING AGENT AT YOKOHAMA.
```

2011JUL11　08：55：31　　　　　　　　　　　　　　　Logical Terminal G5A7
IT　S700　　　　　　**Issue of a Documentary Credit**　　　Page　00001
　　　　　　　　　　　　　　　　　　　　　　　　　　　Fune　GZPRQ

　　　　　　　＊INSURANCE POLICY OR CERTIFICATE IN DUPLICATE, ENDORSED IN BLANK
　　　　　　　FOR 110 PER CENT OF THE CIF INCOICE VALUE.
　　　　　　　INSURANCE MUST INCLUDE：
　　　　　　　OCEAN MARINE CARGO CLAUSES (ALL RISKS) AND OCEAN MARINE CARGO
　　　　　　　WAR RISK CLAUSES OF THE PEOPLE'S INSURANCE CO. OF CHINA.
　　　　　　　CLAIMS PAYABLE IN JAPAN IN CURRENCY OF DRAFT(S).
　　　　　　　＊CERTIFICATE OF ORIGIN G.S.P. 'FORM A', ORIGINAL AND ONE COPY,
　　　　　　　EVIDENCING CHINA AS ORIGIN OF GOODS
Additional Cond.　　　　47 A　　　　　：
　　　　　　　＊ALL DOCUMENTS MENTIONING THIS L/C NO.
　　　　　　　＊T. T. REIMBURSEMENT IS NOT ACCEPTABLE.
　　　　　　　＊AMOUNT AND QUANTITY 5PCT MORE OR LESS ALLOWED.
　　　　　　　＊IF ANY DISCREPANCY, WE SHALL DEDUCT USD50.00 BEING OUR FEE
　　　　　　　FROM THE PROCESS
Details of Charges　　　 71 B　　　 ：ALL BANKING CHARGES OUTSIDE JAPAN
　　　　　　　　　　　　　　　　　ARE FOR ACCOUNT OF THE BENEFICIARY
Presentation Period　　 48　　　　DOCUMENTS MUST BE PRESENTED WITHIN
　　　　　　　　　　　　　　　　　15 DAYS AFTER THE DATE OF SHIPMENT
Confirmation　　　　　 ＊49　　　　WITHOUT
Instructions　　　　　 78　　　　：
　　　　　　　NEGOTIATING BANK SHOULD FORWARD THE DOCUMENTS DIRECT TO
　　　　　　　THE SAKURA BANK, LTD., TOKYO INT'L OPERATIONS CENTER
　　　　　　　C.P.O. BOX 766, TOKYO, JAPAN
　　　　　　　BY REGISTERED AIRMAIL IN ONE LOT.
　　　　　　　ON RECEIPT OF THE REQUIRED DOCUMENTS WHICH COMPLY WITH THE TERMS
　　　　　　　OF THIS CREDIT, WE WILL COVER TO THEM IN ACCORDANCE WITH
　　　　　　　THEIR INSTRUCTION.
Trailer　　　　　　　　　　　　 Order is ⟨MAC:⟩ ⟨PAC:⟩ ⟨ENC:⟩ ⟨CHK:⟩ ⟨TNG:⟩ ⟨PDE:⟩
　　　　　　　　　　　　　　　MAC:5CA83538
　　　　　　　　　　　　　　　CHK:A35474D30747

有关资料

出口公司	广东省机械进出口（集团）公司 出口公司单据签署人：吴××
发票号码	2011－199－2030
发票日期	2011 年 9 月 2 日
提单号码	COSO299120029
提单日期	2011 年 9 月 12 日
FORM A 号码	GZ5／80706／6658
FORM A 申请日期	2011 年 9 月 6 日
货物原材料情况	完全中国产，不含任何进口成分
保单号码	KC2011－02151
投保日期	2011 年 9 月 11 日
承运人	COSCO CONTAINER LINES
货运代理人	CHINA OCEAN SHIPPING AGENCY GUANGZHOU 货代提单签发人：陈×
承运人 横滨代理	SEIWA CO. , LTD.（SUB－AGENT OF COSCO－SEIWA）
集装箱号	1＊20＇FCL FBZU0205688　SEAL154345
船名	JING AN CHENG V. 0224E
净重	24KGS／BUN
毛重	25KGS／BUN
货物装箱情况	1DOZ／BUN
尺码	（80＊35＊23） CM／BUN
单价	USD40. 00／DOZ
实际装船货物	420 DOZ
唛头	A98JP1990006 YOKOHAMA NO. 1－UP
议付行	中国银行广东分行 票据签署人：李××

五、综合制单五

2 G08V

```
Wachovia Bank, National Association
Shanghai Branch
Unit 1604, Aurora Plaza, 99 Fucheng Road, Shanghai, P.R.C.
美国美联银行有限公司
上海市富城路 99 号震旦国际大楼 1604 单元
```

```
         Phone:   86-021-68599928
         Fax:     86-021-68596882                              WACHOVIA
         SWIFT:   PNBPCNSH
         TELEX:   83030 WACH HX
```

```
==================================================================
| DATE 05/31/2012           ADVISED L/C      OUR REF. NO. EA099334 |
|-----------------------------------------------------------------|
|ADVISING BANK                   | CORRESPONDENT/ISSUING BANK       |
|                                | LEBANESE CANADIAN BANK S.A.L.    |
|                                | GHANTOUS BLDG.: DORA BOULEVARD   |
|                                | POB 11-2520 BEIRUT               |
|                                | LEBANON                          |
|                                |                                  |
|BENEFICIARY                     | REF. NO. OF CORR/ISSUING BANK    |
| GUANGDONG LIGHT HOUSEWARE CO.,LTD.| 207/21/09/000038              |
| 52 DEZHENG RD SOUTH GUANGZHOU-CHINA|AMOUNT :      10,154.70USD     |
|                                |EXPIRY DATE : 07/20/2012          |
|                                |ISSUE  DATE : 05/28/2012          |
|                                |                                  |
|APPLICANT : THE SONS OF FAYSAL HAMDOUN S.A.R.L                     |
|                                |                                  |
==================================================================
```

-We have been requested to advise to you the attached letter of credit. Our advice of this letter of credit conveys no obligation on the part of our bank. (We draw your attention to Article 12a of UCP600)

-Documents must conform strictly with the terms of the attached letter of credit. If you are unable to comply with same, please communicate directly with the applicant in order to have the issuing bank amend the relevant condition(s).

-When presenting of documents, please include the original advice of credit, original advice of amendment, if any. If no original advice of credit is presented along with the documents, the presenting bank is required to indicate on their cover schedule certifying that they had endorsed the credit for the drawing amount.

-All documents must be presented to Wachovia Bank, National Association, Shanghai at the address as indicated above.

-Should you choose to present documents directly to us, please fill out the attached Collection Order. If we pay, we will pay in the L/C currency to your account with your banker. Please note we are unable to pay in CNY. To defray the cost of sending documents to us, we will refund your courier cost up to USD2.50. For more information on Wachovia Bank N.A., visit our Head Office's Web site at www.wachovia.com

-We reserve the right to refuse to become a party to any transaction that may violate such U.S. sanctions, and act in accordance with the guidelines of such sanctions.

-All inquiries regarding this credit should be directed to Trade operations at Tel: 021-6859-9928 by select 1 for Chinese language and then select 4 for Customer Care Unit.

-Please send your inquiries to our Customer Service Email Address: customercaretrade.shanghai@wachovia.com

-Please let us have your payment of CNY 324.00 being the advising fee.

- Notwithstanding the confirmation request from the issuing bank, Wachovia Bank, N.A. as the advising bank has not confirmed the LC at the request of the beneficiary.

```
5/28/2012 20:15:04
        GSMOS Ref # CNHG20120528SDS7840        - OSN # 0477113207
- - - - - - - - - - - - - - - - - - - - - - - - - - - - - - - - - - - - - - - -
              Authentication Result: Correct with current key
- - - - - - - - - - - - - - - Instance Type and Transmission - - - - - - - - - - -
    Original received from SWIFT
    Priority                 : Normal
    Message Output Reference    : 0800 120528PNBPCNSHCXXX0477113207
    Correspondent Input Reference : 1431 120528LECALBBEAXXX6866399973
- - - - - - - - - - - - - - - - - - Message Header - - - - - - - - - - - - - - - - -
  Swift Output  : 700 ISSUE OF A DOCUMENTARY CREDIT
  Sender        : LECALBBEAXXX
                  LEBANESE CANADIAN BANK S.A.L.
                  GHANTOUS BLDG.
                  DORA BOULEVARD
                  BEIRUT, LEBANON LB
  Receiver      : PNBPCNSHCXXX
                  WACHOVIA BANK, NA
                  UNIT 1604
                  99 FUCHENG ROAD, PUDONG
                  SHANGHAI, CHINA
- - - - - - - - - - - - - - - - - - - Message Text - - - - - - - - - - - - - - - - -
  27 : Sequence of Total
       1/1
  40A: Form of Documentary Credit
       IRREVOCABLE
  20 : Documentary Credit Number
       207/21/09/000038
  31C: Date of Issue
       120528
  40E: Applicable Rules
       UCPURR LATEST VERSION
  31D: Date and Place of Expiry
       120720 AT YOUR COUNTERS
  50 : Applicant
       THE SONS OF FAYSAL HAMDOUN S.A.R.L
       BEIRUT - LEBANON
  59 : Beneficiary
       GUANGDONG LIGHT HOUSEWARE CO.,LTD.
       52 DEZHENG RD SOUTH GUANGZHOU-CHINA
       TEL:86-20-83519457/86-20-83850292
       FAX:86-20-83355241/86-20-83332622
  32B: Currency Code, Amount
       USD10154,70
  39B: Maximum Credit Amount
       NOT EXCEEDING
  41A: Available With... By... (BIC)
       PNBPCNSH
       WACHOVIA BANK, NA
       UNIT 1604
       99 FUCHENG ROAD, PUDONG
       SHANGHAI, CHINA
       BY PAYMENT
  43P: Partial Shipments
       NOT PERMITTED
  43T: Transhipment
       PERMITTED
  44E: Port of Loading/Airport of Departure
       GUANGZHOU PORT - CHINA
```

44F: Port of Discharge/Airport of Destination
　　　BEIRUT PORT - LEBANON
44C: Latest Date of Shipment
　　　120705
45A: Description of Goods and/or Services
　　　ALUMINIUM LADDER 1.0 MM.
　　　DESCRIPTION　　　　　　QUANTITY　　　U. PRICE　　　TOTAL AMOUNT

		QUANTITY	U. PRICE	TOTAL AMOUNT
GHH3	3 STEPS	40 PCS	USD. 9.28	USD.　371.20
GHH4	4 STEPS	50 PCS	USD.10.54	USD.　527.00
GHH5	5 STEPS	100 PCS	USD.12.44	USD.1,244.00
GHH6	6 STEPS	150 PCS	USD.14.16	USD.2,124.00
GHH7	7 STEPS	200 PCS	USD.16.13	USD.3,226.00
GHH8	8 STEPS	150 PCS	USD.17,75	USD.2,662.50

PACKING : IN NYLON SACS

SHIPMENT : IN 1 X 40 FEET HQ CONTAINER

AS PER PROFORMA INVOICE NO.09RQA2G084 DATED MAY 18,2012.

TOTAL AMOUNT OF L/C NOT EXCEEDING USD. 10,154.70 (U.S.DOLLARS
TEN THOUSAND ONE HUNDRED FIFTY FOUR AND 70/100 ONLY)

F.O.B. GUANGZHOU PORT - CHINA (AS PER INCOTERMS 2010) AT THE
PRICE OF F.C.A. CONTAINER LOADED ONTO VESSEL AT GUANGZHOU PORT -
CHINA AT BENEFICIARIES RISK AND EXPENSES
46A: Documents Required
　　1- SIGNED COMMERCIAL INVOICE IN THREE COPIES, BEARING THE
FOLLOWING STATEMENTS: '' WE HEREBY CERTIFY THAT THIS INVOICE IS
AUTHENTIC, (ITS CONTENTS ARE TRUE), PRICES MENTIONED HEREIN ARE
CORRECT AND CURRENT WITHOUT DEDUCTION OF ANY ADVANCE PAYMENT
MADE ON ACCOUNT, AND THAT THE ORIGIN OF THE GOODS IS EXCLUSIVELY
CHINESE AND THAT IT IS THE ONLY INVOICE ISSUED BY US FOR THE
MERCHANDISE DESCRIBED THEREIN''.
''WE CONFIRM THAT THE GOODS SHIPPED ARE CONFORM TO THOSE LISTED
ON PROFORMA INVOICE NO. 09RQA2G084 DATED MAY 18,2012''.
COMMERCIAL INVOICE SHOULD SHOW THE NUMBER OF PACKAGES, THE GROSS
WEIGHT AND THE NET WEIGHT.
THREE COPIES MUST BE CERTIFIED BY THE CHAMBER OF COMMERCE.
　2- COMPLETE SET OF CLEAN MARINE OCEAN BILL OF LADING CONSIGNED
TO THE ORDER OF LEBANESE CANADIAN BANK SAL
MARKED: CONTAINER ACTUALLY LOADED ON BOARD ON (ON BOARD DATE)
(WHICH MUST BE SIGNED AND STAMPED BY THE SAME SIGNOR OF THE
BILL OF LADING)
AND FREIGHT PAYABLE AT DESTINATION
NOTIFY: THE SONS OF FAYSAL HAMDOUN SARL.
　　　　　　BEIRUT - LEBANON
(SHORT FORM OR BLANK BACK DOCUMENTS NOT ACCEPTABLE)
BILL OF LADING SHOULD SHOW THAT THE SHIP DOES NOT SAIL UNDER AN
ISRAELI FLAG AND WILL NOT CALL AT ANY ISRAELI PORT (A SEPARATE
CERTIFICATE IN THIS CONCERN IS ACCEPTABLE)
IN CASE BILL OF LADING PRESENTED IN MULTIPLE PAGES, ALL THE PAGES
SHOULD REFER TO THE DATE AND NUMBER OF THE BILL OF LADING AND
SIGNED BY THE CARRIER OR ITS AGENT OR BY THE MASTER OR ITS AGENT.
3- IACS CERTIFICATE ISSUED AND SIGNED BY THE CARRIER OR HIS AGENT

46A: Documents Required
        STATING THAT:''THE CARRYING VESSEL IS A REGULAR LINER VESSEL,
        IS CLASSIFIED 100 A1 OR EQUIVALENT, AND IS OF STEEL CONSTRUCTION
        CLASSED WITH A MEMBER OR ASSOCIATE MEMBER OF THE INTERNATIONAL
        ASSOCIATION OF CLASSIFICATION SOCIETY (IACS)''.
        4- ISM CERTIFICATE ISSUED AND SIGNED BY THE OWNER OR HIS AGENT IN
        ONE ORIGINAL AND ONE COPY STATING AS FOLLOWS:'' WE CERTIFY THAT
        AT THE TIME OF LOADING THE CARRYING VESSEL NAMED (INDICATE THE
        NAME) IS ISM CODE CERTIFIED AND HOLDS A VALID INTERNATIONAL
        SAFETY MANAGEMENT CERTIFICATE AS WELL AS A VALID ISM CODE
        DOCUMENT OF COMPLIANCE AS REQUIRED BY THE SOLAS CONVENTION
        1974 AS AMENDED''.
        5- CERTIFICATE OF ORIGIN ISSUED OR CERTIFIED BY THE CHAMBER OF
        COMMERCE IN THREE COPIES CERTIFYING THAT THE GOODS ARE OF
        CHINESE ORIGIN .
        6- PACKING LIST IN THREE COPIES.
        7- WEIGHT NOTE AND SPECIFICATION LIST IN THREE COPIES.
47A: Additional Conditions
        1- ALL DOCUMENTS REQUIRED MUST BEAR L/C NO. 207/21/09/000038
        2- ALL OF ORIGINALS AND COPIES MUST BE SIGNED BY HANDWRITING
        OVER THE RUBBER STAMP OF THE COMPANY NOTWITHSTANDING THAT THE
        DOCUMENTS ARE ISSUED ON THE HEADING PAPER OF THAT COMPANY.
        3- ALL THE DOCUMENTS MUST BE ISSUED IN ENGLISH LANGUAGE BESIDES
        ANY OTHER LANGUAGE USED IN THE DOCUMENTS.
        4- ALL THE DOCUMENTS MUST BE DATED.
        5- DOCUMENTS ISSUED AND/OR DATED BEFORE THE DATE OF ISSUANCE OF
        THE CREDIT ARE NOT ACCEPTABLE.
        6- TRANSPORT DOCUMENTS SHOWING NAME OF A THIRD PARTY AS SHIPPER
        OR CONSIGNOR NOT ACCEPTABLE. ARTICLE 14 k OF UCP 600 NOT
        APPLICABLE.
        7- IF DISCREPANT DOCUMENTS ARE PRESENTED, ADDITIONAL HANDLING
        CHARGES I.E USD. 50.00 WILL BE INCURRED AND WILL BE ON
        BENEFICIARIES ACCOUNT WHETHER THE DISCREPANCIES ARE ADVISED OR
        NOT.
        8- APPLICANTS AND BENEFICIARIES ADDRESS MUST BE THE SAME AS
        STIPULATED IN THE CREDIT.
        9- CHARGES: ALL BANKING CHARGES AND COMMISSIONS OUTSIDE LEBANON
        INCLUDING CONFIRMATION CHARGES (IF ANY) AND REIMBURSING BANK
        CHARGES ARE ON BENEFICIARIES ACCOUNT AND CANNOT BE CLAIMED
        FROM US EVEN IF THE L/C CANCELLED OR UNUTILIZED.
        10- COMMERCIAL INVOICE ISSUED FOR AN AMOUNT EXCEEDING THE LIMIT
        PERMITTED BY THE CREDIT IS NOT ACCEPTABLE.ART 18b NOT APPLICABLE.
        11- ALL ORIGINAL TRANSPORT DOCUMENTS REQUIRED UNDER THIS CREDIT
        MUST BE PREPRINTED WITH THE WORD ''ORIGINAL''.
        12- TRANSPORT DOCUMENTS BEARING REFERENCE BY STAMP OR OTHERWISE
        TO CHARGES ADDITIONAL TO THE FREIGHT IS NOT ACCEPTABLE.
        13- THE MARINE BILL OF LADING MUST CLEARLY INDICATE THE NAME
        OF THE CARRIER AND CLEARLY STATES ITS FUNCTION/QUALITY IN THE
        FOLLOWING STRICT MANNER:''THE CARRIER'' AND NOT ''AS CARRIER''.
71B: Charges
        SEE FIELD 47A: ADDITIONAL
        CONDITIONS.
48 : Period of Presentation
        15 DAYS AFTER DATE OF SHIPMENT
49 : Confirmation Instructions
        MAY ADD

```
5/28/2012 20:15:04                                                    4
        GSMOS Ret # CNHG20120528SDS7840    - OSN # 0477112207   (Continued)
- - - - - - - - - - - - - - - - - - - - - - - - - - - - - - - - - - - - - - -
  53A: Reimbursing Bank (BIC)
       PNBPUS3NNYC
       WACHOVIA BANK, NA
       375 PARK AVENUE
       NY 4080
       NEW YORK,NY, UNITED STATES
  78 : Instructions to Paying/Acpting/Nego Bank
       + AFTER COMPLYING PRESENTATION AT YOUR COUNTERS, YOU ARE
       AUTHORIZED TO NEGOTIATE DOCUMENTS PRESENTED UNDER THE ABOVE
       MENTIONED L/C SPECIFYING ITS AMOUNT UNDER SWIFT CONFIRMATION
       TO US.
       IN COVER OF YOUR PAYMENT WE AUTHORIZE YOU TO REIMBURSE
       YOURSELVES ON OUR USD.A/C NO. 2000193003242 HELD
       WITH WACHOVIA BANK N.A - NEW YORK VALUE FIVE WORKING DAYS
       UNDER SWIFT CONFIRMATION TO US.
       + PLEASE CONSIDER THE PRESENT MESSAGE AS CONTAINING FULL DETAILS
       THUS THE OPERATIVE INSTRUMENT OF CREDIT.
       WACHOVIA BANK HOLDS SPECIAL INSTRUCTIONS REGARDING DOCUMENT
       DISPOSAL AND REIMBURSEMENT OF THIS LETTER OF CREDIT.
  72 : Sender to Receiver Information
       + PLEASE SEND DOCUMENTS BY DHL
       SPECIAL COURIER TO OUR ADDRESS
       IN BEIRUT: LEBANESE CANADIAN BANK
       SAL. DORA BLVD. GHANTOUS BLDG.
       BEIRUT - LEBANON
- - - - - - - - - - - - - - - - - - Message Trailer - - - - - - - - - - - - - - - - - - - - -
  {MAC:00000000}
  {CHK:9810B18AEED1}
END
```

有关资料

出口公司	广东轻出百货有限公司 出口公司单据签署人：周××		
发票号码	2012HQA2G084	发票日期	2012 年 6 月 13 日
提单号码	CHIBEY90734	提单日期	2012 年 6 月 17 日
船名	DANDELINE　V. AMS－1152W		
集装箱号	1＊40'HQ　FCL/ FCL　CY/CY SBAU5161475/297788		
目的港	贝鲁特港（BEIRUT）		
承运人	SINO－LINE SHIPPING LIMITED		
货运代理人	GLOBAL AIM TRADING AND SHIPPING（G. A. T. S） 货代提单签发人：吴××		
CO 号码	CCPIT088587360	CO 申报日期	2012 年 6 月 15 日
商品编码	761699	ISM 日期	2012 年 6 月 17 日
唛头	N/M	IACS 日期	2012 年 6 月 17 日

		QUANTITY （PCS）	PACKAGE （CTNS）	N. W （KGS/CTN）	G. W. （KGS/CTN）	MEAS. （CBMS/CTN）
实际装箱装船货物	ALUMINIUM LADDER1. 0MM					
	GHH3　3STEPS	40	8	8. 50	9. 00	1. 60＊0. 30＊0. 34
	GHH4　4STEPS	50	10	9. 50	10. 00	1. 60＊0. 30＊0. 34
	GHH5　5STEPS	99	33	11. 50	12. 00	1. 81＊0. 39＊0. 34
	GHH5　5STEPS	1	1	11. 50	12. 00	1. 81＊0. 39＊0. 34
	GHH6　6STEPS	150	50	12. 50	13. 00	1. 81＊0. 39＊0. 34
	GHH7　7STEPS	198	66	13. 50	14. 20	2. 00＊0. 41＊0. 34
	GHH7　7STEPS	2	1	13. 50	14. 20	2. 00＊0. 41＊0. 34
	GHH8　8STEPS	150	50	14. 80	15. 50	2. 00＊0. 41＊0. 34
	PACKING：IN NYLON SACS					

六、综合制单六

OFFICE: AGRICULTURAL BANK OF CHINA HENGSHUI BRANCH
ADDRESS: 358 EAST SHENGLI ROAD HENG SHUI CITY 053000 HEBEI CHINA

信 用 证 通 知 书
NOTIFICATION OF DOCUMENTARY CREDIT

DATE 日期 Sep 22, 2011

TO: 致 DONGFENG FOOD CO. LTD.	Our Ref No. 我行编号 030EX090410287
	Amount 金额 USD33,894.00
Issuing Bank 开证行 MIZRAHI TEFAHOT BANK LTD. 17, LINCOLN STREET	Transmitted to us through 转递行
L/C No. 信用证号 TA/055/56765/1	Issuing Date 开证日期 Sep 21, 2011

Dear Sirs, 迳启者:
We have pleasure in advising you that we have received from the A / M bank a(n)
兹 通 知 贵 公 司 , 我 行 收 自 上 述 银 行

(X) SWIFT ISSUING　　　SWIFT 开立　　　　( ) MAIL CONFIRMATION OF　证实书
( ) TELEX ISSUING　　　电传开立　　　　　( ) UNEFFECTIVE　　　　未生效
( ) MAIL ISSUING　　　邮寄开立　　　　　(X) ORIGINAL　　　　　正本
( ) PRE-ADVISING OF　　预先通知　　　　　( ) DUPLICATE　　　　副本

Letter of Credit, contents of which are as per attached sheet(s).

This advice and the attached sheet(s) must accompany the relative documents when presented.
信 用 证 一 份 , 现 随 附 通 知 。 贵 公 司 交 单 时 , 请 将 本 通 知 书 及 信 用 证 一 并 提 示 。

Remarks 备注:
-PLEASE NOTE THAT THIS ADVICE DOES NOT CONSTITUTE OUR CONFIRMATION OF THE ABOVE L/C
NOR DOES IT CONVEY ANY ENGAGEMENT OR OBLIGATION ON OUR PART.
本 通 知 书 不 构 成 我 行 对 此 信 用 证 之 保 兑 及 其 它 任 何 责 任 。

This L / C consists of　　　　　sheet(s), including the covering letter and attachment(s),
本信用证连同面函及附件共　　　　页。
If you find any terms and conditions in the L / C which you are unable to comply with and / or any
error(s), it is suggested that you contact applicant directly for necessary amendment(s) so as to avoid
any difficulties which may arise when documents are presented.
如 本 信 用 证 中 有 无 法 办 到 的 条 款 及 / 或 错 误 , 请 迳 与 开 证 申 请 人 联 系
进 行 必 要 的 修 改 , 以 排 除 交 单 时 可 能 发 生 的 问 题 。

Please credit _____ as advising fee to our A / C
No. _____ with_____
本通知费 _____ _____ 请划入我行 _____账户,
账号 _____。

负责人签收:

```
SAFE Reference          :023049080190921
Received from           :MIZBILIT
                         MIZRAHI TEFAHOT BANK LTD.
Message Type            :MT 700 ISSUE OF A DOCUMENTARY
Date                    :Sep 22 2011
:27:Sequence of Total
    1/2
:40A:Form of Documentary Credit
    IRREVOCABLE
:20:Documentary Credit Number
    TA/055/56765/1
:40E:
    UCP LATEST VERSION
:31D:Date and Place of Expiry
    111105 ISRAEL
:50:Applicant
    G.WILLI-FOOD INTERNATIONAL LTD
    NAHAL SNIR STREET 3
    YAVNE  ISRAEL
:59:Beneficiary
    DONGFENG FOOD CO.LTD
    DATUN INDUSTRIAL ZONE,
    SHENZHOU CITY, HEBEI PROVINCE,
    CHINA 053873
:32B:Currency Code, Amount
    USD33894,
:41A:Available With ... By ...
    MIZBILIT
    BY PAYMENT
:43P:Partial Shipments
    NOT ALLOWED
:43T:Transshipment
    ALLOWED
:44E:
    TIANJIN PORT
:44F:
    ASHDOD PORT
:44C:Latest Date of Shipment
    111015
:45A:Description of Goods and/or Services
    2 X 40 FT FCLS TO CONTAIN THE FOLLOWING:
    1. 1 X 40 FT FCL CONTAINING 1050 STRONG EXPORT CARTONS,
       EACH CARTON TO CONTAIN 72 BAGS (12 X 6) OF
       22 GR BAGS OF APPLE CHIPS NATURAL FLAVOUR WITHOUT PEEL,
       PACKED IN 6 UNITS PACKAGE, AT USD 0.218/22 GR BAG.
       BARCODE FOR 22 GR BAG: 6928740700544,
       BARCODE FOR THE 6 UNITS PACKAGE: 7290011615314

    2. 1 X 40 FT FCL TO CONTAIN:
    A. 525 STRONG EXPORT CARTONS, EACH CARTON TO CONTAIN 76 BAGS OF
       APPLE CHIPS ORIGINAL FLAVOUR WITHOUT PEEL IN 22 GR BAGS
       AT USD 0.218/BAG
       BARCODE: 6928740700544
```

```
SAFE Reference          :023049080190921
Received from           :MIZBILIT
                         MIZRAHI TEFAHOT BANK LTD.
Message Type            :MT 700 ISSUE OF A DOCUMENTARY
Date                    :Sep 22 2011
```

```
        B. 525 STRONG EXPORT CARTONS.EACH CARTON TO CONTAIN 40 BAGS OF
           APPLE CHIPS ORIGINAL FLAVOUR WITHOUT PEEL IN 43 GR BAGS.
           AT USD 0.415/BAG.
           BARCODE: 6928740700643.
        PRICE BASIS: FOB
        TIANJIN PORT
:47A:Additional Conditions
        +ALL DOCUMENTS MUST INDICATE OUR ABOVE CREDIT NUMBER
        +IF L/C SHOULD EXPIRE UNUTILIZED AT ADVISING BANK'S
        OR THROUGH BANK'S COUNTERS ANY CHARGES FOR NON -
        UTILIZATION TO BE BORNE BY BENEFICIARY
:71B:Charges
        ALL BANK CHARGES OUTSIDE OF ISRAEL
        ARE FOR BENEFICIARY'S ACCOUNT
:49:Confirmation Instructions
        WITHOUT
:78:Instruction to the Paying/Accepting/Negotiating Back
        +ON PRESENTATION OF DOCUMENTS IN STRICT CONFORMITY WITH L/C TERMS
        AND CONDITIONS, PLS SEND SAME TO US BY SPECIAL COURIER TO : 105
        ALLENBY ST. TEL AVIV. AND WE SHALL COVER YOU AS PER YOUR
        INSTRUCTIONS 5 WORKING DAYS AFTER RECEIPT OF DOCUMENTS AT OUR
        COUNTERS, DATE OF WHICH WE SHALL ADVISE YOU.
        +DEBITS/REIMBURSEMENTS FOR DISCREPANT DOCUMENTS ARE NOT PERMITTED
        +IF DISCREPANT DOCUMENTS ARE PRESENTED. ISSUING BANK'S HANDLING
        CHARGES OF 0.1 PCT (MIN  USD  25.00) PLUS TELECOMMUNICATION
        CHARGES WILL BE APPLIED
:72:Sender to Receiver Information
        /ACCT/6550-1-90024
```

第　2　页

```
SAFE Reference          :023049080290921
Received from           :MIZBILIT
                         MIZRAHI TEFAHOT BANK LTD.
Message Type            :MT 701 ISSUE OF A DOCUMENTARY
Date                    :Sep 22 2011
:27:Sequence of Total
    2/2
:20:Documentary Credit Number
    TA/055/56765/1
:46B:Documents Required
    + 6 MANUALLY SIGNED ORIGINAL INVOICES IN NAME OF APPLICANT
      STATING THAT GOODS ARE OF CHINA ORIGIN
    + BILLS OF LADING FULL SET CLEAN ON BOARD MARKED FREIGHT PAYABLE
      AT DESTINATION MENTIONING FULL WORDING OF THE ARAB UNLOADING
      PROHIBITION CLAUSE AS FOLLOWS:IN VIEW OF DANGER OF CONFISCATION
      WARRANTED VESSEL/AIRCRAFT IS NOT TO CALL AT PORTS/ AIRPORTS AND
      NOT TO ENTER THE TERRITORIAL WATERS/AIRSPACE OF SYRIA, LEBANON,
      JORDAN. IRAQ, SAUDI ARABIA, YEMEN, SUDAN, LYBIA OR ANY OTHER
      ARAB COUNTRY EXCEPT EGYPT PRIOR TO UNLOADING IN ISRAEL UNLESS
      IN DISTRESS OR SUBJECT TO FORCE MAJEURE, AND NOTIFY APPLICANT
      MADE OUT TO THE ORDER OF MIZRAHI TEFAHOT BANK LTD TEL AVIV.
      BILL OF LADING STATING THAT THE CARRIER RESERVES ITS RIGHT TO
      RELEASE GOODS WITHOUT RECEIVING THE ORIGINAL BILL OF LADING
      WILL NOT BE ACCEPTED.
      B/L(S) MUST BE ISSUED BY
      ZIM INTEGRATED SHIPPING SERVICES LTD AND MUST EVIDENCE SHIPPING
      IN 2 X 40 FT FCLS AND LOADING THE CONTAINERS
      UNDER THE WATERLINE.
      B/L MUST STATE THE FULL NAME AND THE VAT REGISTRATION NUMBER
      OF THE IMPORTER 520043209,WHICH MUST APPEAR
      BELOW NOTIFY PARTY DETAILS (IN SAME FIELD), AND VAT
      REGISTRATION NUMBER OF THE FOREIGN SUPPLIER IN HIS COUNTRY
      ,WHICH MUST APPEAR IN FIELD OF SHIPPER
      BELOW SUPPLIER'S DETAILS AND AN UNEQUIVOCAL DESCRIPTION OF
      THE IMPORTED GOODS INCLUDING THE FIRST FOUR DIGITS OF
      THE IMPORTED GOODS, H.S.CLASSIFICATION NO. 2006
      WHICH MUST APPEAR AFTER DESCRIPTION OF GOODS(IN SAME FIELD).
    + PACKING LIST IN 03 COPIES
    + BNF'S WRITTEN, GUARANTEED AND SIGNED DECLARATION STATING THAT:
      A. GOODS ARE PACKED IN STRONG EXPORT CARTONS. B. GOODS ARE
      PACKED IN SUCH A WAY THAT THEY WILL NOT BE DAMAGED DURING
      TRANSPORTATION. C. EACH ITEM BEARS ENGLISH - HEBREW TEXT
      STICKER WITH COMPLETE PACKAGING DESIGN WITH WILLI FOOD LOGO
      WITH PRODUCT'S NAMES, INGREDIENTS, KOSHER INDICATIONS AND
      NUTRITIONAL VALUES PER 100GR AND PER UNIT, AS PER APPLICANT'S
      INSTRUCTIONS AND CONFIRMATION DATED MAY 10TH 2009. D. EACH BAG
      BEARS THE OU KOSHER LOGO + CHATAM SOFER BNEI BERAQ KOSHER LOGO.
      E. EACH 22 GR BAG, 6 UNITS PACKAGE AND 43 GR BAG BEARS EXPIRY
      DATE, WHICH IS 16 MONTHS FROM PRODUCTION DATE. F. THE 6 UNITS
      PACKAGE IS PRINTED ACCORDING TO APPLICANT'S DESIGN AND
      INSTRUCTIONS, INCLUDING APPLICANT'S BARCODE, LOGO, KOSHER LOGO,
      PRODUCT'S NAME AND 5+1 FREE OF CHARGE TEXT AND WEIGHT. G. EACH
      CARTON BEARS CARTON MARKS AS PER APPLICANT'S INSTRUCTIONS AND
```

```
SAFE Reference         :023049080290921
Received from          :MIZBILIT
                        MIZRAHI TEFAHOT BANK LTD.
Message Type           :MT 701 ISSUE OF A DOCUMENTARY
Date                   :Sep 22 2011
         EXPIRY DATE. H. SHELF LIFE OF THE PRODUCT IS 16 MONTHS FROM
         PRODUCTION DATE. I. PRODUCTION DATE IS NOT PRINTED, ONLY EXPIRY
         DATE IS PRINTED ON EACH 22 GR BAG, THE 5+1 PACKAGING AND EACH
         43 GR BAG. J. GOODS ARE FRESH PRODUCTION. K. INSIDE THE
         CONTAINER THERE ARE ALSO LOADED 2 PCT EMPTY CARTONS OF EACH
         PRODUCT.
       + LABORATORY ANALYSIS RELATED TO THIS SHIPMENT, MENTIONING L/C
         AND INVOICE NUMBERS.
       + PHYTOSANITARY CERTIFICATE ISSUED BY CIQ.
       + BEN'S WRITTEN DECLARATION THAT ONE ORIGINAL OF EACH DOCUMENT
         REQUIRED HAS BEEN FAXED TO APPLICANT AND THEN ONE COPY OF EACH
         DOCUMENT REQUIRED HAS BEEN SENT TO HIM BY SPECIAL COURIER
         WITHIN 10 DAYS FROM B/L DATE.
       + QUALITY CERTIFICATE ISSUED BY CIQ.
       + COPY OF BENEFICIARY'S INSTRUCTIONS TO THE SHIPPING LINE,
         SHOWING BNF'S INSTRUCTIONS TO THE SHIPPING LINE FOR LOADING THE
         CONTAINER IN THE VESSEL UNDER THE WATERLINE.
                                                  第    2    页
```

有关资料

出口公司	东风食品有限公司 出口公司单据签署人：龙××			
发票号码	HBGF2011 – 2548		发票日期	2011 年 10 月 15 日
提单号码	ZIMUXNG1161647		提单日期	2011 年 10 月 26 日
船名	MERKUR CLOUD V. 941S		唛头	N/M
集装箱号	1 ∗ 40'　　　CY/CY ZCSU2694750/D – 452149			
承运人	ZIM INTEGRATED SHIPPING SERVICES LTD 承运人提单签发人：林××			
货物装箱情况		净重	毛重	尺码
	72 BAGS/CTN：	1. 584KGS/CTN	2. 584KGS/CTN	（55 ∗ 40 ∗ 256）CM/CTN
	76 BAGS/CTN：	1. 672KGS/CTN	2. 824KGS/CTN	（55 ∗ 40 ∗ 266）CM/CTN
	40 BAGS/CTN：	1. 72KGS/CTN	2. 568KGS/CTN	（55 ∗ 40 ∗ 244）CM/CTN

附　录

附录一

全套出口结汇单证

一、信用证通知书

GL028

信用证通知书

致：　GUANGDONG MACHINERY IMP AND EXP. CO.,LTD
　　通知编号：AD3351618001039
　　日期：2018-11-16

迳启者：

我行收到如下信用证一份：

开证行：　UNICREDIT BANK AG (HYPOVEREINSBANK) MUENCHEN

开证日：　2018-11-15

信用证号：　28064010038465

金额：　USD130,332.00

现随附通知。贵司交单时，请将本通知书及正本信用证一并提示。其它注意事项如下：

本信用证之通知系遵循国际商会《跟单信用证统一惯例》第600号出版物。

如有任何问题及疑虑，请与中国银行股份有限公司联络。

电话：　　　　传真　　　　。

附言：

二、客户交单委托书

3053B

客 户 交 单 委 托 书

致：中国银行

兹随附下列出口单据，信用证业务请按国际商会现行有效的《跟单信用证统一惯例》办理，跟单托收业务请按国际商会现行有效的《托收统一规则》办理。本公司同意在本公司独自承担风险的前提下，贵行按信用证的要求或本公司要求或贵行自行选择快递公司进行递送服务时，汇票及/或单据在递送过程中发生的任何延误、中途遗失或残缺，贵行应没有责任，对于递送过程中发生的任何延误、中途遗失或残缺，将由快递公司按其运输协议进行赔偿。

PT001400862

信用证	开证行：UNICREDIT BANK AG (HYPOVEREINSBANK) MUENCHEN							信用证号：28064010038465				
	通知编号 AD3351618 001039				提单日期 2018.12.28	效期：			交单期限 15 天			
跟单托收	付款人全名及详址：											
	代收行外文名称及地址：											
	交单方式：（　）D/P（　）D/A					付款期限：						

发票编号：18B0448GL028							核销单号：		金额：USD 123815.40		

单据	名称	汇票	发票	海关发票	装箱/重量单	产地证	GSP FORM A	数量/质量/重量证	检验/分析证	出口许可证	保险单	运输单据	电抄	受益人证明	船公司证明	验放证明	
	份数		3		3							3+3				1	

其他事项：（打"X"者）

（　）上述单据请办理出口贸易融资，申请书随附。

（X）上述款项收妥后请入我公司账号：66135775 1974　　　　，开户银行：BANK OF CHINA GUANGDONG BRANCH

（　）单据中有下列不符点，（　）我司已洽开证人赊单，请径向开证行寄单。

（√）直接寄单

（　）_____

（　）_____

公司联系人：▮▮▮▮　　联系电话：▮▮▮▮▮　公司（委托人）授权印章：

银行单证中心审单纪录：	经办银行接单时间：	
	经办银行联系人及电话：	索汇方式：
	核实客户资格及单据份数并签章：	
		寄单方式：
	费用条款	1、偿付费由（　）申请人（　）受益人承担。 2、我行费用由（　）申请人（　）受益人承担。 3、他行费用由（　）申请人（　）受益人承担。 4、备注：
单证中心接单时间：	银行业务查询编号BP/OC：	
退单纪录：	单证中心审单日期及经办/复核：	

第一联：中国银行单证中心留存

三、信用证

```
Eximbills Enterprise Incoming Swift
===========================================================
Message Type:MT710
Send Bank:SCBLHKHHXXX
STANDARD CHARTERED BANK (HONG KONG) LIMITED HONG KONG

Recv Bank:BKCHCNBJ400
BANK OF CHINA GUANGDONG BRANCH GUANGZHOU (GUANGDONG BRANCH)

User Name:gd101113
Print Times:1
Print Date:2018-11-16 MIR:181116SCBLHKHHBXXX1447352756
===========================================================
```

:27:[Sequence of Total]
1/1
:40B:[Form of Documentary Credit]
IRREVOCABLE
WITHOUT OUR CONFIRMATION
:20:[Sender's Reference]
297112022731-N
:21:[Documentary Credit Number]
28064010038465
:31C:[Date of Issue]
181115
:40E:[Applicable Rules]
UCP LATEST VERSION
:31D:[Date and Place of Expiry]
190115GUANGZHOU
:52A:[Issuing Bank]
HYVEDEMMXXX
:50:[Applicant]
███████████████████████
███████████████
:59:[Beneficiary]
GUANGDONG MACHINERY IMP.+EXP.CO.,
LTD, 726 DONGFENG ROAD EAST
GUANGZHOU, CHINA
CHINA
:32B:[Currency Code, Amount]
USD130332,
:39A:[Percentage Credit Amount Tolerance]
10/10
:41A:[Available With...By...]
BKCHCNBJ400
BY NEGOTIATION
:43P:[Partial Shipments]
NOT ALLOWED
:43T:[Transshipment]
ALLOWED
:44E:[Port of Loading/Airport of Departure]

HUANGPU, CHINA
:44F:[Port of Discharge/Airport of Destination]
BREMERHAVEN, GERMANY
:44C:[Latest Date of Shipment]
181231
:45A:[Description of Goods and/or Services]
1) 5.600 PCS. PARASOL COVER UV THREATMENT, BW-ART.NO. 45081001,
PACKING: 4 PCS. PER CARTON, UNITPRICE EACH PIECE USD 5,00
BW-ORDER-NO. 4512771424/010

2) 3.800 PCS. FURNITURE COVER, BW-ART.NO. 45081002,
PACKING: 2 PCS. PER CARTON, UNITPRICE EACH PIECE USD 13,65
BW-ORDER-NO. 4512771424/020

3) 2.800 PCS. CUSHION BAG, BW-ART.NO. 45081003,
PACKING: 4 PCS. PER CARTON, UNITPRICE EACH PIECE USD 5,94
BW-ORDER-NO. 4512771424/030

4) 3.800 PCS. COVER FOR HANGING PARASOL, BW-ART.NO. 45081004,
PACKING: 4 PCS. PER CARTON, UNITPRICE EACH PIECE USD 5,95
BW-ORDER-NO. 4512771424/040

5) 2.000 PCS. COVER FOR CHAIR, BW-ART.NO. 45081005,
PACKING: 4 PCS. PER CARTON, UNITPRICE EACH PIECE USD 5,61
BW-ORDER-NO. 4512771424/050

QUANTITY(IES): PLUS/MINUS 10 PCT. ARE ACCEPTABLE
PACKING: -SEE ABOVE-
TERMS OF DELIVERY: FOB HUANGPU AS PER INCOTERMS 2010
:46A:[Documents Required]
1.) 3 ORIGINALS OF SIGNED COMMERCIAL INVOICE.
INVOICE HAS TO SHOW THE AMOUNTS OF 100 PCT. FOB-VALUE,
LESS 5 PCT. AMOUNT OF AGENT COMMISSION(THE WORDING 'AGENT
COMMISSION' MUST BE SHOWN EXACTLY) AND 95 PCT. AMOUNT
OF FOB-VALUE AS FINAL AMOUNT.
ANY OTHER DEDUCTION ON INVOICE IS NOT ALLOWED.
INVOICE TO CERTIFY THAT THE BARCODE (EAN 13-FIGURE FORMAT) HAS
BEEN MARKED ON EACH PIECE AND EACH OUTER CARTON.

2.) FULL SET OF CLEAN ON BOARD OCEAN BILLS OF LADING MADE OUT
TO ORDER AND BLANK ENDORSED AND SHOWING NOTIFY ███████
████ ██ ███████████
MARKED FREIGHT COLLECT.
B/L MUST BE ISSUED BY DAMCO INTERNATIONAL B.V. AND SIGNED BY
THEM OR THEIR AGENT.
B/L MUST BE MARKED: 'BW-ORDER-NO...' ('...' HAS TO BE AMENDED
WITH RESPECTIVE FIGURES AS MENTIONED UNDER GOODSDESCRIPTION)
B/L MUST SHOW FCL AND/ OR CY/CY, CONTAINER-NO. AND FOLLOWING
SHIPPING MARKS (... IS TO BE COMPLETED):
BW-ORDER-NO.: ...
BW-ARTICLE-NO.: ...
BW-ARTICLE IN WORDS:
1) HAUBE MARKTSCHIRM, EXTRA STARK

2) HAUBE MOEBELSET, EXTRA STARK
3) TRAGETASCHE F. AUFLAGEN, EXTRA STARK
4) HAUBE AMPELSCHIRM, EXTRA STARK
5) HAUBE FUER COLOMBO, EXTRA STARK
EAN-CODE: ... (13-FIGURE FORMAT)
... PCS. (2 OR 4)
CTN. NO. ... AND UP TO ...
BILL OF LADING MUST EVIDENCE AND BE ISSUED UNDER THE CONDITION
THAT BW-ORDER-NO., BW-ARTICLE-NO. AND BW-ARTICLE IN WORDS IS
INDICATED FOR EACH SEPARATE CONTAINER.
IN CASE BILL OF LADING IS NOT BE ISSUED WITH THE CONDITIONS AS
MENTIONED ABOVE, IT WILL BE REFUSED BY UNICREDIT BANK AG.

3.) 1 ORIGINAL AND 2 COPY(IES) OF PACKING LIST
FOR EACH CONTAINER SEPARATELY.
THE PACKING LIST HAS TO INDICATE THE DETAILS OF CONTENT
OF EACH CONTAINER SHIPPED, THAT MEANS: THE CONTAINER-NO.,
QUANTITY(IES), COMPLETE BW-ORDER-NO., BW-ARTICLE-NO., GROSS-
AND NETWEIGHT, AND THE SIZE AND VOLUME (CBM) OF CONTAINER.

4.) 1 COPY OF '█████████ APPROVAL CERTIFICATE' ISSUED AND SIGNED
BY ████████ ███ █████ WHICH HAS BEEN FAXED TO BENEFICIARY
AND CERTIFYING THAT APPLICANT APPROVED THE FINAL SHIPMENT
SAMPLES' REFERRING TO GOODS DELIVERED.

:47A:[Additional Conditions]
1.) CREDIT AMOUNT REPRESENTS FULL FOB-AMOUNT OF GOODS WHICH IS
TO BE PAID BY THE APPLICANT.
5 PCT. OF FOB-AMOUNT AS AGENT COMMISSION WILL BE DEDUCTED AND
PAID BY US (UNICREDIT BANK AG) TO MESSRS ████████ ██████
███████████████████████████ █████ █████ USD
ACCOUNT IBAN-NO. DK0571780004902323 WITH JYSKE BANK, VESTERGADE
8-10, DK-8600 SILKEBORG, DENMARK,
REMAINING AMOUNT IS PAYABLE TO BENEFICIARY AS PER L/C TERMS.

2.) INVOICE AND PACKING LIST HAVE TO SHOW THE ASSORTMENT
AND PACKING DETAILS AS PER DESCRIPTION OF GOODS.

3.) ALL DOCUMENTS HAVE TO SHOW THE SHIPPING MARKS AS REQUIRED
FOR THE BILL OF LADING, WITH DETAILS FULLY COMPLETED (EXCEPT
BETTENWELT APPROVAL CERTIFICATE).

4.) FOR YOUR INFORMATION ONLY, PLEASE READ COUNTRY FOR DAMCO
INTERNATIONAL B.V. AS NETHERLANDS.

5.) PAYMENT UNDER THIS SIGHT LC WILL BE EFFECTED VALUE 7 BANKING
DAYS AFTER PRESENTATION OF CREDIT CONFORM DOCUMENTS AT THE
COUNTER OF SCB, HONGKONG.

6.) WE WILL DEDUCT OUR CHARGES FROM PROCEEDS OF PRESENTED
DOCUMENTS AS FOLLOWS EQUIVALENT IN USD IF APPLICABLE, OPENING
COMMISSION EUR 250,00 FLAT FOR 3 MONTHS, THIS INCLUDS THREE
FURTHER TRANSACTIONS (EITHER DOCUMENTARY REMITTANCES, OR

AMENDMENTS BUT WITHOUT INCREASEMENTS OR PROLONGATIONS) AS WELL AS POSTAGE, SWIFT, FREE OF CHARGE.
FROM 4TH MONTH, 0,5PERMILLE PER MONTH MIN. EUR 50.-PER MONTH WILL BE CHARGED HANDLING CHARGES OF EUR 50.-FOR EACH DOCUMENTARY REMITTANCE WILL BE CHARGED IF APPLICABLE AFTER 3RD FREE TRANSACTION. DISCREPANCY FEE EUR 50.-IF ANY IN CASE OF AMENDMENTS CHARGES WILL BE STATED LATER ON. IF ANY.
+ DOCUMENTS MUST BE MADE OUT IN ENGLISH LANGUAGE ONLY UNLESS OTHERWISE EXPRESSLY STATED.
+ OUR ADDRESS: .
+ EACH NEGOTIATION MUST BE ENDORSED ON THE REVERSE SIDE OF BENEFICIARIES ORIGINAL CREDIT INSTRUMENT BY THE NEGOTIATING BANK WHICH HAS TO CONFIRM THE ENDORSEMENT ON THEIR DOCUMENTARY REMITTANCE LETTER.
:71B:[Charges]
ALL COMMISSIONS AND CHARGES ARISING UNDER THIS CREDIT ARE TO BE BORNE BY THE BENEFICIARY.
:48:[Period for Presentation]
DOCUMENTS TO BE PRESENTED WITHIN 15 DAYS AFTER THE DATE OF SHIPMENT, BUT WITHIN THE VALIDITY OF THE CREDIT.
:49:[Confirmation Instructions]
WITHOUT
:78:[Instructions to the Paying/Accepting/Negotiating Bank]
THIS LC IS ISSUED BY UNICREDIT BANK AG (ISB) AND RELAYED BY SCB(HK)LTD (SCBHK) WHO ACTS AS LC PROCESSING AGENT OF ISB. PLEASE CORRESPOND DIRECTLY WITH ISB REGARDING THE LC TERMS/ CONDITIONS. PLEASE PRESENT DOCS VIA COURIER IN 1 LOT TO SCBHK, TRADE SERVICES CENTRE, 7/F STANDARD CHARTERED TOWER, 388 KWUN TONG ROAD, KWUN TONG, HK . DOCS SHOULD NOTBE SENT DIRECTLY TO ISB OTHERWISE NEITHER SCBHK NOR ISB WILL BE RESPONSIBLE FOR ANY DELAY IN PAYMENT SO CAUSED AND ANY INTEREST CLAIMS OR OTHER LOSSES. WHEN SCBHK DETERMINES THAT A PRESENTATION IS COMPLYING, IT WILL PAY THE PRESENTER IN ACCORDANCE WITH THEIR INSTRUCTION. ANY COMMUNICATIONS EXCEPT RELATED TO LC TERMS/ CONDITIONS CAN BE SENT BY SWIFT TO SCBLHKHH FOR ONWARD TO ISB.
:57A:["Advise Through" Bank]
BKCHCNBJ400
:72:[Sender to Receiver Information]
WE MAY NOT PROCESS TRANSACTIONS INVOLVING ANY COUNTRY. REGION OR PARTY SANCTIONED BY THE UN, US, EU OR UK. WE ARE NOT LIABLE FOR ANY DELAY, NON-PERFORMANCE OR/DISCLOSURE OF INFORMATION FOR SANCTIONS REASONS
-}{5:{CHK:6CA20F51F1B3}}

四、商业发票

广东省机械进口股份有限公司
GUANGDONG MACHINERY IMP. & EXP. CO., LTD.
726 DONGFENG ROAD EAST, GUANGZHOU, CHINA.
商 业 发 票
COMMERCIAL INVOICE
ORIGINAL

Messrs:

Exporter:　GUANGDONG MACHINERY IMP. +EXP. CO., LTD.
726 DONGFENG ROAD EAST
GUANGZHOU, CHINA
CHINA

Invoice No.	18B0448GL028
Invoice Date:	Dec.28,2018
L/C No.	28064010038465
L/C Date:	Nov.15, 2018
Terms of Payment:	L/C AT SIGHT

Transport details:
FROM HUANGPU, CHINA TO BREMERHAVEN, GERMANY BY SEA

Marks and numbers	Description of goods	Quantity	Unit	Unit Price	Amount
(VIDE THE ATTACHMENT)	1) 5,600 PCS . PARASOL COVER UV THREATMENT, BW-ART. NO. 45081001, PACKING: 4 PCS. PER CARTON, BW-ORDER-NO. 4512771424/010	5,600	PCS	USD5.00/PC	USD28,000.00
	2) 3,800 PCS . FURNITURE COVER, BW-ART. NO. 45081002, PACKING: 2 PCS. PER CARTON, BW-ORDER-NO. 4512771424/020	3,800	PCS	USD13.65/PC	USD51,870.00
	3) 2,800 PCS . CUSHION BAG, BW-ART. NO. 45081003, PACKING: 4 PCS. PER CARTON, BW-ORDER-NO. 4512771424/030	2,800	PCS	USD5.94/PC	USD16,632.00
	4) 3,800 PCS . COVER FOR HANGING PARASOL, BW-ART. NO. 45081004, PACKING: 4 PCS. PER CARTON, BW-ORDER-NO. 4512771424/040	3,800	PCS	USD5.95/PC	USD22,610.00

(TO BE CONTINUED)　PAG 1 OF 3

广东省机械进出口股份有限公司
GUANGDONG MACHINERY IMPORT & EXPORT CO., LTD.

广东省机械进口股份有限公司
GUANGDONG MACHINERY IMP. & EXP. CO., LTD.
726 DONGFENG ROAD EAST, GUANGZHOU, CHINA.
商 业 发 票
COMMERCIAL INVOICE
ORIGINAL

INVOICE NO.:　18B0448GL028

Marks and numbers	Description of goods	Quantity	Unit	Unit Price	Amount
(VIDE THE ATTACHMENT)	5) 2,000 PCS . COVER FOR CHAIR, BW-ART. NO. 45081005, PACKING: 4 PCS. PER CARTON, BW-ORDER-NO. 4512771424/050	2,000	PCS	USD5.61/PC	USD11,220.00

FOB HUANGPU AS PER INCOTERMS 2010..........USD130,332.00
LESS 5 PCT. AMOUNT OF AGENT COMMISSION.....USD6,516.60
95 PCT. AMOUNT FOB-VALUE AS FINAL AMOUNT.....USD123,815.40

TOTAL QUANTITY:18000PCS
TOTAL: 5450 CTNS

TOTAL: U.S. DOLLARS ONE HUNDRED AND TWENTY-THREE THOUSAND EIGHT HUNDRED AND FIFTEEN CENTS FORTY ONLY.

TOTAL SHIPPED IN 1X40'HQ CONTAINER:
CONTAIER NO./SEAL NO.:
MRKU2796420 / ML-CN0102

WE CERTIFY THAT BARCODE (EAN 13-FIGURE FORMAT) HAS BEEN MARKED ON EACH PIECE AND EACH OUTER CARTON.

(TO BE CONTINUED)　　PAG 2 OF 3

GUANGDONG MACHINERY IMP. & EXP. CO., LTD.

广东省机械进出口股份有限公司
GUANGDONG MACHINERY IMPORT & EXPORT CO., LTD.

广东省机械进口股份有限公司
GUANGDONG MACHINERY IMP. & EXP. CO., LTD.
726 DONGFENG ROAD EAST, GUANGZHOU, CHINA.
商 业 发 票
COMMERCIAL INVOICE
ORIGINAL

INVOICE NO.:　18B0448GL028

ATTACHMENT
SHIPPING MARKS:

BW-ORDER -NO.: 4512771424/010
BW-ARTICLE-NO.: 45081001
BW-ARTICLE IN WORDS: HAUBE MARKTSCHIRM,EXTRA STARK
EAN-CODE: 5703333087094
4 PCS
CTN. NO.: 1 AND UP TO 1400

BW-ORDER -NO.: 4512771424/020
BW-ARTICLE-NO.: 45081002
BW-ARTICLE IN WORDS: HAUBE MOEBELSET,EXTRA STARK
EAN-CODE: 5703333087100
2 PCS
CTN. NO.: 1401 AND UP TO 3300

BW-ORDER -NO.: 4512771424/030
BW-ARTICLE-NO.: 45081003
BW-ARTICLE IN WORDS: TRAGETASCHE F. AUFLAGEN, EXTRA STARK
EAN-CODE: 5703333087469
4 PCS
CTN. NO.: 3301 AND UP TO 4000

BW-ORDER -NO.: 4512771424/040
BW-ARTICLE-NO.: 45081004
BW-ARTICLE IN WORDS: HAUBE AMPELSCHIRM,EXTRA STARK
EAN-CODE: 5703333093101
4 PCS
CTN. NO.: 4001 AND UP TO 4950

BW-ORDER -NO.: 4512771424/050
BW-ARTICLE-NO.: 45081005
BW-ARTICLE IN WORDS: HAUBE FUER COLOMBO,EXTRA STARK
EAN-CODE: 5703333107853
4 PCS
CTN. NO.: 4951 AND UP TO 5450

PAG 3 OF 3

广东省机械进出口股份有限公司
GUANGDONG MACHINERY IMPORT & EXPORT CO., LTD.

五、装箱单

(Page 1 of 3)

广东省机械进出口股份有限公司
GUANGDONG MACHINERY IMP. & EXP. CO., LTD.
726 DONGFENG ROAD EAST, GUANGZHOU, CHINA.

ORIGINAL

装　箱　单
PACKING LIST

Messrs:		Date:	Dec.28,2018
		Invoice No.:	18B0448GL028
		L/C No.:	28064010038465

Exporter:	GUANGDONG MACHINERY IMP. +EXP. CO., LTD. 726 DONGFENG ROAD EAST GUANGZHOU, CHINA CHINA	FROM HUANGPU, CHINA TO BREMERHAVEN, GERMANY BY SEA.

CONTAIER NO./SEAL NO.:
MRKU27964420 / ML-CN0102147 (1X40'HQ)

标记 Shipping Marks	件数 Quantity	货名 Description of goods	净重 NET WEIGHT	毛重 GROSS WEIGHT	尺码 MEASUREMENT
(VIDE THE ATTACHMENT)	4PCS/CTN 1400CTNS	1) 5,600 PCS . PARASOL COVER UV THREATMENT, BW-ART. NO. 45081001, PACKING: 4 PCS. PER CARTON, BW-ORDER-NO. 4512771424/010	@3.10KGS 4340.000KGS	@3.40KGS 4760.000KGS	@(38.5x29x9)CMx1400 =14.068M3
	2PCS/CTN 1900CTNS	2) 3,800 PCS . FURNITURE COVER, BW-ART. NO. 45081002, PACKING: 2 PCS. PER CARTON, BW-ORDER-NO. 4512771424/020	@6.10KGS 11590.000KGS	@6.50KGS 12350.000KGS	@(38x29.5x12.5)CM X1900 =26.624M3
	4PCS/CTN 700CTNS	3) 2,800 PCS . CUSHION BAG, BW-ART. NO. 45081003, PACKING: 4 PCS. PER CARTON, BW-ORDER-NO. 4512771424/030	@4.10KGS 2870.000KGS	@4.4KGS 3080.000KGS	@(40X28X11)CMx700 =8.624M3
	4PCS/CTN 950CTNS	4) 3,800 PCS . COVER FOR HANGING PARASOL, BW-ART. NO. 45081004, PACKING: 4 PCS. PER CARTON, BW-ORDER-NO. 4512771424/040	@4.90KGS 4655.000KGS	@5.20KGS 4940.000KGS	@(38x29x11)CMx950 =11.516M3

(TO BE CONTINUED)

PAG 1 OF 3

广东省机械进出口股份有限公司
GUANGDONG MACHINERY IMPORT & EXPORT CO.,LTD.

(Page 2 of 3)

广东省机械进出口股份有限公司
GUANGDONG MACHINERY IMP. & EXP. CO., LTD.
726 DONGFENG ROAD EAST, GUANGZHOU, CHINA

ORIGINAL

装　箱　单
PACKING LIST

INVOICE NO.: 18B0448GL028

标记 Shipping Marks	件数 Quantity	货名 Description of goods	净重 NET WEIGHT	毛重 GROSS WEIGHT	尺码 MEASUREMENT
(VIDE THE ATTACHMENT)	4PCS/CTN 500CTNS	5) 2,000 PCS . COVER FOR CHAIR, BW-ART. NO. 45081005, PACKING: 4 PCS. PER CARTON, BW-ORDER-NO. 4512771424/050	@3.80KGS 1900.000KGS	@4.10KGS 2050.000KGS	@(38x28x10)CMx500 =5.320M3
	5450CTNS		2535.500KGS	27180.000KGS	66.152M3

TOTAL QUANTITY:18000PCS

TOTAL: FIVE THOUSAND FOUR HUNDRED AND FIFTY (5450) CARTONS ONLY.

(TO BE CONTINUED)　　PAG 2 OF 3

广东省机械进出口股份有限公司
GUANGDONG MACHINERY IMP. & EXP. CO., LTD.

(Page 3 of 3)

广东省机械进出口股份有限公司
GUANGDONG MACHINERY IMP. & EXP. CO., LTD.
726 DONGFENG ROAD EAST, GUANGZHOU, CHINA.

ORIGINAL

装　箱　单
PACKING LIST

INVOICE NO.: 18B0448GL028

ATTACHMENT
SHIPPING MARKS:

BW-ORDER -NO.: 4512771424/010
BW-ARTICLE-NO.: 45081001
BW-ARTICLE IN WORDS: HAUBE MARKTSCHIRM,EXTRA STARK
EAN-CODE: 5703333087094
4 PCS
CTN. NO.: 1 AND UP TO 1400

BW-ORDER -NO.: 4512771424/020
BW-ARTICLE-NO.: 45081002
BW-ARTICLE IN WORDS: HAUBE MOEBELSET,EXTRA STARK
EAN-CODE: 5703333087100
2 PCS
CTN. NO.: 1401 AND UP TO 3300

BW-ORDER-NO.: 4512771424/030
BW-ARTICLE-NO.: 45081003
BW-ARTICLE IN WORDS: TRAGETASCHE F. AUFLAGEN,EXTRA STARK
EAN-CODE: 5703333087489
4 PCS
CTN. NO.: 3301 AND UP TO 4000

BW-ORDER -NO.: 4512771424/040
BW-ARTICLE-NO.: 45081004
BW-ARTICLE IN WORDS: HAUBE AMPELSCHIRM,EXTRA STARK
EAN-CODE: 5703333093101
4 PCS
CTN. NO.: 4001 AND UP TO 4950

BW-ORDER -NO.: 4512771424/050
BW-ARTICLE-NO.: 45081005
BW-ARTICLE IN WORDS: HAUBE FUER COLOMBO,EXTRA STARK
EAN-CODE: 5703333107853
4 PCS
CTN. NO.: 4951 AND UP TO 5450

广东省机械进出口股份有限公司
GUANGDONG MACHINERY IMPORT & EXPORT CO.,LTD.

PAG 3 OF 3

六、海运提单

BILL OF LADING FOR OCEAN TRANSPORT OR MULTIMODAL TRANSPORT

DAMCO

SHIPPER	SHIPPER'S REF / BILL OF LADING NO.
GUANGDONG MACHINERY IMP.+EXP. CO., LTD. 726 DONGFENG ROAD EAST GUANGZHOU, CHINA CHINA	DMCQHUP0437667
	AGENT'S REFERENCE
CONSIGNEE (non-negotiable unless consigned "to order" or "to order of" a named Person or "to order of bearer") TO ORDER	FOR CARGO RELEASE, PLEASE CONTACT
NOTIFY PARTY (see clause 22) ██████████ ██████████ ██████████	SHIPPER'S INSTRUCTIONS (NOT PART OF BILL OF LADING)

PLACE OF RECEIPT	PORT OF LOADING	
HUANGPU, CHINA	HUANGPU, CHINA	PRE-CARRIAGE BY (only applicable for Combined Transport from Place of Receipt - see clause 11.1)
VESSEL (see clause 1, 4, 18) YUE AN YUN 12	VOYAGE NO. 8525	DOCK RECEIPT NO.	NUMBER OF ORIGINAL B/L 3 (THREE)
PORT OF DISCHARGE BREMERHAVEN, GERMANY	PLACE OF DELIVERY BREMERHAVEN, GERMANY	SHIPPER DECLARED VALUE US$ (see clause 7.3)

CONTAINER NOS/SEAL NO MARKS AND NUMBERS	NO. OF CONTAINERS OR PACKAGES	DESCRIPTION OF PACKAGES AND GOODS PARTICULARS FURNISHED BY SHIPPER, CARRIER NOT RESPONSIBLE (see clauses 11.1-14)	GROSS WEIGHT (KGS)	MEASUREMENT (CBM)
	1X40HIGH	SAID TO CONTAIN DETAILS AS PER ATTACHED SHEET		

ORIGINAL

TOTAL:	5450 CARTONS		27180.000	66.152

SHIPPERS LOAD STOWAGE, COUNT AND WEIGHT
SERVICE TYPE: CY/CY
FREIGHT COLLECT

SHIPPED ON BOARD YUE AN YUN 12 ON 28 DEC., 2018 FROM HUANGPU, CHINA

TOTAL NO OF CONTAINERS OR PACKAGES RECEIVED BY CARRIER	ONE CONTAINER	
FREIGHT AND CHARGES	PREPAID	COLLECT

RECEIVED by the Carrier from the Shipper... [terms and conditions text]

For Damco China Limited as agent for the Carrier
PLACE AND DATE OF ISSUE
HUANGPU, 08 JAN., 2019

BILL OF LADING FOR OCEAN TRANSPORT OR MULTIMODAL TRANSPORT

DAMCO

ATTACHMENT NO.: 001

BILL OF LADING NO. DMCQHUP0437667

CONTAINER & SEAL:
MRKU2796420
ML-CW0102147

MARKS & NOS.:	PACKAGES:	DESCRIPTION:	KGS:	CBM:
BW-ORDER -NO.: 4512771424/010 BW-ARTICLE-NO.: 45081001 BW-ARTICLE IN WORDS: HAUBE MARKTSCHIRM, EXTRA STARK EAN-CODE: 5703333308709 4 4 PCS CTN. NO.: 1 AND UP TO 1400	1400 CARTONS	1400 CARTONS (5,600 PCS) OF PARASOL COVER UV THREATMENT BW-ART. NO. 45081001 BW-ORDER-NO. 4512771424/010	4760.000	14.068
BW-ORDER -NO.: 4512771424/020 BW-ARTICLE-NO.: 45081002 BW-ARTICLE IN WORDS: HAUBE MOEBELSET, EXTRA STARK EAN-CODE: 5703333308710 2 PCS CTN. NO.: 1401 AND UP TO 3300	1900 CARTONS	1900 CARTONS (3,800 PCS) OF FURNITURE COVER BW-ART. NO. 45081002 BW-ORDER-NO. 4512771424/020	12350.000	26.624
BW-ORDER -NO.: 4512771424/030 BW-ARTICLE-NO.: 45081003 BW-ARTICLE IN WORDS: TRADETASCHE F. AUFLAGEN, EXTRA STARK EAN-CODE: 5703333308746 4 PCS CTN. NO.: 3301 AND UP	700 CARTONS	700 CARTONS (2,800 PCS) OF CUSHION BAG BW-ART. NO. 45081003 BW-ORDER-NO. 4512771424/030	3080.000	8.624

ORIGINAL

BILL OF LADING FOR OCEAN TRANSPORT OR MULTIMODAL TRANSPORT

DAMCO

ATTACHMENT NO.: 002

BILL OF LADING NO. DMCQHUP0437667

MARKS & NOS.:	PACKAGES:	DESCRIPTION:	KGS:	CBM:
TO 4000				
BW-ORDER -NO.: 4512771424/040 BW-ARTICLE-NO.: 45081004 BW-ARTICLE IN WORDS: HAUBE AMPELSCHIRM, EXTRA STARK EAN-CODE: 5703333309210 1 4 PCS CTN. NO.: 4001 AND UP TO 4950	950 CARTONS	950 CARTONS (3,800 PCS) OF COVER FOR HANGING PARASOL BW-ART. NO. 45081004 BW-ORDER-NO. 4512771424/040	4940.000	11.516
BW-ORDER -NO.: 4512771424/050 BW-ARTICLE-NO.: 45081005 BW-ARTICLE IN WORDS: HAUBE FUER COLOMBO, EXTRA STARK EAN-CODE: 5703333310785 3 4 PCS CTN. NO.: 4951 AND UP TO 5450	500 CARTONS	500 CARTONS (2,000 PCS) OF COVER FOR CHAIR BW-ART. NO. 45081005 BW-ORDER-NO. 4512771424/050 WE EVIDENCE AND BE ISSUED UNDER THE CONDITION THAT BW-ORDER-NO., BW-ARTICLE-NO. AND BW-ARTICLE IN WORDS IS INDICATED FOR EACH SEPARATE CONTAINER	2050.000	5.320

ORIGINAL

TOTAL:	5450 CARTONS		27180.000	66.152

*** END OF HBL ***

七、验货证明书

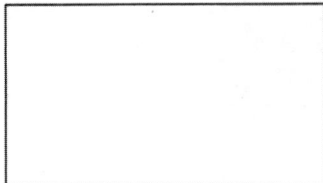

Certificate of approval for samples for

Date: 15.11.2018

Supplier: GUANGDONG Machinery Imp. & Exp. Co Ltd

726 Dongfeng Road East,

Guangzhou,

China

Agent:

___ Reference sample   X Shipment sample

Article	PARASOL COVER UV THREATMENT / FURNITURE COVER/CUSHION BAG/COVER FOR HANGING PARASOL/COVER FOR CHAIR
Article no.	45081001 / 45081002 / 45081003 / 45081004 / 45081005
Order no.	4512771419 / 4512771424 / 4512771422 / 4512771421 / 4512771423
L/C no.	28064010038394 / 28064010038465 / 28064010038456 / 28064010038492 / 28064010038544
Date of shipment	14/12-18 & 31/12-18

The above sample has been approved.

Date: _____   Signature and stamp: _____

- A copy of this signed Reference must be presented with the original documents to our bank -

八、汇票

UNICREDIT BANK AG (HYPOVEREINSBANK) MUENCHEN

Drawn under

28064010038544

L/C　　No.
dated 2018-11-15

payable with interest @ _____ % per annum

No.　　**Exchange for**　USD 51,870.00　　**Guangzhou, China** 2018/12/26

At _____ **sight of this FIRST of Exchange (Second of exchange being unpaid)**

pay to the order of　**OURSELVES**

the sum of　**US DOLLARS FIFTY ONE THOUSAND AND EIGHT HUNDRED AND SEVENTY ONLY**

To　UNICREDIT BANK AG
(HYPOVEREINSBANK) MUENCHEN　　　　GUANGDONG MACHINERY IMP. & EXP. CO., LTD.

1

UNICREDIT BANK AG (HYPOVEREINSBANK) MUENCHEN

Drawn under

L/C　　No.　28064010038544
dated 2018-11-15

payable with interest @ _____ % per annum

No.　**Exchange for**　USD 51,870.00　　**Guangzhou, China** 2018/12/26

At _____ **sight of this SECOND of Exchange (First of exchange being unpaid)**

pay to the order of　**OURSELVES**

the sum of　**US DOLLARS FIFTY ONE THOUSAND AND EIGHT HUNDRED AND SEVENTY ONLY**

To　UNICREDIT BANK AG
(HYPOVEREINSBANK) MUENCHEN　　　GUANGDONG MACHINERY IMP. & EXP. CO., LTD.

2

附录二

运输、单证常用（缩）语和词组

A

@	at　以（价格）
AA	Automatic Approval　自动许可证
A. A. R.	against all risks　保一切险
a. a.	after arrival　到达以后
abt.	about　大约
A/C，acct.	account　账户，入……账
acc.	acceptance　承兑
Accountee	开证人（记入该户账下）
Accreditor	开证人（委托开证人）
Actual weight	实际重量
adv.	advance/advice　预付/通知
Advanced B/L	预借提单
Advance Payment	预付货款
A. D.	Anno Domini（拉丁文）　公元（后）
a. d.	after date　期后
add.	address　地址
Adval.	Ad valorem　从价（计算运费）
Advising Bank	通知行
A. F.	advanced freight　预付运费
agrt.	agreement　协定
agt.	agent　代理人
A. H.	after hatch　后舱
Air transportation policy	空运保险单
Air transportation risk	空运险
Al	Al at Lloyd's　英国劳埃德商船协会商船注册第一级
amt.	amount　金额
amdt.	amendment　修改
anti-dated B/L	倒签提单
A. N.	arrival notice　到货通知

A/O　　　　　　　　　　account of　由……付账
A. P.　　　　　　　　　additional premium　额外保费
A/P　　　　　　　　　　authority to purchase　委托购买证
approx.　　　　　　　　approximate　大约
A. R.　　　　　　　　　All Risks　一切险
arbitration　　　　　　仲裁
arr.　　　　　　　　　　arrival　到达
art.　　　　　　　　　　article　条款，货号
Art. No.　　　　　　　　Article number　货号
Assured　　　　　　　　被保险人
a. s.　　　　　　　　　　at（after）sight　见票后（……天付款）
at the request of Messrs...　　应（某人）请求
A. T. L.　　　　　　　　actual total loss　实际海损
att.　　　　　　　　　　attached　附表
atten.　　　　　　　　　attention　注意
A. V.　　　　　　　　　Ad valorem　从值（从价）
av.　　　　　　　　　　average　平均海损
Available by drafts at sight　　凭即期汇票付款
Ave.　　　　　　　　　　avenue　大街
A/W　　　　　　　　　　actual weight　实际重量，净重
AWB　　　　　　　　　Airway Bill　航空运单
AWC　　　　　　　　　Air waybill Charge　运单费

B

B/- b/s　　　　　　　　bag（s），bale（s）包，袋
BAF　　　　　　　　　bunker adjustment factor　燃油附加费
Bal.　　　　　　　　　balance　余额，平衡
Basket　　　　　　　　篓
Bay（Hatch or Hold）　舱位，舱口，舱内
B. B. C.　　　　　　　bareboat charter　光船租赁
B. B. Clause　　　　　both to blame collision clause　船舶互撞条款（险）
B/C　　　　　　　　　bill for collection　托收汇票
B/D　　　　　　　　　1. bank draft　银行汇票
　　　　　　　　　　　2. bill discounted　贴现汇票
b. d. i.　　　　　　　both days inclusive　包括头尾两天
bdl（s）　　　　　　　bundle（s）捆，把
B/E　　　　　　　　　1. bill of Exchange　汇票
　　　　　　　　　　　2. bill of entry　进口报告书

Beneficiary	受益人
Berth	泊位
b/f	brought forward　承前页
bg.	bag　袋
B/G	bonded goods　保税货物
B/H	Bill of Health　健康证明书
BIC	bank identify code　银行代码
Bk.	bank　银行
bkt.	basket　篮，筐
bl.	bale　包
Black list	黑名单
bldg.	building　大楼
blvd.	boulevard　大道
B/O	1. buyer' option　买方选择
	2. branch office　分公司
BOC	Bank of China　中国银行
BOM	beginning of month　月初
Bonded warehouse	关栈
bot.	bottle　瓶
BOY	beginning of year　年初
B/P	1. bill of payable　付票据
	2. bill purchased　出口押汇，银行议付汇票
br.	branch　分行，分支机构
brkge.	breakage　破碎
brl.	barrel　桶
breakbulk	散装货
b/s	bags，bales　袋，包（复数）
BS，BSC	bunker surcharge　燃油附加费
B. T.	berth terms　班轮条款
btl.	bottle　瓶
B. T. N.	Brussels Tariff Nomenclature　布鲁塞尔税则分类
Bulk cargo	散装货
bu.	bushel　蒲式耳
BUN	bundle　捆，把
bx（es）	box（es）箱，盒
By order of Messrs...	奉（某人）之命
By airplane	飞机装运
By parcel post	邮包装运
By seafreight	海运

| By train | 火车装运 |
| By truck | 卡车装运 |

C

C&I	cost and insurance　成本加保险价
c/-, c/s	case（s）箱
ca.	circa　大约（拉丁文）
CAAC	General Administration of Civil Aviation of China　中国民航
CAC	Cargo agent charge　（货物）代理费
C. A. D.	Cash Against Documents　凭单据付款
CAF	currency adjustment factor　货币贬值附加费
Capacity	容积
canc.	cancelled, cancellation　取消
Capt.	captain　船长
Cargo Board	托板
Cardboard box	纸盒箱
Cargo Receipt	货物承运收据
Cari. com.	Caribbean Community　加勒比共同体
Carrier	承运人
Catalogue	目录
Cartons	纸盒箱
C. B. D.	Cash before delivery　付现交货
CBM	cubic meter　立方米
C. C.	carbon copy　副本印送
CCC	Certificate changed charge　换证费
CCCN	Customs Co-operative Council Nomenclature　海关合作理事会税则目录
CCIB	China Commodity Inspection Bureau　中国商品检验局
CCPIT	China Council for the Promotion of International Trade　中国国际贸易促进委员会
C. C. V. O.	Combined Certificate of Value and Origin　价值、产地联合证明书（海关发票）
C/D	Cash Against Documents　凭单据付款
Cert.	certificate　证明书
Certificate of Age of Vessel	船龄证明
Certificate of Registry	注册证明（船泊）
Certificate of Quantity	数量证明
Certificate of Origin	产地证明

c/f	carried forward 续后页
CFR	cost and freight 成本加运费价
CFS	container freight station 集装箱货运站
cft.	cubic feet 立方英尺
cgo.	cargo 货物
C. H.	Custom House 海关
chg.	Charge 费用
Circuitous Routing	迂回航线
C/I	1. certificate of inspection 检验证书
	2. certificate of insurance 保险证明书
C. I.	Consular Invoice 领事发票
C. I. A.	cash in advance 预付现款
C. I. C.	China Insurance Clause 中国保险条款
CIF	1. cost, insurance, freight 成本、保险加运费价
	2. commodity inspection fee 商检费
CIFC	cost, insurance, freight, commission 成本、保险运费加佣金价
C. I. O.	cash in order 订货时付款
CIP	freight or carriage & insurance paid to 运费保险费付至……价
ck.	1. check 支票
	2. cask 桶
CL	container load 集装箱装载
Claim	索赔
Clean bill collection	光票托收
Clean Bill of Lading	清洁提单
Clearance of Goods	结关
CLP	container load plan 集装箱装箱单
cm	centimeter 公分，厘米
C/N	1. case No. 箱号
	2. contract No. 合同号
	3. cover note 暂保单
	4. credit note 贷项账单（贷记通知单）
CNCC	China National Chartering Corp. 中国租船公司
CNFTTC	China National Foreign Trade Transportation Corp. 中国对外贸易运输公司
Co.	company 公司
C/O	1. certificate of origin 产地证书
	2. care of 由……转交
	3. cash order 本票

C. O. C	Carrier's Own Container	船主箱
C. O. D.	cash on delivery，collect on delivery	货到付款
COF	Container on flatcar	铁路运输集装箱
Commercial Invoice	商业发票	
Combined Invoice	联合发票	
Comm.	commission	佣金
Confirming Bank	保兑行	
Confirmed L/C	保兑信用证	
Congested	拥挤	
Conference（Steamship）	（航运）公会	
Consignee	收货人	
Cont.	contract	合同
Contd.	continued	继续，未完
Container Seal Number	集装箱铅封号	
Cost	成本	
COSA	China Ocean Shipping Agency	中国外轮代理公司
COSCO	China Ocean Shipping Company	中国远洋运输公司
C/P	Charter Party	租船契约，租船合同
C. Q. D.	customary quick dispatch	习惯快速装卸
Cr.	credit	贷方
C/R	cargo receipt	货物承运收据
CR	current rate	现行费率
crate	板条箱	
c/s	cases	箱
CSC	container service charges	集装箱服务费
Csk.	cask	木桶
ct.	centiliter	毫升
C. T. B/L	combined transport bill of lading	联运提单
ctn.	carton	纸箱
Current Price	时价	
Customs Broker	报关行	
Customs duty	关税	
Customs Invoice	海关发票	
CWS	currency weakly surcharge	货币软化附加费
Cwt.	hundred weight	亨特威（英制 100 磅）
CY	container yard	集装箱堆场
CY to CY	container yard/container yard	集装箱堆场至集装箱堆场
C. Z.	canal zone	运河地带

D

D/A	1. documents against acceptance　承兑交单
	2. documents attached　随附单据
	3. ... days after acceptance　承兑后……天（付款）
D. A.	direct additional　直航附加费
d/d	1. dated　日期是……
	2. ... days after date　开票日后……天（付款）
D. D.	1. demand draft　即期汇票（银行汇票）
	2. documentary draft　跟单汇票
DDC	Destination Delivery Charge　目的地交货费
Deferred payment L/C	延付信用证
DESTN.	destination　目的地
DET.	Details　详细资料
d. f.	dead freight　空舱费
D. G.	dangerous goods　危险货物
Direct Routing	最短航线
Direct port	直达港
Divisible L/C	可分割信用证
Discharge	卸货
Distribution Center	分配（运销）中心
Disc.	discount　折扣，贴现
DMF	Destination Modified Fee　更改目的地港费
D/N	debit note　借项账单
DOC	Documentation Charge　文件费
D. O. C	Documents of Competency　公司符合证明
Door to door	门到门（集装箱运输）
DOCDEX	Rules Documentary Credit Dispute Resolution Expertise Rules 国际商会跟单原据争议专家解决规则
Documentary L/C	跟单信用证
Dock	码头
Dockage Rate	停泊费，码头费
D/P	1. documents against payment　付款交单
	2. delivery against payment　付款交货
	3. deferred payment　延期付款
D/P · T/R	documents against payment with trust receipt　付款交单凭信托 收据借贷
Drum	桶

Drawee　　　　　　　　受票人，付款人

Drawer　　　　　　　　出票人，收款人

Draft　　　　　　　　　船的吃水，汇票

Drawn on（upon）　　以（某人）为付款人

Drayage or Cartage　　本地运费或运费

D/S　　　　　　　　　deviation surcharge　绕航附加费

DTD　　　　　　　　　dated　日期是……

D/W　　　　　　　　　deadweight　自重

D. W. T.　　　　　　　deadweight tonnage　载重吨位

DZ.（DOZ）　　　　　dozen　打

E

E. & O. E.　　　　　　errors and omissions excepted　有错当查

E. A. O. N.　　　　　except as otherwise noted　除非另有记载

Eastbound　　　　　　东向运输

EBS　　　　　　　　　emergency bunker surcharge　应急燃油附加费

E. C.　　　　　　　　East Coast　东海岸（指美国）

E/D　　　　　　　　　export declaration　出口申报书

EEC　　　　　　　　European Economic Community　欧洲经济共同体

e. g.　　　　　　　　exempligratia = for example　例如

E/L　　　　　　　　　export license　出口许可证

EMP　　　　　　　　Europe Main Ports　欧洲主要港口

Encl.　　　　　　　　enclosure　附件

E. O. M.　　　　　　end of the month　月底

E. O. S.　　　　　　end of the season　季底

E. O. Y.　　　　　　end of the year　年底

E. S. C.　　　　　　Economic and Social Council　（联合国）经济社会理事会

Establishing Bank　　开证行

ETA　　　　　　　　estimated time of arrival　预定到达时间

etc.　　　　　　　　et cetera = and others　等等

ETD　　　　　　　　estimated time of departure　预定开航时间

ETS　　　　　　　　estimated time of sailing　预定开航时间

Ex　　　　　　　　　1.（合同、运输上）表示"出自""在……（交货）"

　　　　　　　　　　2.（证券、股票上）表示"没有""免除"

EXC　　　　　　　　Express Charge　快递费

Export duties　　　　出口税

Exceptions　　　　　溢短残损，除外

F

F. A.	freight agent　货运代理行
FAC	Fax Charge　电传费
FAK Rates	Freight All Kind Rates　不分品种运价
FAS	free alongside ship　船边交货
FCL	Full Container Load　整箱货（集装箱）
FCR	forwarder's cargo receipt　运输行货物收据
F. I.	free in　船方不负担装货费
FIATA	Federation International des Associations de Transitaires et Assimiles　国际运输商协会联合会
F. I. O. S.	Free In and Out and Stowed　船方不负担装卸费和理舱费
F. I. O.	free in & out　船方不负担装卸货费
Flatcar	铁路平车
FMC	Federal Maritime Commission　美国联邦海运委员会
F/O	in favour of　以……为受益人
F. O.	free out　船方不负担卸货费
F. O. C.	free of charge　免费
FOB	Free on Board　离岸价格
For account of Messrs...	付（某人）账
For the amount of USD...	金额为美元……
Force majeure	不可抗力
FPA	free from particular average　单独海损不赔，平安险
Freight Forwarder	运输行
Fragile	易碎商品
Freight	运费
Free port	自由港
Free trade zone	自由贸易区
Free perimeter	自由过境区
Freight prepaid	运费付讫
FTL	full truck load　整车货
FTZ	Foreign Trade Zone　对外贸易区
FUC	Fumigating charge　熏蒸费
F. Y. I.	for your information　供你参考
F. Z.	Free Zone　自由区

G

G. A. , G/A	1. General Agent　总代理
	2. General Average　共同海损

GATT   General Agreement on Tariff and Trade　关税与贸易协定
General terms and conditions   一般贸易条款
GMT   Greenwich Mean Time　格林尼治标准时间
GPO   General Post Office　邮政总局
Gr. Wt.   Gross Weight　毛重
Gross for net   以毛作净
GSP.   Generalize System of Preference　普遍优惠制

H

Handle with care   小心轻放
HAWB   House Airway Bill　空运代理提单/分提单
H/H   house to house　厂到厂（集装箱运输）
H. O.   head office　总公司
HQF   Health & Quarantine Fee　卫检费

I

IATA   International Air Transport Association　国际航空运输协会
I. B.   In Bond　保税仓库
ICC   1. International Chamber of Commerce　国际商会
                                  2. Institute Cargo Clause　伦敦学会货物保险条款
ID   idem the same　同前
i. e.   idest = that is　即是
I/E   Import-Export　进出口
I/L   Import Licence　进口许可证
IMF   International Monetary Fund　国际货币基金
IMP   international market price　国际市场价格
INCOTERMS   International Rules for the Interpretation of Trade Terms　国际
                                  贸易术语解释通则
Including Packing Charges   包括包装费
Inland   内陆
Inland Transporation Agent   内陆运输代理商
Inspection certificate   证明书
Inst.   instant（this month）本月
Interchange Point   联运交接点
Interline Freight   内陆货运
Insurance Declaration   保险声明
I. O. P.   Irrespective of Percentage　无免赔率
I. P. I.   Interior Point Intermodal　内陆城市海陆联运（美国）

I. Q.	Import Quota　进口配额
ISBP	International Standard Banking Practice for the Examination of Documents Under Documentary Credits　关于审核跟单信用证项下单据的国际标准银行实务
ISM certificate	International Safety Management Certificate　国际安全管理证书
Issuing Bank	开证行

J

JMP	Japan's main ports　日本主要港口

K

Kg. Kilo	kilogram　千克
Keep dry	切勿受潮
Keep upright	切勿倒置
Keep cool	放在凉处
Keep on deck	甲板装运
Keep in hold	装在舱内
Keep flat	必须平放

L

LASH	lighter-aboard-ship　载驳船，子母船
Lb.	libra = Pound　磅（重量单位）
L/C	Letter of Credit　信用证
LCL	less than container load　拼装货（集装箱）
Leakage and breakage	漏损和破损
L/G	letter of guarantee　担保书
L. H.	lower hold　底舱
LIBOR	London InterBank Offered Rate　伦敦同业拆放利率
Lkge.	leakage　渗漏
L. M. C.	Lloyd's Machinery Certificate　劳氏船机证书
Loading	装货，装载
L/T	Long Ton　长吨
LTL	less than truck load　拼装货
LUF	Loading & Unloading Fee　装卸费

M

Max.	maximum　最高
M/F.	manifest　舱单
Min.	minimum　最低，起码
M. I. P.	marine insurance policy　海运保险单
M. L. B.	Mini-Land Bridge Service　小陆桥运输
Modes of transportation	运输方式
M/R	mate's receipt　大副收据
M/S	motor ship　轮船
M/T	1. metric ton　公吨
	2. mail transfer　信汇
	3. multimodal transport　多式联运
MTD	Multimodal Transport Document　多式联运单据
M. V.	motor vessel　机动船，轮船
Measurement list	尺码单
Microbridge	微陆桥运输
More or less clause	溢短条款
Most favoured nation treatment	最惠国待遇

N

N. A. , N/A	1. not applicable　不适用
	2. not available　无供
	3. no acceptance　拒绝承兑
N. B.	nota bene = note well　注意
N. C. V.	no commercial value　无商业价值
Neg.	Negative　（数）负的
Negotiation bank	议付行
NIL	nothing　无
N/M	no mark　无标记
N/N	non-negotiable, not negotiable　不可转让，不可议付
n. o. s.	not otherwise specified　未列名
No turning over	切勿倾倒
No dumping	切勿投掷
Number	数，数目，号码

O

O/C	Outward Collection　出口托收
O. C. P.	Overland Common Point　陆上共同点
O/F	Ocean Freight　海运费
On behalf of...	代表某人
On Board B/L	已装船提单
On deck B/L	甲板提单
On deck risk	舱面险
O. P.	Open Policy　预约保单
Opener	开证人
Optional	可选择的
Optional charge	选港费
Order B/L	指示提单
Origin	原产地，起运点
Original B/L	正本提单
Outer packing	外包装
Overland transportation policy	陆运保险单

P

p. a.	per annum　每年，按年
P/A	1. particular average　单独海损
	2. payment on arrival　货到付款
Pallet	托盘
Palletize	货托盘化
Payee	受款人
Payer	付款人
Packed in cases	装入箱内
Parcel post risk	邮包险
Parcel Receipt	邮包收据
Paying bank	付款行
pcl.	parcel　包，包裹
pct.	percent　百分比
P. D.	port dues　港务费
PIC.	Piece　件
PICC	People's Insurance Co. of China　中国人民保险公司
P&I. , PIA	Protection and Indemnity Association　保险及赔偿协会

Pkg.	package	包，件
Plywood case	胶合板箱	
P. M.	post meridiem = afternoon	下午
PMA	Pacific Maritime Association	太平海运协会
P. O. C.	Port of Call	停靠港
P. O. B.	Post office box	邮政信箱
P. O. D.	Paid on delivery	交货时付讫
Port congestion charge	港口拥挤费	
Pos.	Positive（数）正的	
p. p.	Picked ports	选定港
ppt.	prompt	即时的
pr.	pair	双，对
P. R. C.	People's Republic of China	中华人民共和国
prox.	proximo = next month	下月
Prompt shipment	即装	
Premium	保险费	
Principal	开证人，委托开证人	
Price	价格	
Proforma Invoice	形式发票	
P. S.	Postscript	附言，再启
P. T. O.	Please turn over	请阅后页

Q

Qlty.	Quality	质量
Quty.	quantity	数量
Quantity discount	数量折扣	
Qy.	quay	码头

R

Railroad Trailer	铁路拖车	
Railway Bill	铁路运单	
Re.	with reference	关于
Ream	令（500 sheets）	
Rebate	回佣	
Reimbursing bank	偿付行	
Retail price	零售价	
Rev.	Revocable	可撤销的

Revocable L/C	可撤销信用证
Revolving L/C	循环信用证
R. F. W. D.	Rain and/or Fresh Water Damage 雨淋淡水险
Risk of contamination	玷污险
Risk of mold（mould）	发霉险
Risk of rusting	锈损险
Risk of Shortage	短缺险
River Barging	内河驳运
Roll	卷
Ro-Ro	roll-on/roll-off 滚装船
Routing	运输路线
RR	rail road 铁路

S

S. A.	Societe Anonyme（French）= Corp. 公司
	Societa Anonima（Italian）= Corp. 公司
	Sociedade Anonima（Spanish）= Corp. 公司
Scheduled Service	定期班轮
S/C	1. Sales Contract 销货合同
	2. Service Charge 服务费
	3. Sales Confirmation 销货确认书
SCI	Special Customs Invoice （美国）特别海关发票
S/D	1. Short Delivery 交货短缺
	2. Sight Draft 即期汇票
	3. Sea Damage 海上损失
SDR	Special Drawing Right 特别提款权
Sea-worthy packing	适合海运的包装
Settling agent	理赔代理人（保险）
S/F	Stowage Factor 积载因素
S. G.	Ship and Goods 船与货
Sgd.	Signed 签字
Sheet	张
shpt.	shipment 装运
Shipper(Consigner,Consignor)	托运人
Shipping Company's Certificate	船公司证明
Shipping space	舱位
Shipping order	装货单
sig.	signature 签字

Sight L/C	即期信用证
SINOTRANS	China National Foreign Trade Transportation Corporation 中国外运公司
Sk.	Sack　袋
S. L. &C.	Shipper's Load and Count　托运人装载和点件（集装箱）
S. M. C.	Safety Management Certificate　安全管理证书
S. N.	shipping note　装船通知书
S/O	1. shipping order　装货单
	2. seller's option　卖方选择
	3. shout out　退关
S. O. C.	Shipper own container　（货主）自有箱
SPEC.	Specification　规格
Space Charter	订船
Special additional risk	特别附加险
Special preference	优惠关税
Specification list	规格明细表
Spot price	现货价
S. R. C. C.	Strike, Riot and Civil Commotion　罢工险
S. S.	steamship　轮船
St.	street　街
S/T	short ton　短吨
S. T. C.	said to contain　据称包括
Stg.	Sterling　英镑
Std.	standard　标准
Stuffing	装箱
S. W. D.	Sea Water Damage　海水损失险
SWIFT	Society for Worldwide Interbank Financial Telecommunication 环球同业银行金融电讯协会

T

T. A., T/A	1. Telegraphic Address　电报挂号
	2. Transhipment Additional　转船附加费
Tare	皮重
Tariff	运费表；税则
TAT	Train-air-truck　陆空陆联运
TBD	Policy to be declared　待报保险单（船名航期不填须待报者）
T. C.	travellers cheque　旅行支票
T. D.	tween deck　二层舱

Terminal	码头，水陆交接点，终点站
TEU	Twenty equivalent of unit　相当于20英尺的标准集装箱
tgm.	telegram　电报
THC	Terminal Handle charge　码头作业（操作）费
This Side Up	此端向上
Through B/L	联运提单
Time charter	定期租轮
Time drafts	远期汇票
Time of delivery	交货时间
Time of payment	付款期限
Time of shipment	装运日期
Time policy	期限保险单
T. L. O.	total loss only　全损险
Tlx.	telex　电传
T. M. O.	telegraphic money order　电汇单
TOFC	trailer on flatcar　铁路平车托运
total value	总价
total amount	总金额
to insure	投保
T. P. N. D.	theft pilferage and non-delivery　偷盗及提货不着险
T/R	Trust receipt　信托收据
Transferable L/C	可转让信用证
Transhipment allowed	允许转船
Transhipment B/L	转船提单
Transloading	交接转运
Tranship	转船，转运
Transit zone	自由贸易区
tr. wt.	tare weight　皮重
T. T. ，T/T	telegraphic transfer　电汇
TTL.	total　总计

U

UCP	Uniform Customs & Practice　统一惯例
U/D	under deck　甲板下
U. K.	United Kindom　联合王国（英国）
ULT	ultimo = last month　上月
U/M	under-mentioned　下述
Unconfirmed L/C	不保兑信用证

Under separate cover	另邮，另寄
Undivisible L/C	不可分割信用证
Unit	单位
Unitize	成组化（运输）
Usance L/C	远期信用证
Unscheduled service	不定期班轮
Untransferable L/C	不可转让信用证
US	United States　美国
use no hooks	切勿用钩
usual practice	习惯做法
U/T	unlimited transhipment　无限制转船

V

V.	vide　参阅
val.	value　价值
Value on	以（某人）为付款人
via.	by way of　经由
viz.	namely　即是
Volume	容量
voy.	voyage　航程
Voyage Charter	定程租轮
V. V.	vice versa = interchange　反过来

W

W. A.	with average　水渍险，单独海报赔偿
W. C.	West Coast　西海岸
Westbound	西向运输
Wharfage	码头费
Wharfage Rate	码头收费率
Whf.	wharf　码头
whse.	warehouse　仓库，栈房
W/M	Weight or Measurement　重量或体积（按高者计算运费）
W. O.	Washing overboard　浪击落海
Wooden case	木箱
W. P. A.	with particular average　水渍险
W. R.	War risks　战争险
wt.	weight　重量

wtd.	warranted　保证
wty.	warranty　保证条款
W/T	with transhipment at　在……转船
W. W	warehouse warrant　栈单
W/W	warehouse to warehouse clause　仓至仓条款
WWD	weather working day　晴天工作日

Y

| Y. A. R. | York-Antwerp rules　约克—安特卫普规则（国际共同海损规则） |
| Yd（s） | yard（s）英码 |

Z

| Z. | zone　地区 |
| ZIP. | Zoning Improvement Plan　（美国）邮区号 |

附录三

世界主要港口一览表

港口名称	中译名	所属国家或地区
Aabenraa	奥本罗	丹麦
Aalborg	奥尔堡	丹麦
Aalesund	奥勒松	挪威
Aarhus	奥尔胡斯	丹麦
Abadan	阿巴丹	伊朗
Abu Dhabi	阿布扎比	阿联酋
Acapulco	阿卡普尔科	墨西哥
Accra	阿克拉	加纳
Adelaide	阿德莱德	澳大利亚
Aden	亚丁	也门
Alexandria	亚历山大	埃及
Algiers	阿尔及尔	阿尔及利亚
Amsterdam	阿姆斯特丹	荷兰
Ancona	安科纳	意大利
Annaba	安纳巴	阿尔及利亚
Antofagasta	安托法加斯塔	智利
Antwerp	安特卫普	比利时
Apapa	阿帕帕	尼日利亚
Aqaba	亚喀巴	约旦
Arica	阿里卡	智利
Ashdod	阿什杜德	以色列
Athens	雅典	希腊
Auckland	奥克兰	新西兰
Augusta	奥古斯塔	意大利
Avonmouth	阿芬默思	英国
Bahia Blanca	布兰卡	阿根廷
Bahrain	巴林	巴林
Bandar Abbas	阿巴斯	伊朗
Bandar Khomeini	霍梅尼	伊朗
Bangkok	曼谷	泰国

港口名称	中译名	所属国家或地区
Barcelona	巴塞罗那	西班牙
Barranquilla	巴兰基亚	哥伦比亚
Barrow	巴罗	英国
Barry	巴里	英国
Basra	巴士拉	伊拉克
Bassein	勃生	缅甸
Beirut	贝鲁特	黎巴嫩
Belawan	勿拉湾	印度尼西亚
Belfast	贝尔法斯特	英国
Belize	伯利兹	伯利兹
Benghazi	班加西	利比亚
Berbera	伯培拉	索马里
Bergen	卑尔根	挪威
Bilbao	毕尔巴鄂	西班牙
Birkenhead	伯肯黑德	英国
Bombay	孟买	印度
Bordeaux	波尔多	法国
Boston	波士顿	美国（英国有同名港口）
Burgas	布尔加斯	保加利亚
Bremen	不来梅	德国
Bremerhaven	不来梅哈芬	德国
Brest	布雷斯特	法国
Brindisi	布林迪西	意大利
Brisbane	布里斯班	澳大利亚
Bristol	布里斯托尔	英国
Brunei	文莱	文莱
Brussels	布鲁塞尔	比利时
Buenaventura	布埃纳文图拉	哥伦比亚
Buenos Aires	布宜诺斯艾利斯	阿根廷
Buffalo	布法罗（水牛城）	美国
Bunbury	邦伯里	澳大利亚
Bushire	布什尔	伊朗
Butterworth	巴特沃思	马来西亚
Cadiz	加的斯	西班牙（菲律宾有同名港口）
Calcutta	加尔各答	印度
Callao	卡亚俄	秘鲁
Cambridge	坎布里奇	美国

港口名称	中译名	所属国家或地区
Cam Pha	锦普	越南
Cape Town	开普敦	南非
Caracas	加拉加斯	委内瑞拉
Cardiff	加的夫	英国
Cartagena	卡塔赫纳	哥伦比亚（西班牙有同名港口）
Cebu	宿务	菲律宾
Ceuta	休达	西班牙
Chalna	查尔纳	孟加拉国
Charleston	查尔斯顿	美国
Charlotte Amalie	夏洛特阿马利亚	维尔京群岛（美属）
Cheribon	井里文	印度尼西亚
Chiba	千叶	日本
Chicago	芝加哥	美国
Chittagong	吉大港	孟加拉国
Chris Church	克赖斯特彻奇（基督城）	新西兰
Christiansted	克里斯琴斯特德	维尔京群岛（美属）
Churchill	彻奇尔	加拿大
Cienfuegos	西恩富戈斯	古巴
Cleveland	克利夫兰	美国
Cochin	科钦	印度
Colchester	科尔切斯特	英国
Colombo	科伦坡	斯里兰卡
Colon	科隆	巴拿马
Constantsa	康斯坦察	罗马尼亚
Copenhagen	哥本哈根	丹麦
Corinto	科林托	尼加拉瓜
Cork	科克	爱尔兰
Cotonou	科托努	贝宁
Cristobal	克里斯托瓦尔	巴拿马
Croatia	克罗地亚	克罗地亚
Cruz Grande	克鲁斯格兰德	智利
Da Nang	岘港	越南
Dacca	达卡	孟加拉国
Dammam	达曼	沙特阿拉伯
Darwin	达尔文	澳大利亚
Detroit	底特律	美国
Djakarta（Jakarta）	雅加达	印度尼西亚

港口名称	中译名	所属国家或地区
Doha	多哈	卡塔尔
Douala	杜阿拉	喀麦隆
Dover	多佛尔	英国
Dubai	迪拜	阿拉伯联合酋长国
Dublin	都柏林	爱尔兰
Dunedin	达尼丁	新西兰
Dunkirk	敦刻尔克	法国
Durban	德班	南非
Durres	都拉斯	阿尔巴尼亚
Dusseldorf	杜塞尔多夫	德国
East London	东伦敦	南非
Ensenada	恩塞纳尔	墨西哥
Felixstowe	费力克斯托	英国
Fleetwood	弗利特伍德	英国
Frankfurt	法兰克福	德国
Fremantle	弗里曼特尔	澳大利亚
Fukuoka	福冈	日本
Garston	加斯顿	英国
Gdynia	格丁尼亚	波兰
Gela	杰拉	意大利
Genova	热那亚	意大利
Ghent	根特	比利时
Gibraltar	直布罗陀	直布罗陀
Gijon	希洪	西班牙
Glasgow	格拉斯哥	英国
Goole	古尔	英国
Gothenburg	哥德堡	瑞典
Grangemouth	格兰杰默斯	英国
Grays Harbor	格雷斯港	美国
Grimsby	格里姆斯比	英国
Guaymas	瓜伊马斯	墨西哥
Gwadar	瓜达尔	巴基斯坦
Hai Phong	海防	越南
Haifa	海法	以色列
Hakodate	函馆	日本
Halifax	哈利法克斯	加拿大
Halmstad	哈尔姆斯塔德	瑞典

港口名称	中译名	所属国家或地区
Hamburg	汉堡	德国
Hamilton	哈密尔顿	百慕大群岛（加拿大有同名港口）
Hamina	哈米纳	芬兰
Hanoi	河内	越南
Haugesund	豪格松	挪威
Havana	哈瓦那	古巴
Helsingborg	赫尔辛堡	瑞典
Helsingor	赫尔辛格	丹麦
Helsinki	赫尔辛基	芬兰
Hiroshima	广岛	日本
Ho Chi Minh City（Saigon）	胡志明市（西贡）	越南
Hobart	霍巴特	澳大利亚
Hodeida（Hudaydak Al）	荷台达	也门
Hong Kong	香港	中国
Hongay	鸿基	越南
Honiara	霍尼亚拉	所罗门群岛
Honolulu	火奴鲁鲁（檀香山）	美国
Houston	休斯敦	美国
Hull	赫尔	英国
Hungnam	兴南	朝鲜
Immingham	伊明翰	英国
Inchon	仁川	韩国
Iquique	伊基克	智利
Iskenderun（Alexandretta）	伊斯肯德伦	土耳其
Istanbul	伊斯坦布尔	土耳其
Izmir	伊兹密尔	土耳其
Jakarta	雅加达	印度尼西亚
Jiddah（Jeddah）	吉达	沙特阿拉伯
Jilong	基隆	中国
Jogjakarta	日惹	印度尼西亚
Johore Bahru	柔佛巴鲁	马来西亚
Kagoshima	鹿儿岛	日本
Kakinada	卡基纳达	印度
Kalama	卡拉玛	美国
Kaliningrad	加里宁格勒	俄罗斯
Karachi	卡拉奇	巴基斯坦
Kawasaki	川崎	日本

港口名称	中译名	所属国家或地区
Kemi	盖密	芬兰
Kholmsk	霍尔姆斯克	俄罗斯
Khorramshahr	霍拉姆沙赫尔	伊朗
Kiel	基尔	德国
Kingston	金斯敦	牙买加（加拿大、澳大利亚有同名港口）
Kismayu	基斯马尤	索马里
Kitakyushu	北九州	日本
Kobe	神户	日本
Kokkola	科科拉	芬兰
Kompong Som	磅逊	柬埔寨
Kota Kinabalu	亚庇（哥基纳巴卢）	马来西亚
Kotka	科特卡	芬兰
Kuching	古晋	马来西亚
Kudat	库达特	马来西亚
Kure	吴港	日本
Kuwait	科威特	科威特
La Guaira	拉瓜伊拉	委内瑞拉
La Paz	拉巴斯	墨西哥
La Plata	拉普拉塔	阿根廷
La Spezia	拉斯佩齐亚	意大利
Labuan	拉布安（纳闽）	马来西亚
Lagos	拉各斯	尼日利亚
Lancaster	兰开斯特	英国
Latakia	拉塔基亚	叙利亚
Launceston	朗塞斯顿	澳大利亚
Le Havre	勒阿弗尔	法国
Leghorn（Livorno）	里窝那	意大利
Lisbon	里斯本	葡萄牙
Liverpool	利物浦	英国（加拿大有同名港口）
Lome	洛美	多哥
London	伦敦	英国
Londonderry	伦敦德里	英国
Long Beach	长滩	美国
Los Angeles	洛杉矶	美国
Lowestoft	洛斯托夫特	英国
Lubeck	吕贝克	德国

港口名称	中译名	所属国家或地区
Lyttelton	利特尔顿	新西兰
Macao	澳门	中国
Madras	马拉斯	印度
Mahe	马希	印度
Majunga	马任加	马达加斯加
Makassar	望加锡	印度尼西亚
Malacca	马六甲	马来西亚
Malaga	马拉加	西班牙
Malmo	马尔默	瑞典
Malta	马耳他	马耳他
Manchester	曼彻斯特	英国
Manila	马尼拉	菲律宾
Manzanillo	曼萨尼略	墨西哥（古巴有同名港口）
Maracaibo	马拉开波	委内瑞拉
Mardel Plata	马德普拉塔	阿根廷
Marseilles	马赛	法国
Matadi	马塔迪	扎伊尔
Melbourne	墨尔本	澳大利亚
Mumbai	孟买	印度
Menado	万鸦老	印度尼西亚
Messina	墨西拿	意大利
Miami	迈阿密	美国
Middlesbrough	米德尔斯布勒	英国
Midland	米德兰	加拿大
Miri	米里	马来西亚
Mobile	莫比尔	美国
Mogadiscio	摩加迪沙	索马里
Moji	门司	日本
Mokha	穆哈	也门
Mokpo	木浦	韩国
Mombasa	蒙巴萨	肯尼亚
Monrovia	蒙罗维亚	利比里亚
Montevideo	蒙特维的亚	乌拉圭
Montreal	蒙特利尔	加拿大
Moulmein	毛淡棉	缅甸
Mukalla	木卡拉	也门
Murmansk	摩尔曼斯克	俄罗斯

港口名称	中译名	所属国家或地区
Muscat（Mina Qaboos）	马斯喀特	阿曼
Mutsamudu	木察木杜	科摩罗
Nagasaki	长崎	日本
Nagoya	名古屋	日本
Naha	那霸	琉球群岛
Nakhodka	纳霍德卡	俄罗斯
Nampo	南浦	朝鲜
Nantes	南特	法国
Napier	纳皮尔	新西兰
Naples（Napoli）	那不勒斯（那波利）	意大利
New Castle	纽卡斯尔	英国（美、加拿大、澳大利亚有同名港口）
New Orleans	新奥尔良	美国
New Plymouth	新普利默斯	新西兰
Newport	纽波特	英国（美国有同名港口）
New York	纽约	美国
Nicosia	尼科西亚	塞浦路斯
Norfolk	诺福克	美国
Oakland	奥克兰	美国
Odessa	敖德萨	乌克兰
Oran	奥兰	阿尔及利亚
Osaka	大阪	日本
Oslo	奥斯陆	挪威
Otaru	小樽	日本
Oulu	奥鲁	芬兰
Owendo	奥文多	加蓬
Padang	巴东	印度尼西亚
Palembang	巨港	印度尼西亚
Panama City	巴拿马城	巴拿马
Paramaribo	帕拉马里博	苏里南
Paranagua	巴拉那瓜	巴西
Penang	槟城	马来西亚
Perth	珀斯	澳大利亚（美国有同名港口）
Philadelphia	费拉德尔菲亚（费城）	美国
Phnom Penh	金边	柬埔寨
Pietarsaari	彼太萨立	芬兰
Piraeus	比雷埃夫斯	希腊

港口名称	中译名	所属国家或地区
Pondicherry	本地治里	印度尼西亚
Pontianak	坤甸	印度尼西亚
Pori	波里	芬兰
Adelaide	阿德雷德	澳大利亚
Port Au Prince	太子港	海地
Elizabeth	伊丽莎白	南非
Harcourt	哈科特	尼日利亚
Kelang	巴生	马来西亚
Kembla	肯布兰	澳大利亚
Portland （Maine 州）	波特兰	美国
Portland （Oregon 州）	波特兰	美国（英、澳大利亚有同名港口）
Argentina	阿根廷	阿根廷
Porto Novo	波多诺伏	贝宁
Said	塞得	埃及
Portsmouth	朴次茅斯	英国（美国有同名港口）
Stanley	斯坦利	马尔维纳斯群岛
Sudan	苏丹	苏丹
Priolo	辟利洛	意大利
Puerto Cabello	卡贝略港	委内瑞拉
Punta Arenas	彭塔阿雷纳斯	智利
Pusan （Busan）	釜山	韩国
Quebec	魁北克	加拿大
Raahe	腊黑	芬兰
Rabat	拉巴特	摩洛哥
Rangoon	仰光	缅甸
Ravenna	拉韦纳	意大利
Recife	累西腓	巴西
Reykjavik	雷克雅未克	冰岛
Rijeka	里耶卡	克罗地亚
Rio de Janeiro	里约热内卢	巴西
Rio Grande	里奥格兰德	巴西
Rostock	罗斯托克	德国
Rotterdam	鹿特丹	荷兰
Sabang	沙璜	印度尼西亚
Sakata	酒田	日本
Salerno	萨累诺	意大利
Salvador	萨尔瓦多	巴西

港口名称	中译名	所属国家或地区
San Antonio	圣安东尼	智利
Sandakan	山打根	马来西亚
San Diego	圣迭戈	美国
San Francisco	旧金山	美国（巴西有同名港口）
San Jose	圣何塞	危地马拉
San Juan	圣胡安	波各黎各（秘鲁、阿根廷有同名港口）
San Juan del Sur	南圣胡安	尼加拉瓜
San Lorenzo	圣洛伦索	阿根廷
Santa Cruz del Sur	南圣克鲁斯	古巴
Santander	桑坦德	西班牙
Santos	桑托斯	巴西
Savannah	萨凡纳	美国
Seattle	西雅图	美国
Semarang	三宝垄	印度尼西亚
Sete	塞特	法国
Sharjah	沙迦	阿拉伯联合酋长国
Sibu	泗务	马来西亚
Silloth	锡洛斯	英国
Singapore	新加坡	新加坡
Sola	苏拉	挪威
Southampton	南安普敦	英国
Split	斯普利特	波黑共和国
St. Georges	圣乔治	百慕大群岛
St. John	圣约翰	加拿大
St. Lawrence	圣劳伦斯	加拿大
Stavanger	斯塔万格	挪威
Stockholm	斯德哥尔摩	瑞典
Stockton	斯托克顿	美国
Suez	苏伊士	埃及
Sur	苏尔	黎巴嫩（阿曼有同名港口）
Surabaya	泗水	印度尼西亚
Suva	苏瓦	斐济
Swansea	斯旺西	英国
Sydney	悉尼	澳大利亚（加拿大有同名港口）
Szczecin	什切青	波兰
Tabaco	塔巴科	菲律宾

港口名称	中译名	所属国家或地区
Tacoma	塔科马	美国
Takoradi	塔科拉迪	加纳
Taibot	泰尔柏特	英国
Tallin	塔林	爱沙尼亚
Tamatave	塔马塔夫	马达加斯加
Tampico	坦皮科	墨西哥
Tandjungpriok	丹戎不碌	印度尼西亚
Tanga	坦噶	坦桑尼亚
Tangier	丹吉尔	摩洛哥
Tarawa	塔拉瓦	基里巴斯
Tarragona	塔腊戈纳	西班牙
Tawau	斗湖	马来西亚
Tel Aviv-Yafo	特拉维夫—雅法	以色列
Tema	特马	加纳
Thessaloniki	塞色勒狄克	希腊
Tjirebon	井里汉	印度尼西亚
Tokyo	东京	日本
Tornio	托尔尼奥	芬兰
Toronto	多伦多	加拿大
Toulon	土伦	法国
Trieste	的里雅斯特	意大利
Trincomalee	亭可马里	斯里兰卡
Tumaco	图马科	哥伦比亚
Turku	图尔库	芬兰
Umm Said	乌姆赛义德	卡塔尔
Ust-Luga	乌斯特—鲁戈	俄罗斯
Valencia	巴伦西亚	西班牙
Valona	发罗拉	阿尔巴尼亚
Valparaiso	瓦尔帕莱索	智利
Vancouver	温哥华	加拿大（美国有同名港口）
Varna	瓦尔纳	保加利亚
Vasa	瓦沙	芬兰
Venice	威尼斯	意大利
Victoria	维多利亚	喀麦隆（加拿大、巴西、几内亚、智利、马耳他、塞舌尔群岛均有同名港口）
Vigo	维哥	西班牙

港口名称	中译名	所属国家或地区
Visby	维斯比	瑞典
Vladivostok	符拉迪沃斯托克（海参崴）	俄罗斯
Vostochny	东方港	俄罗斯
Wallhamn	瓦尔汉姆	瑞典
Wellington	惠灵顿	新西兰
Whitby	惠特比	英国
Willmington	威尔明顿	美国
Wismar	维斯马	德国
Wonsan	元山	朝鲜
Yalta	雅尔塔	俄罗斯
Yokohama	横滨	日本
Zeebrugge	泽不鲁日	比利时

附录四

常用机场代号表

A					
代　号	英文名称	城　市	代　号	英文名称	城　市
ABD	ABADAN	阿巴丹	ABJ	ABIDJAN	阿必尚
ABQ	ALBUOERQUE	阿波寇尔喀	ACA	ACAPUCCO	亚加普科
ACC	ACCRA	阿克拉	ADD	ADDIS ABABA	阿迪斯阿鲁巴
ADE	ADEN	亚丁	AKL	AUCKLAND	奥克兰
ALG	ALGIERS	阿尔及尔	AMM	AMMAN	安曼
AMS	AMSTERDAM	阿姆斯特丹	ANC	ANCHORAGE	安克拉治
ANK	ANKARA	安卡拉	ASU	ASUNCION	亚松森
ATH	ATHENS	雅典	ATL	ATLANTA	亚特兰大

B					
代　号	英文名称	城　市	代　号	英文名称	城　市
BAG	BAGUIO	碧港	BAH	BAHRAIN	巴林
BCN	BARCELONA	巴塞罗那	BEG	BELGRADE	贝尔格莱德
BER	BERLIN	柏林	BEY	BEIRUT	贝鲁特
BGF	BAN-GUI	班基	BGI	BRIDGE TOWN	桥镇
BGW	BAGHDAD	巴格达	BKI	KOTA KINABALU	亚庇
BKK	BANGKOK	曼谷	BKO	BAMAKO	巴马科
BLZ	BLANTYRE	布兰太	BNE	BRISBANE	布里斯班
BNJ	BONN	波昂	BOG	BOGOTA	波哥大
BOM	BOMBAY	孟买	BOS	BOSTON	波士顿
BRU	BRUSSELS	布鲁塞尔	BSB	BRASSILIA	巴西利亚
BUD	BUDAPEST	布达佩斯	BUF	BUFFALO	布法罗
BUH	BUCHAREST	布加勒斯	BWN	BEGAWAN	斯里巴加湾
BZV	BRAZZAVILLE	布拉柴维尔			

C					
代　号	英文名称	城　市	代　号	英文名称	城　市
CAI	CAIRO	开　罗	CAN	GUANGZHOU	广　州
CAS	CASABLANCA	卡萨布兰卡	CAY	CAYENNE	开　雪
CBR	CANBERRA	堪培拉	CCS	CARACAS	加拉加斯
CEB	CEBU	宿　务	CGN	COLOGNE	科　隆
CGP	CHITTAGONG	吉大港	CHC	CHRIST CHURCH	克赖斯特彻奇
CHI	CHICAGO	芝加哥	CKG	CHONGQING	重　庆
CKY	CONAKRY	科那克里	CLE	CLEVELAND	克利夫兰
CMB	COLOMBA	科伦坡	CNS	CAIRNS	凯恩斯
COO	COTONOU	科托努	CPH	COPENHAGEN	哥本哈根
CPT	CAPETOWN	开普敦	CSX	CHANGSHA	长　沙
CTU	CHENGDU	成　都	CVG	CINCINNATI	辛辛那提
D					
代　号	英文名称	城　市	代　号	英文名称	城　市
DAC	DACCA	达　卡	DAR	DAR ES SALAAM	达来撒兰
DAM	DAMASCUS	大马士革	DEL	DELHI	新德里
DEN	DENVER	丹　佛	DFW	DALAS	达拉斯
DHA	DHAHRAN	达　兰	DIL	DILI	帝　利
DKR	DAKAR	达　卡	DLC	DALIAN	大　连
DOH	DOHA	多　哈	DPS	DENPASAR	巴厘岛
DRW	DARWIN	达尔文	DTT	DETROIT	底特律
DUB	DUBLIN	都柏林	DUS	DUSSELDOLF	杜塞尔多
DXB	DUBAI	迪　拜			
E					
代　号	英文名称	城　市	代　号	英文名称	城　市
EBB	ENTEBBE/ KAMPALA	恩特比/ 坎帕拉	EDI	EDINBURGH	爱丁堡
F					
代　号	英文名称	城　市	代　号	英文名称	城　市
FIA	KINSHASA	金夏沙	FNA	FREETOWN	自由城
FOC	FUZHOU	福　州	FRA	FRANKFURT	法兰克福
FTL	FORT LAMY	拉米堡	FUK	FUKUO	福　冈

					G		

代　号	英文名称	城　市	代　号	英文名称	城　市
GIB	GIBRALTAR	直布罗陀	GUA	GUATEMALA	危地马拉
GLA	GLASGOW	格拉斯哥	GUM	GUAM	关　岛
GVA	GENEVA	日内瓦			

			H		

代　号	英文名称	城　市	代　号	英文名称	城　市
HAK	HAIKOU	海　口	HAM	HAMBURG	汉　堡
HAN	HANOI	河　内	HBT	HAFR ALBATIN	何巴特
HEL	HELSINKI	赫尔辛基	HGH	HANGZHOU	杭　州
HKG	HONG KONG	香　港	HKT	PHUKET	普吉岛
HNL	HONOLULU	檀香山	HOU	HUSTON	休斯敦
HRB	HARBIN	哈尔滨			

			I		

代　号	英文名称	城　市	代　号	英文名称	城　市
IND	INDIANAPOLIS	印第安纳	INU	NAURU	诺　鲁
IPH	IPOH	怡　保	IST	ISTANBUL	伊斯坦布尔

			J		

代　号	英文名称	城　市	代　号	英文名称	城　市
JED	JEDDAH	吉　达	JKT	JAKARTA	雅加达
JNB	JOHAN NFABURG	约翰内斯堡			

			K		

代　号	英文名称	城　市	代　号	英文名称	城　市
KBL	KABUL	喀布尔	KCH	KUCHING	古　晋
KHH	KAOHSIUNG	高　雄	KHI	KARACHI	喀拉奇
KHN	NANCHANG	南　昌	KIN	KINGSTON	金斯敦
KMG	KUNMING	昆　明	KRT	KHARTOUM	卡吐穆
KWI	KUWAIT	科威特	KWL	GUILIN	桂　林
KUL	KUALA LUNPUR	吉隆坡			

			L		

代　号	英文名称	城　市	代　号	英文名称	城　市
LAD	LUAN DA	卢安达	LAS	LAS VEGAS	拉斯维加斯
LAX	LOS ANGELES	洛杉矶	LFW	LOME	洛　美
LIM	LIMA	利　马	LIS	LISBON	里斯本

代　号	英文名称	城　市	代　号	英文名称	城　市
LIT	LITTLE ROCK	小岩石城	LLW	LILONGWE	里郎威
LON	LONDON	伦　敦	LOS	LAGOS	拉各斯
LPA	LASPALMAS	拉斯马巴斯	LPB	LA PAZ	拉巴斯
LUM	LOURENCO MAROUES	鲁伦素马凯斯	LUN	LUSAKA	露沙卡
LVB	LIBREVILLE	自由府			
			M		
代　号	英文名称	城　市	代　号	英文名称	城　市
MAD	MADRID	马德里	MAN	MANCHESTER	曼彻斯特
MAO	MANAUS	玛瑙斯	MBJ	MONTEGO BAY	蒙特哥湾
MCT	MUSCAT	马斯喀特	MEB	MELBOURNE	墨尔本
MES	MEDAN	棉　兰	MEX	MEXICO CITY	墨西哥
MFM	MACAO	澳　门	MGA	MANAGUA	马拿瓜
MGO	MOGADISCIO	摩加迪沙	MIA	MIAMI	迈阿密
MIL	MILAN	米　兰	MKC	KANSAS CITY	堪萨斯城
MKE	MILWAKEE	米兰瓦基	MLA	MALTA	马耳他
MLW	MONROVIA	蒙罗维亚	MNL	MANILA	马尼拉
MRU	MAURITIUS	模里西斯	MSP	MINNEAPOLIS	明尼亚玻利
MSU	MASERU	马基鲁	MSY	NEW ORLEANS	新奥尔良
MTN	BALTIMORE	巴尔的摩	MTS	MANZINI	马基尼
MUC	MUNICH	慕尼黑	MVD	MONTEBIDEO	蒙地维多
			N		
代　号	英文名称	城　市	代　号	英文名称	城　市
NAN	NADI	南　地	NBO	NAIROBI	奈洛彼
NCE	NICE	尼　斯	NDJ	NDJAMENA	恩将纳
NGO	NAGOYA	名古屋	NIM	NIAMEY	尼阿美
NKG	NANJING	南　京	NOU	NOUMEA	努美亚
NYK	NEWYORK	纽　约			
			O		
代　号	英文名称	城　市	代　号	英文名称	城　市
OKA	OKINAWA	冲　绳	OKC	OKLAHOMA CITY	俄克拉荷马城
ORL	ORLANDO	奥兰多	OSA	OSAKA	大　阪
OSL	OSLO	奥斯陆	OUA	OUAGADOUGOU	瓦加杜古

			P		
代　号	英文名称	城　市	代　号	英文名称	城　市
PAP	PORTAU PRINCE	太子港	PAR	PARIS	巴　黎
PDX	PORTLAND	波特兰	PEK	BEIJING	北　京
PEN	PENANG	槟　城	PER	PERTH	珀　斯
PHL	PHILADELPHIA	费　城	PHX	PHOENIX	凤凰城
PIT	PITTSBURGH	匹兹堡	PLM	PALEMBANG	巨　港
PNH	PHNOM PENH	金　边	POS	PORT OF SPAIN	西班牙港
PPG	PAGO PAGO	帕果帕果	PPT	PAPEETE	大溪地
PRG	PRAGUE	布拉格	PTY	PANAMA CITY	巴拿马
PUS	PUSAN	釜　山			

			R		
代　号	英文名称	城　市	代　号	英文名称	城　市
REL	RECIFE	累西腓	RGN	RANGOON	仰　光
RIO	RIO DE JANEIRO	里约热内卢	ROM	ROME	罗　马
RUH	RIYADH	利雅德			

			S		
代　号	英文名称	城　市	代　号	英文名称	城　市
SAL	SAN SALVADOR	圣萨尔瓦多	SAN	SAN DIEGO	圣地亚哥（美国）
SAO	SAN PAULO	圣保罗	SAT	SAN ANTONIO	圣安东尼
SAY	SALISBURY	索斯伯里	SBW	SIBU	泗　务
SCL	SANTIAGO	圣地亚哥（智利）	SDQ	SANTO DOMINGO	圣多明哥
SEL	SEOUL	首　尔	SFO	SAN FRANCISCO	旧金山
SGN	SAIGON	西　贡	SHA	SHANGHAI	上　海
SIA	XIAN	西　安	SIN	SINGAPORE	新加坡
SJO	SAN JOSE	圣何塞	SJU	SAN JUAN	圣胡安
SLC	SALT LAKE CITY	盐湖城	SNN	SHANNON	汕　隆
SOF	SOFIA	索菲亚	SPK	SAPPORO	札　幌
STL	ST. LOUIS	圣路易	STO	STOCKHOLM	斯德哥尔摩
STR	STUTTGART	斯图加特	SUB	SURABAYA	泗　水
SUV	SUVA	苏　瓦	SWA	SHANTOU	汕　头
SYD	SYDNEY	悉　尼	SYX	SANYA	三　亚
SZX	SHENZHEN	深　圳			

T					
代　号	英文名称	城　市	代　号	英文名称	城　市
TAO	QINGDAO	青　岛	TBU	TONGGATAPU	东加大埔
TGU	TEGUCIGALPA	德古斯加巴	THR	TEHRAN	德黑兰
TIP	TRIPOLI	地黎波斯	TLV	TEL AVIV	台拉维夫
TNR	TANANARIVE	塔那那次棉	TPE	TAIPEI	台　北
TSN	TIANJIN	天　津	TUN	TUNIS	突尼斯
TYO	TOKYO	东　京			

U					
代　号	英文名称	城　市	代　号	英文名称	城　市
UIO	QUITO	基　多			

V					
代　号	英文名称	城　市	代　号	英文名称	城　市
VIE	VIENNA	维也纳	VTE	VIENTIANE	万　象

W					
代　号	英文名称	城　市	代　号	英文名称	城　市
WAS	WASHINGTON	华盛顿	WAW	WARSAW	华　沙
WDH	WINDHOEK	温黎克	WLG	WELLINGTON	惠灵顿
WNZ	WENZHOU	温　州			

X					
代　号	英文名称	城　市	代　号	英文名称	城　市
XMN	XIAMEN	厦　门			

Y					
代　号	英文名称	城　市	代　号	英文名称	城　市
YAO	YAOUNDE	亚恩德	YEA	EDMONTON	爱德顿
YHZ	HALIFAX	哈利法克斯	YMG	WINNIPEG	温尼伯
YMQ	MONTREAL	蒙特利尔	YNT	YANTAI	烟　台
YOW	OTTAWA	渥太华	YQX	GANDER	干　达
YVR	VANCOUVER	温哥华	YYC	CALGARY	卡加立
YYZ	TORONTO	多伦多			

Z					
代　号	英文名称	城　市	代　号	英文名称	城　市
ZRH	ZURICH	苏黎世			

参考文献

1. 黎孝先. 国际贸易实务〔M〕. 北京：对外经济贸易大学出版社，1994.
2. 中国纺织品进出口总公司. 外贸出口单证实务大全〔M〕. 北京：对外经济贸易大学出版社，1995.
3. 中国轻工业品进出口总公司. 对外贸易出口运输·单证实务〔M〕（内部印刷）. 1988.
4. 林泽拯. 出口单证范本选〔M〕. 北京：中国对外经济贸易出版社，1997.
5. 王芬. 进出口单证〔M〕. 北京：中国轻工业出版社，1999.
6. 姚大伟. 新编对外贸易单证实务〔M〕. 上海：复旦大学出版社，1995.
7. 张玲. 国际贸易单证实务操作〔M〕. 武汉：华中理工大学出版社，1996.
8. 许罗丹，王集寨. 出口单据业务〔M〕. 广州：中山大学出版社，1992.
9. 余世明，丛风英. 国际商务单证〔M〕. 广州：暨南大学出版社，2004.
10. 王京，王丽，何玥，王丽华. 新冠疫情背景下出口信用证交单模式分析〔J〕. 杭州金融研修学院学报，2020（8）.
11. 国际商会. 跟单信用证统一惯例（2007年修订本）.
12. 国际商会. 关于审核跟单信用证项下单据的国际标准银行实务.
13. 国际商会. 国际贸易术语解释通则® 2020.